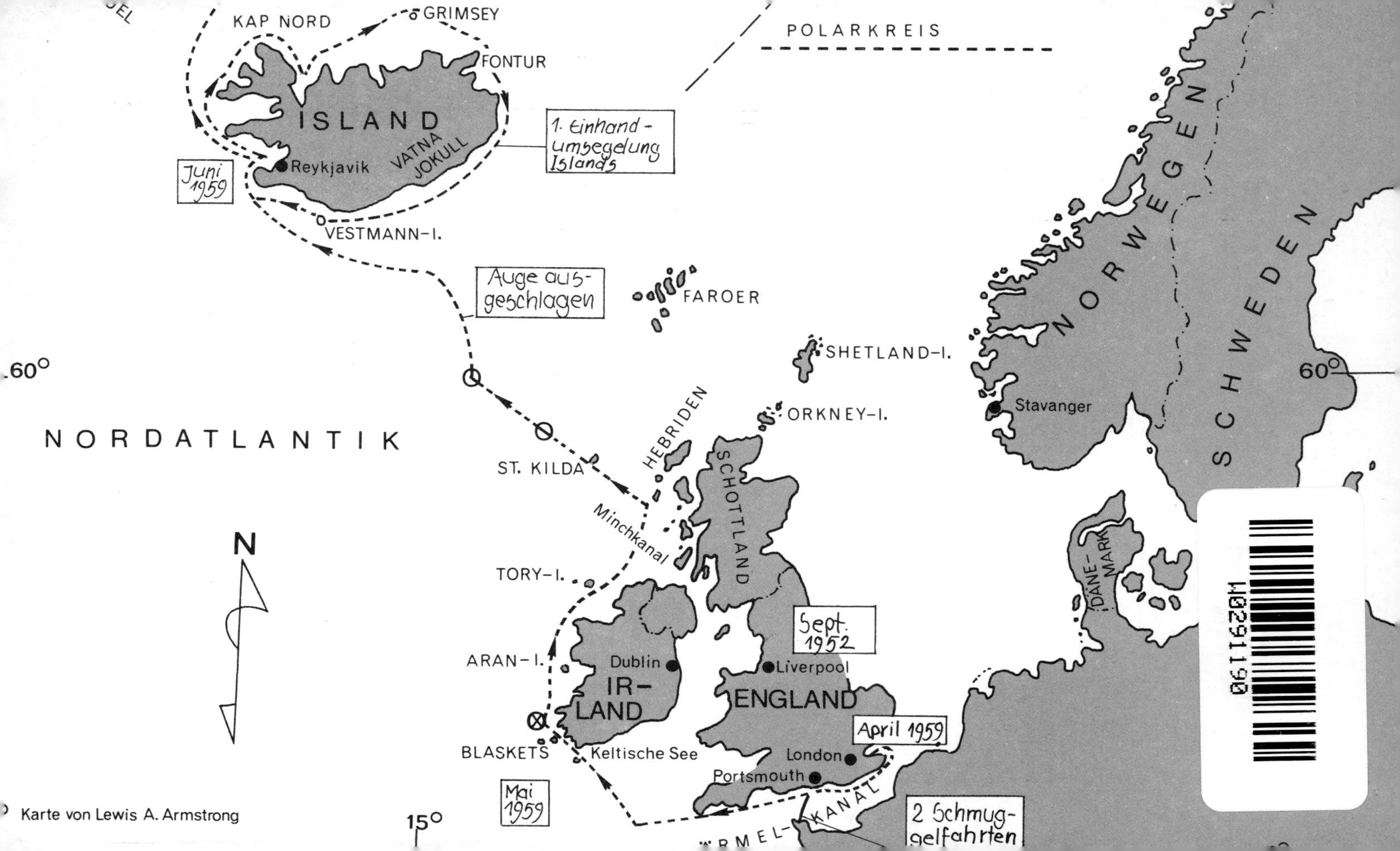

Karte von Lewis A. Armstrong

Tristan Jones

Gefangen im Eis

Tristan Jones

Gefangen im Eis

Allein auf arktischem Kurs

Aus dem Englischen übertragen
von Beate Zimmermann

Verlag Delius Klasing, Bielefeld

Titel der amerikanischen Originalausgabe
ICE

First published by Andrews and McMeel Inc.
Fairway/Kansas

ISBN 3-7688-0443-7

Printed in Germany 1983
Gesamtherstellung: Spiegel Buch GmbH, Ulm

INHALTSVERZEICHNIS

Teil I *Vidi* (ich sah)

Teil II *Veni* (ich kam)

Teil III *Vici* (ich siegte)

TEIL I

Vidi

---

ich sah

1

August 1952

Im Militärlazarett in Aden war alles heiß, trocken und sandig: die Wände, der Fußboden, die Schwestern, das Bettzeug – sogar ich selbst. Sechs qualvolle Wochen hatte ich wegen einer schlimmen Rückgratverletzung auf dem Bauch liegen müssen, bis ich die ersten hinkenden Schritte auf die schattige Veranda wagen und mit schmerzenden Augen von dort über die wüstenfahle Stadt zum öden Rand des Kraters hinüberblicken konnte. Hinter den schimmernden Docks lagen Schiffe vor Anker und warteten wie mütterliche Glucken auf die langen, schwarzen, finster aussehenden Leichter, die von winzigen, lärmenden Schleppern bugsiert wurden.

Das Urteil des britischen Militärarztes war ziemlich eindeutig ausgefallen: keine schwere Arbeit mehr, auf jeden Fall Schluß mit der Seefahrt. Ich konnte von Glück sagen, wenn ich jemals wieder richtig laufen konnte. Jemals wieder – und das mit 28 Jahren! Gerade erwachsen geworden – und bis zum Ende meiner Tage zum Müßiggang an Land verurteilt. Nie wieder das Heben eines Schiffs unter meinen Füßen spüren, wenn es den Hafen verläßt und im Willkommensschwell der See tanzt. Nie wieder den ersten Fliegenden Fisch in der Vormittagssonne glitzern sehen, wenn das Schiff die wartenden Tropen unter den stampfenden Steven zieht. Nie wieder die magische Anziehungskraft einer neuen, fremden Küste über dem Horizont voraus fühlen oder im tiefen, langen, bittersüßen Dämmern der Arktis den von ihren Muttergletschern kalbenden Eisbergen lauschen. Nie wieder die unendliche Wohltat heißen Kakaos genießen, sorgsamer und dankbarer aus einem dicken Porzellanbecher geschlürft als jeder Wein aus kostbarem Pokal, während das vereiste Schiff durch den trüben, frostigen Nebel der Dänemark-Straße gleitet.

Ich stützte mich auf die Verandabrüstung, neugotisches Eisen aus dem viktorianischen Zeitalter, von Männern in Form gehämmert im fernen England zu einer Zeit, als es als Haupt des Empires machtvoll dastand. Dem England vor hundert Jahren, als mein Großvater als Schiffsjunge auf einem Truppentransporter nach Indien fuhr, noch fünfzig Jahre bevor mein Vater in Kapstadt von seinem Segler desertierte, um in die australische Kavallerie einzutreten und Christian de Wet und seine Buren quer durch die Kalahariwüste Südafrikas zu jagen.

Ich sah durch die flirrende Mittagshitze hinüber zum großen Krater von Aden, über die kilometerlange Ansammlung von Lehmhütten hinweg zu den glitzernden Hotels und nackten Minaretten in der Ferne. Zum ersten und einzigen Mal in meinem Leben stieg Selbstmitleid in mir auf. Ich klammerte mich fester an das Geländer und blickte in den staubigen Hof hinunter. Er war mit dem üblichen Getümmel von Bettlern und den Familien einheimischer Patienten bevölkert. Einige machten sich an dampfenden Kochtöpfen über kleinen Feuern zu schaffen, andere warteten geduldig im Schatten auf den nächsten Aufruf des Muezzins zum Gebet. Gut fünfzehn Meter ging es hinunter.

Mehr als genug. Es wäre so einfach: ein schmerzhaftes Hieven über die Brüstung, wenn gerade keine der adleräugigen Matronen des „Königin Alexandra Schwestern Corps“ in der Nähe war, ein Sturz von zwei Sekunden, und dann wäre alles vorbei.

„Guten Morgen, Jones. Na, noch am Leben, wie ich sehe.“

„Guten Morgen, Oberin. Ja, aber mühsam.“

Sie lächelte mich mit ihren schottischen Augen an, blaugrün wie die Heide von Tiree selbst.

„Nehmen Sie sich gefälligst zusammen!“ antwortete sie, „ein tapferer Bursche, und dann so wehleidig! Sie haben noch einen weiten Weg vor sich. Sie sind doch Waliser, oder? Und dann dies Gejammer! Denken Sie doch nur mal an all die Leute, die Sie treffen werden, wenn Sie nach Hause kommen.“

„Wo, Oberin, wohl im Heim für Marinepensionäre in Greenwich?“

„Wenn Sie weiter solchen Unsinn reden, werden Sie gewiß dort landen. Ich glaube aber nicht daran, Mr. Jones. Wenn ich Sie richtig einschätze, werden Sie in Null Komma nichts wieder auf den Beinen sein." Sie lächelte erneut. „Und denken Sie daran, was ich gesagt habe, denn meine ganze Familie ist bekannt für das Zweite Gesicht. Und jetzt kein Selbstmitleid mehr, mein Junge. Jetzt wird gegessen – und heute nachmittag packen Sie!"

„Wie bitte?"

„Ja, packen Sie Ihre Sachen. Sie fliegen heute abend nach England. Nachmittags gegen fünf kommt eine Schwester und hilft Ihnen. Und immer daran denken, Jungchen, keinen Flirt, sonst melde ich Sie."

„Zu Befehl, Oberin!"

Bei Sonnenuntergang startete das Transportflugzeug der Royal Air Force. Ich erinnere mich nur an wenige Einzelheiten des Fluges: daß die Crew tüchtig, freundlich und nett war, daß wir irgendwo in Libyen und nochmal in Rom zwischenlandeten und daß Englands Felder überraschend grün leuchteten, als wir in einem Stützpunkt in Wiltshire einschwebten. Und daß ich einen Entschluß gefaßt hatte: Ganz gleich, wieviel Schmerzen und Entbehrungen es bedeutete, ich würde wieder zur See fahren. Irgendwie, weiß der Himmel, würde ich die Kraft und die Mittel dazu aufbringen.

Als wir in Aden nach Westen in den leuchtenden Himmel hinein über das südliche Ende des Roten Meeres starteten, erspähte ich für einige Sekunden die Straße von Bab-el-Mandeb, deren rauhe Wasser mit ihren weißen Schaumkronen tief unter uns wie Schneeflocken in der dunklen See des engen, mit Felsen gespickten Kanals aussahen. Das Bab-el-Mandeb – das „Tor der Tränen"! Trotz der Schmerzen beim Drehen des Kopfes starrte ich hinüber. Das Tor der Tränen ... die See des Sindbad ... ich *würde* zurückkommen, und wenn es mich umbrächte! Nichts konnte mich von den weiten Wassern dieser Welt fernhalten!

Und ich *würde* wieder die Fliegenden Fische und die Delphine sehen, die Tümmler und die Wale. Ich *würde* die Passatwolken und die Albatrosse wiederfinden, ich *würde* das Getöse des kalbenden Eises hören und die Hymnen des Windes über Tierra del Fuego. Ich *würde* dem Gewebe des grünen Sargasso-Grases auf seiner Drift von den Bermudas zu den Azoren folgen. Ich *würde* in den Schoß der Fjorde Grönlands kriechen und pfeifen im Wind über den Korallenriffen der Arafura-See, auch wieder hören den klagenden Ruf des Muezzins auf den Komoren.

„Viel Glück", flüsterte mir die Krankenschwester der Luftwaffe zu, als sie mich über die Rampe auf Englands Erde hinunterrollte.

„Glück brauchen wir nicht, meine Liebe."

„Nein? Sondern?" Sie lehnte sich zu mir. Ihre Weiblichkeit unter der gestärkten Uniform brachte mich durcheinander. Unangenehm beim Beckenbruch.

„Einen netten Grund für eine Vaterschaftsklage, Süße, und ein gutes Bier!"

„Na, davon gibt es in der Königlichen Marine genug!" lachte sie.

Der Krankenwagen fuhr stundenlang eintönig über englische Wege und Straßen, bis er endlich vor dem ehrwürdigen Lazarett in Haslar hielt. Hier sind Männer nach sämtlichen fünfzig oder mehr Kriegen Englands zusammengeflickt worden. Nach zwei Monaten unter der Obhut der britischen Armee und Luftwaffe landete ich wieder in den gestrengen Armen der Oberbeauftragten der Admiralität. Hier gab es kein Pardon. *Fürchte Gott, Ehre die Königin! Besanschot an und Schnauze!* Alles hatte seine Odnung wie ein Uhrwerk. Und dennoch lief wie bei einem Tampen eine menschliche Ader hindurch, eine rettende Portion Toleranz und Humor, die das Leben in der „Andrew" (wie die britischen Seeleute die Marine nennen) gerade noch erträglich machte.

Langsam vergingen die Tage des englischen Sommers. Die Bäume standen im vollen Laub, warme, abgenutzte Ziegel, Wände wie in alten Bauernhäusern, graue Steinfliesen, von den Füßen Tausender gebrochener Männer ausgetreten. Männer, zurückgekommen vom Nil, von Kopenhagen, Trafalgar. Männer, zurück von der Jagd auf Sklavenschiffe vor der afrikanischen Küste, aus dem Krimkrieg, Tel el Kebir, Jütland und den Geleitzügen, Gallipoli, den Falklands, dem Nordkap, zurück aus Mittelmeer, Pazifik, Nordsee und Ärmelkanal.

„Muß heiß hergegangen sein in den alten Seefahrtstagen, was, Kumpel?" meinte ich zum irischen Tiffy, dem Lazarettmechaniker, der für unser Revier zuständig war.

„Klar, und die verdammte See war auch rauher, alter Junge."

Ich lachte. Er hatte recht. Sie waren früher von hier zurückgegangen auf See, trotz Gott weiß welcher fehlender Glieder und Ersatzteile. Sie waren zurückgegangen auf See, um die großen, schnellen, schwerfälligen hölzernen Wände Englands zu segeln, und ich würde es auch tun – bei meinem Schöpfer. Und wenn es nicht in ihrer Marine möglich war, dann würde ich es – verdammt noch mal – auf eigenem Kiel tun! Die Würfel waren gefallen. Ich humpelte mit wachsendem Mut schon schneller herum. Der Stern von Cymru, einem Ort in Wales, der hellste Stern, der je die See beschien, raste in meinem Blut. Das Lied von Madoc und Morgan klang mir in den Ohren und trieb meinen Körper an, noch schneller gesund zu werden.

Aber wie? Und dann erinnerte ich mich an all die Seemannschaft, die ich von meinem alten Meister Tansy Lee gelernt hatte, und ich dachte an all die überflüssigen Kriegsschiffe und das Material, das in den Werften Ihrer Majestät vor sich hinrottete. Plötzlich sah ich es alles ganz klar vor mir. Ich setzte mich auf das nächste Bett und grinste: *Jetzt wußte ich, wie!* Ich würde bald mit einer Wochenrente von zehn Dollar entlassen werden, plus einer einmaligen Abfindung von fünfzehnhundert Dollar. Ich würde irgendwie zu einem dieser alten Schiffe kommen und all mein Wissen und meine verbleibende Kraft hineinstecken. Ich würde guten galvanisierten Draht beschaffen und Segeltuch, Tauwerk und Beschläge. Ich würde sorgfältig damit umgehen und es mit all meinem Können einbauen. Gott würde den Rest besorgen, und der Teufel, der sein verdammt Bestes versucht hatte, mich kleinzukriegen, sollte sich ins Knie ficken. Wenn ich nur erst wieder auf See war, konnte mir die ganze Welt den Buckel runterrutschen!

Sicher würde es Zeit brauchen, vielleicht sogar Jahre. Es würde eine Menge Geduld, Mut und Entschlossenheit erfordern. Ich war mir überhaupt nicht im klaren über die notwendige Zeit, Geduld oder den Mut, doch ich wußte, daß ich die vierte Eigenschaft besaß, das walte Gott! Die fünfte – Glück – lag in Seiner Hand, doch konnte ich nicht von Ihm erwarten, viel für mich zu tun, ohne eine Menge Mithilfe von mir selbst.

Ich ballte die Faust: Ich würde es tun! Das Spiel hatte begonnen.

2

Frei!

Nach meiner Entlassung aus dem Königlichen Marinelazarett in Haslar stürzte ich sofort in die Sussex-Bar direkt im Zentrum von Portsmouth. Sie war der große Marine-Treffpunkt. Falls irgend jemand etwas über verfügbare kleine Schiffe wußte, so war dies der Platz, um ihn zu finden. Mein neuer ziviler Ausgehanzug, billig und schlechtsitzend, war ungewohnt, und mein Rücken tat mir weh, als ich den Seesack von der Bushaltestelle zur Kneipe trug.

Die beiden ersten Biere zischten wie nichts runter. Ich sah mich um. Kiwi grinste mich an. Ich hatte ihn das letzte Mal vor drei Jahren in New York gesehen.

„Hallo, Tris. Was liegt an, Kamerad?“

„Ja, was, Kiwi: Bin grad' entlassen. Peil' die Lage.“

„Hab' gehört, du hast was über die Rübe gekriegt. War doch in Singapur, oder?“

„In Aden. Dreckiges Höllenloch.“

„Was hat dich dorthin verschlagen?“

„Geheime Kommandosache, alter Knabe.“ Ich gab mir eine verschwörerische Miene.

Kiwi, so genannt wegen seines Geburtslands Neuseeland, grinste: „Gib' nicht so an, Tris. Was zum Teufel habt ihr da gemacht?“

„Schmetterlinge gefangen.“

„Okay, und was willst du nun machen?“

„Ich seh' mich nach Arbeit um. Wenn möglich was mit kleinen Schiffen.“

Kiwi schüttete ein weiteres schäumendes Bier in seinen drahtigen Körper und drehte sich dann zu mir. Goldstreifen und Anker seiner Uniform leuchteten im grellen Kneipenlicht. „Warum bleibst du nicht noch eine Woche in der Gegend, Tris? Ich werde nächsten Montag entlassen. Sieh' mal, ich hab' in den Zeitungen nach geeigneten Jobs gesucht. Sieht so aus, als wenn's für Burschen wie uns, 'nem Vollmatrosen mit allem behördlichen Lametta wie mir und 'nem Heizer wie dir, hier in der Gegend nicht viel zu holen gibt. Aber die White Star Line heuert in Liverpool Mannschaft für die Südamerikastrecke an."

„Wie sieht's mit den Mäusen aus?"

„Ziemlich anständig. Fünfzig Pfund pro Monat und natürlich Unterkunft und Verpflegung."

„Donnerwetter, nicht schlecht! Wie lange dauert ein Trip?"

„Na, Tris, jetzt haben wir September. Nehmen wir mal an, wir laufen zur Westküste Südamerikas. Dann können wir Weihnachten zurück sein, und du hättest noch mal 200 beiseite gelegt, wenn du sparsam bist. Ist auf jeden Fall besser, als hier herumzuhängen und Geld auszugeben."

„Ja, Kiwi, aber das sind ja wieder große Pötte. Außerdem weiß ich nicht, ob sie mich in meiner angeschlagenen Verfassung überhaupt nehmen. Ich kann man gerade den dämlichen Seesack da tragen."

Er legte mir die Hand auf die Schulter. „Hör zu, alter Junge. Versuch's doch mal. Warum gehst du nicht nach London und wohnst im Union Jack Club? Nur für 'ne Woche. Du versäumst ja nichts."

„In Ordnung, Kiwi. Ich werd's so machen. Jetzt schluck' ich noch'n Bier, dann leg' ich den Riemen auf die Transmission, hau mich in den Zug nach Norden und quartier' mich im Club ein. Kostenpunkt fünf Schilling die Nacht, billiges Bier und jede Menge Bräute um die Waterloo-Station."

„Goldrichtig, Tris. Mach' das. Wir sehen uns nächsten Montag. Wir machen die alte Dame London unsicher, stauen ein paar Stangen Gerstensaft, checken die Miezen am Piccadilly und hauen dann frühmorgens nach Liverpool ab. Wir können Dienstag früh um neun Uhr im Heuerbüro sein."

„Gebongt, Kiwi, aber ich verspreche dir nichts mit der White Star, ich hab' was anderes im Visier."

„Was denn?"

„Mein eigenes Schiff. Ein Segelboot."

„Scherzkeks, was? Du und ein verdammter Yachtmann? Gütiger Himmel, das kostet Kohle!"

„Nicht auf meine Weise."

„Na, ist ja auch egal, Tris, halt' bis Montag durch. Bis dann. Ach übrigens, Kamerad, paß' bei den Bienen im Waterloo-Bahnhof auf! Das hat sich alles ein bißchen verändert, seit du da warst. Sie sind jetzt verflucht vergammelt. Du brauchst sie nur anzusehen, und schon steckst du mit 'nem Tripper im Krankenrevier, der King Kong umlegen könnte. Die Yankees mit ihren Saubermännern sind jetzt nicht mehr da."

„Danke für die Warnung, Kiwi. Bis Montag dann!"

Auf dem Bahnhof von Portsmouth kaufte ich für die Bahnfahrt nach London einige Yachtzeitschriften. Während der Zug durch die Herbstlandschaft rollte, schaute ich nur hin und wieder hinaus, denn ich studierte die Anzeigen für Gebrauchtboote. Es war eindeutig, daß jede Art von Werftbau weit über meine Mittel ging.

Andererseits waren auch die überschüssigen Marineschiffe nicht geeignet, denn es handelte sich um Motorschiffe, die Geld für Treibstoff und regelmäßige Maschinenwartung brauchten. Außerdem hatten sie nicht die von mir gewünschte Reichweite, da ich mir von Anfang an Hochseesegeln vorgenommen hatte. Ich wollte nichts unterhalb einer Reichweite von 5000 Seemeilen anpacken.

Die Stimmung in London war morbide. Der Zweite Weltkrieg seit Jahren vorüber, doch noch immer sah man seine Wunden nicht nur an den Gebäuden, sondern auch in den Gesichtern der Menschen. Sie hatten Prügel bekommen, und der einzige Lichtblick war die Krönung der neuen Königin im kommenden Juni. Dies und das Ende der Lebensmittel- und Benzinrationierung, die sie in den vergangenen zwölf Jahren durchstehen mußten. London war an der Talsohle angekommen, und obwohl ich seitdem noch einige Male dort war, als alles noch schwärzer denn je schien, haben die Londoner nie verbitterter als im Winter 1952 ausgesehen. Das gilt natürlich für die Mittelklasse, nicht für den normalen Arbeiter. Er hatte immer zu kämpfen und war nun gewitzt und fröhlich wie eh und je und spendierte einem anständigen Sailor immer noch eine Molle, wenn er ein paar Moneten in der Tasche hatte.

Zu jener Zeit wurde der Union Jack Club nach den Richtlinien der Florence Nightingale regiert, die sie während des Krimkrieges für britische Feldlazarette ausgearbeitet hatte. Er war billig, die Bar immer dicht bepackt, der Speisesaal blitzte, die Mahlzeiten waren nahrhaft (auf sehr britische Weise: gekochter Kohl mit Schweinebauch, dekoriert mit gummiartigen Spiegeleiern, die sich auch als Wanddekoration im Museum of Modern Art gut gemacht hätten). Die Serviererinnen steckten in einer Art Vorkriegsbrünne (*Erster* Weltkrieg natürlich), die auch Königin Victoria gutgeheißen hätte, und sie plackten sich mit niedergeschlagenen Augen auf Blockabsätzen unter dem Blick eines weiblichen Oberaufsehers ab, gegen dessen strenges Gehabe der amerikanische Glatzkopfadler wie ein verdammter Papagei gewirkt hätte. Die Inneneinrichtung war eine Kreuzung aus der Vorhalle eines öffentlichen Badehauses und der Herrentoilette im Petersburger Winterpalast. Jedesmal, wenn ich den Union Jack Club mit seinen pseudogotischen Säulen und den Dekorfliesen à la Aubrey Beardsley betrat, stellte ich mir vor, daß die ersten Beschlüsse der Soldaten-, Seemanns- und Arbeiterpartei des Londoner Sowjet hinter diesen Topfpflanzen des Union Jack Club hervorgeschallt wären, hätte es je eine von britischen Seeleuten angestiftete kommunistische Revolution gegeben.

Doch das englische Bier ist zu gut, um Revolution zu schüren, so mußten wir uns mit Konzerten eines betagten Pianos, begleitet von Geigerinnen ebensolchen Jahrgangs, begnügen. Mit Ausnahme der ersten Geige, die so aussah, als sei sie noch immer zusammen mit Suffragetten angekettet, blickten sie uns an, als seien wir soeben von der Züchtigung des entsetzlichen Mr. Krüger zurückgekehrt und hätten Mafeking befreit. Die Weisen, die sie spielten, während wir unser Bier inhalierten, verstärkten diesen Eindruck: ausgewählte Stücke aus dem „Zigeunermädel" und der „Waldhexe". Ich fand die Waliser unter den Zuhörern immer heraus: Sie starrten dieses Trio angelsächsischer Drachen an, als wünschten sie, es sei besser gewesen, die verdammten Deutschen hätten schließlich doch gesiegt. Selbst Wagner wäre musikalischer gewesen.

Die Schotten waren hauptsächlich an dem verklärten Glanz in ihren Augen zu erkennen, wenn sie von Dudelsäcken, Schottinnen und dem Khaiber-Paß träumten; die Iren an der Verzückung, mit der sie die Hexen auf der Bühne anbeteten; die Engländer an der völligen Nichtbeachtung der ganzen Vorgänge. Sie spielten Billard, als wenn die übrigen Erscheinungen nicht existierten, es auch nie könnten oder würden.

Der Stall wurde wie ein Gefängnis geführt. Es fehlten nur Uringestank und Porridge. Die Hüter von Recht, Gesetz und Ordnung folgten bis zum letzten Buchstaben den „Regeln der Königin“ und „Anweisungen der Admiralität“. Sie sorgten dafür, daß Trunkenheit und Sauberkeit Hand in Hand gingen und zerschmetterten die kleinste Spur menschlicher Sympathie zwischen zwei zurückgekehrten Helden mit äußerster Strenge. Das geringste Anzeichen von Freiheitsstreben – gleich welcher Art – wurde mit demselben Gefühl zerquetscht wie eine in der Küche gefangene Kakerlake. Die Empfangsportiers, die aussahen wie Veteranen der Aschanti-Kriege; das Küchenpersonal, das immer noch der Belagerung von Kanpur standzuhalten schien; der Büchereiverwalter, der mit seinem Walroßschnurrbart wie ein unehelicher Sohn Lord Kitcheners aussah, der Nachtportier, ein ehemaliger Hauptfeldwebel der indischen Armee, der – Gerüchten zufolge – in Wirklichkeit Martin Bormann in Verkleidung war; plus der Heiligste der Heiligen, der Kommandant – alle, *alle* würden auf den aufsässigen Dämonen wie eine Tonne Ziegelsteine hinunterprasseln.

Doch es war ein Platz zum Essen und Schlafen für die Legion der Verlorenen, und genau das tat ich dort. Die übrige Zeit verbrachte ich in den freundlichen Kneipen um Kensington herum oder fuhr nach Greenwich, um nach einem Boot zu suchen.

Am Montag trudelte Kiwi halbbesoffen ein. Er steckte in dem gottverdammtesten, schlimmsten Anzug, den ich je gesehen habe. So einer wie der, den Trevor Howard in Noel Cowards Film „Kurze Begegnung“ anhatte. Doch das Gesicht über dem Anzug hatte keine kurze Begegnung gehabt, es war eine verdammt lange gewesen. Dasselbe bei mir. Also gingen wir zum Piccadilly, besoffen uns, teilten uns für zehn Schilling dieselbe trostlose Hure für einen Quickie und enterten dann den Nachtzug nach Liverpool.

Damals dauerten Zugreisen in England noch viel länger als heute. Das Schienensystem begann sich gerade erst von den traumatischen Auswirkungen der sechs Kriegsjahre und der folgenden Nationalisierung zu erholen. Die Fahrt von London nach Liverpool, eine Entfernung von ungefähr 350 Kilometer, dauerte acht Stunden. Da wir mit einem Fahrschein der Admiralität, also zweiter Klasse, reisten, war unser Abteil bis auf die etwa fünfzig oder mehr ungewaschenen Menschen, die sich darin drängten, ohne Heizung.

Im Morgengrauen fuhren wir durch die nördlichen Midlands, auch das „Schwarze Land“ genannt. Ein höllischer Gifthauch von Rauch, Ruß, Qualm und Nebel in den grünen Feldern Englands. Unser Erbe aus einer Revolution, die nicht nur die Welt erschütterte, sondern sie neu formte. Zwischen hohen, grauen Schlackenhalden, hinter Sümpfen stehenden rostigen Wassern schwanden die langen, tristen, schwarzen Reihenhäuser der Arbeiter über die ausgebeuteten Hügel im schwefeligen Nebel dahin. Darüber türmten sich schwarze Cumuluswolken in den stahlgrauen Himmel von Staffordshire.

Kiwi sah aus dem Fenster, als der Zug nach Stoke-on-Trent einfuhr. „Jesus, die haben hier wirklich heiße Bräute“, murmelte er beim Anblick der Mädchen auf dem Weg in die Fabriken, diesen „schwarzen, satanischen“, gegen die Blake gewütet hatte.

„Kiwi, du geiler Idiot, kannst du an nichts anderes denken?“ sagte ich. „Dieser verdammte, stinkende Qualm hier, die ganze Hoffnungslosigkeit, all diese Menschen mit ihren vergeudeten Leben, erschöpft vom Kampf in einem verfluchten Krieg, und das für dieses Leben? Sieh sie dir an: Eine Generation verloren sie 1916 an der Somme, und jetzt haben sie wieder eine halbe in diesem letzten verdammten Krieg verloren. Sieh dir an, was sie dafür vorzuzeigen haben: ein Haus für zwei Pfund die Woche, mit vier winzigen Zimmern, in denen man sich nicht umdrehen kann, zwölf Pfund für vierzig Stunden in einem dieser Superscheißhäuser und ein paar Bier am Samstag. Kein Wunder, daß sie, verdammt noch mal, die Labour-Partei wählen. Und alles, was du darauf zu sagen hast, du Kolonialbastard, ist, wie Klasse die Frauen sind. Natürlich sind sie verdammt heiß! Was bleibt ihnen denn sonst?“

„Ach, ihr verrückten Waliser seid doch alle gleich. Immer politische Scheiße aufrühren!“ Er gab mir eine Zigarette.

„Genau richtig! Würdest du das nicht auch tun?! Dies ist unser Land. Sieh dir an, was sie daraus gemacht haben!“

„Na gut, wenn's dir nicht gefällt, was willst du dagegen tun?“

„Kämpfen, um es zu ändern, verdammt noch mal!“

„Keine Chance, Tris.“

„Auf meine Weise vielleicht doch!“

„Was bist du denn schon, etwa der Einsame Rächer?“

„Nein, und ich bin auch nicht Oliver Twist. Und das sind auch viele von den Leuten da draußen nicht.“

„Die Labour wird das Land ruinieren, blöder Wohlfahrtsstaat, alles verstaatlichen, die Kolonien verschleudern . . .“

„Hör zu, Mensch, ich und Millionen, nicht nur'n paar verdammte Tausend, *Millionen* wie ich haben nie auch nur einen Penny aus diesen gottverdammten Fabriken bekommen, oder den privaten Bergwerken und Eisenbahnen, oder dem verfluchten Empire außer verdammtem Hunger, Elend und höllischem Krieg! Zum Teufel mit dem Empire! Gib mir Wales und England und Schottland, damit wir unser eigenes Land besitzen und es wieder zu dem machen, was es einst war!“

„Bolschewistischer Waliser Bastard!“

Der Zug fuhr nach Crewe hinein. Ein rotgesichtiges Monster von Militärpolizist glotzte uns an, erkannte unsere Dienst-Entlassungsanzüge und bedauerte sofort, daß wir außerhalb seiner Gewalt waren. Als wir an ihm vorbeigingen, sah Kiwi direkt in seine Stoßtruppführer-Augen:

„Dem Himmel sei Dank für die verdammte Marine!“ knurrte er.

Das Ungeheuer in Wickelgamaschen und Schlägerstiefeln funkelte uns an.

„Hau' ab und fick dich selber“, sagte ich ihm ins große fleischige Gesicht. Er stolperte erschreckt zurück, richtete sich dann zu voller Höhe auf und rief einem Polizisten zu, der gerade aus einem Waschraum auftauchte: „Schutzmann, verhaften Sie diese Männer!“

„Wie lautet die Anklage, Unterfeldwebel?“ Die Stimme des Bobby war ruhig und leise.

„Obszöne Sprache und Beleidigung der Uniform Ihrer Majestät“, erwiderte der Drachen.

Der Schutzmann, ein nett aussehender Bursche um die Dreißig, drehte sich zu uns um: „Ist diese Anklage richtig, ihr beiden?“ Er sah mich an.

„Ich hab' nie nich' obszöne Sprache gebraucht, Kamerad. Ich hab' nur gemeint, er soll sich selber ficken.“

„Was ist mit Ihnen“, fragte der Polizist, der sich das Grinsen kaum verkneifen konnte, Kiwi.

„Also, Herr Wachtmeister“, sagte Kiwi, „alles, was ich dazu sagen kann, ist, wenn das die verdammte Uniform Ihrer Majestät ist, tut mir der Bursche leid, mit dem sie verheiratet ist, weil er's verflucht schwer im Bett haben wird! Wenn das ihre Uniform ist, muß sie gebaut sein wie ein steinernes Scheißhaus!“

Der Polizist nickte zum Büro des Stationsvorstehers hinüber. „Ich denke, Sie kommen beide besser mit." Er drehte sich zu dem rotmützigen Kinderfresser um: „Ich nehme diese Burschen mit und verhöre sie. Ich sehe Sie für eine eventuelle Zeugenaussage später, Unterfeldwebel."

„Gut", sagte der Feldwebel und glotzte uns wütend an. Er fahndete mit seinen knopfähnlichen Schweinsaugen auf dem Bahnsteig nach weiteren Opfern unter den über hundert uniformierten Männern, die aus dem Zug stiegen. Der Bobby führte uns einige Schritte weiter und fragte leise: „Andrew, was?"

„Ja."

„Welche Einheit?"

„Chatham."

„Chatty Chats. Ich selber war in Portsmouth: Zerstörer, haute '46 in' Sack."

„Haste richtig gemacht, Kumpel", meinte ich.

„Ja, obwohl ich manchmal darüber nachdenke. Jetzt hört mal zu, ihr beiden: Sobald wir um die Ecke sind, haut' ab!"

„Wie kommen wir nach Liverpool?" fragte ich den grinsenden Bullen.

„Verdammt will ich sein! Nehmt den Bus. Ich laß' euch sausen, weil der M. P. dahinten ein ausgemachtes Schwein ist und ich ihn nicht ausstehen kann. Aber wenn ich euch beide noch einmal hier schnappe, kriegt ihr 'ne Fahrkarte in den Knast statt nach Liverpool."

„Okay, Freund, danke! Wir trinken in Pool ein Bier auf dein Wohl!"

„In Ordnung, Jack, in Ordnung, Kumpel, verpißt euch!"

„Jesus, da sind wir noch mal mit 'nem blauen Auge rausgekommen", atmete ich auf.

„Da ist nur ein kleiner Haken, Tris: die verdammten Seesäcke!"

„Ach, du meine Scheiße!"

Kiwi grinste: „Na ja, es war schön, solange es währte. Da drüben ist ein Bus. Liverpool, wir kommen!"

Wir kletterten in den Bus, all unseren weltlichen Besitz auf dem Körper. Als wir uns in unseren Sitzen zurechtrückten, murmelte Kiwi: „Tristan, mein alter Freund, da ist eine Sache."

„Nämlich?"

„Die Devise heißt: auslaufen oder die verdammte Heilsarmee."

„Sprich bloß nicht von verfluchten Armeen!"

„Stimmt, jedenfalls nicht, wenn sie solche Bastarde wie den von vorhin haben."

Der Bus fuhr an. „Wie geht's, Kiwi?" fragte ich.

„Bin ganz ausgetrocknet nach 'ner verfluchten Molle, Kumpel!"

Ich grinste. Wir waren endlich frei. Und mein Rücken tat nicht mehr weh.

3

Damenprogramm

Der Vergleich von London mit Liverpool ist wie der zwischen Monte Carlo und Pittsburgh, Pennsylvanien. Ich bin weder für das eine noch gegen das andere. Es ist nur so, daß London für Auge und Nase ist, Liverpool dagegen für Ohren und Herz.

Liverpool ist wie ein kleines New York, nur viel, viel freundlicher. Der treffende Witz der Leute von der Straße ist verbunden mit ihrer Abneigung gegen aufgeblasene Scheiße, ebenso ihre Einstellung zur Regierung, mit der Ausnahme, daß – soweit ich es beurteilen kann – die Korruption in Liverpool besser kaschiert wird. Auch die Freundlichkeit ist ein bißchen weniger spontan als in New York. Die New Yorker können Fremden gegenüber ihre persönlichen Gefühle besser verbergen als die Liverpooler, aber nicht ihren Gemeinsinn.

London spiegelt das äußere Britannien wider, ein Land, das den schwatzenden Propagandahausierern zufolge angeblich das Vereinigte Königreich darstellt. Es ist die Stadt des Covent-Garden-Theaters, des Rambert-Balletts und der rotröckigen, schwarzbemützten Wachen vor den Toren des „Buck-Hauses", des Buckingham-Palastes. Die Stadt des Militärschnauzers und Bowlers, von Regenschirm und Aktenkoffer, von Hamstead Heath und blaßblauem Adel.

Liverpool dagegen ist der wahre Mittelpunkt des industriellen Britanniens. Hier laufen die Pulsschläge von England, Irland, Schottland und Wales zusammen. Wenn London die Hauptstadt der Normannen ist, so ist Liverpool die Metropole der Kelten und Angelsachsen. Ist der Regenschirm das Wahrzeichen Londons, so ist dasjenige Liverpools die

Schubkarre. London trägt seine Nase hoch in der Luft, Liverpool tunkt sie in ein Bierglas.

Kiwi und ich fuhren mit dem Zug ein. Die Endstation unten an den Piers im Schatten der großen Ziegelhaufen der Liverpooler Gebäude wieselte von Sailors aus aller Welt. Einkäufer vom Lande und von jenseits des Mersey, Iren und Waliser vom Westen, Schotten auf der Durchreise vom Norden.

Als wir die nächste Kneipe ansteuerten, fragte Kiwi: „Was meinst du, Tris: Wird der ‚Liver'-Vogel heute scheißen?" und sah zu den zwei aus Stein gemeißelten Vögeln hoch, die auf den Zwillingstürmen der riesigen Hafenverwaltung hockten. Der Sage nach scheißt einer der Vögel jedesmal, wenn eine Jungfrau vorbeigeht.

„Wenn die Schiffe aus Irland einlaufen, würde es mich überhaupt nicht wundern."

„Hast in Irland nie einen draufgemacht?"

„Doch, aber ihre Perücke fiel runter."

„Wieso?"

„Sie hatte zu sehr damit zu tun, den Rosenkranz zu beten, um sie festzuhalten."

Wir kamen in die Kneipe. Hier gab es nichts von eurem Londoner Mist, keine rotplüschigen Sitze und Kristalleuchter, keine Teppiche. Nur eine Holztheke, zwei Wurfscheiben und auf dem Boden Sägespäne.

„Was machen wir'n jetzt?" fragte ich Kiwi nach dem dritten Bier.

„Na ja, bis morgen müssen wir hier rumhängen. Das Schiffahrtsbüro ist nachmittags geschlossen, die Heuerstelle sowieso. Sie wollen nicht das Risiko mit einer Ladung besoffener Seemannsärsche eingehen, wenn die Kneipen um drei Uhr schließen. Am besten suchen wir uns eine Koje für die Nacht. Auf keinen Fall aber ins Seemannsheim!"

„Warum nicht?"

„Mein Gott, dagegen sind die Kasernen von Portsmouth wie das Strand-Palace-Hotel!"

„Also, was fangen wir an?"

„Wir warten, bis die Kneipen um drei schließen, und verholen uns dann auf die Mersey-Fähre. Die Bordbar ist den ganzen Tag geöffnet. Also fahr'n wir'n paarmal hin und her, zischen nen paar Bierchen, und wenn die Kneipen drüben wieder offen haben, booten wir aus, suchen 'ne nette Pinte und fragen da mal nach."

„Gar nicht übel. Ne Runde Darts?"

„Immer. Du fängst an."

Und so geschah es. Und als wir von der Mersey-Fähre stolperten, hatten wir jeder an die zehn Bierchen unter dem Gürtel gestaut und segelten hoch am Wind. Auf der Fähre war es reichlich unruhig für ein Wurfspiel gewesen. Jedesmal, wenn ein Schlepper oder ein großer Passagierdampfer vorbeikam, schlingerte das Schiff, und wir zeigten wahres Geschick, zielten bei jedem Rollen auf die doppelte Zwanzig und endeten mit einer dreifachen Sechs oder sogar einem Wurf ins Schwarze.

Als wir an der Wallasey-Seite landeten, meinte ich zu Kiwi: „Weißt du, daß mein Alter mit seinem Schiff die erste Rollschuhbahn von Australien rüberbrachte, die es je in Britannien gab? Das war 1924."

„Na, und weiter?"

„Für'n Jahr klapppte alles prima. Dann kam die Inflation, und er ging pleite. Keiner konnte sich mehr den Groschen pro Runde leisten."

„Und wo war das, Tris?"

„In New Brighton, nur'n paar Meilen die Straße runter. Laß uns doch mal hingehen. Es ist so 'ne Art Vergnügungspark."

„Im Augenblick wird da nicht viel los sein. Die Saison ist vorbei."

„Nicht in New Brighton. Da sind die Kneipen immer voll, und's gibt 'ne Menge Miezen im Palace-Hall-Tanzschuppen. Da hatte mein Alter die Rollschuhbahn."

„Alles klar, du hast das Kommando", sagte er, und wir torkelten zur nächsten Bushaltestelle der grünen Doppeldecker.

Wir pfiffen uns ein paar in den Kneipen ein, und langsam wurde es Zeit, Quartier zu machen. Ich winkte den Wirt heran, einen kleinen, runden, freundlichen Burschen.

„Weißt du 'ne Stelle, wo wir für'n paar Tage pennen können, Chef?"

„Sailors?" fragte er abschätzend.

„So ähnlich: R. N. . . ."* Die Marine war nämlich in Liverpool sehr beliebt.

„In Ordnung, Jack. Ja, da is'n netter Platz gleich um die Ecke, sauber und gutes Essen. Sag Aggie, du kommst von mir."

„Alles klar, Chef, bis später."

* Abkürzung für Royal Navy.

„Beeilt euch lieber. Die machen um halb elf zu.“

Aggie entpuppte sich als betagter Schatz mit makelloser Schürze, rosigen Wangen und funkelnden Augen. Schneller als wir dachten, waren wir aufgenommen.

„Wenn Sie sich beeilen, meine Lieben, kann ich Sie noch beim letzten Durchgang zum Abendessen unterbringen“, sagte sie.

Wir schniegelten uns, so gut es in unserem benebelten Zustand noch möglich war, drehten die Pullover mit der sauberen Seite nach außen und verholten uns in den Speisesaal. Dort erlebten wir eine Überraschung. Der Raum war vollgestopft mit alten Damen, von denen keine unter achtzig war. Wir waren in einem Altersheim gelandet! Da saßen ungefähr zwölf um den offenen Kamin herum, einige strickten, andere unterhielten sich mit leisem Zwitschern. Als wir ins Essen reinhauten, das gut und reichlich war und für das wir zwölf Schilling pro Tag zahlten, beäugten uns einige der alten Damen lächelnd.

„Kannst du Klavier spielen?“ fragte mich Kiwi. „Du bist doch Waliser, und die können das doch alle.“

„Na ja, natürlich hab ich's gelernt. War aber nie gut. Außerdem ist es schon Jahre her. Auf den verdammten Zerstörern hatte ich auch nicht viel Gelegenheit zum Üben.“

Er drehte sich um und zeigte mit seinem Löffel: „Da drüben steht eins.“

„In Ordnung“, sagte ich, stand auf und ging zur Wand hinüber. „Macht es Ihnen etwas aus, meine Damen, wenn ich mich ein wenig am Klavier versuche?“

Alle lächelten lieb. Und eine, lebhafter als die anderen, antwortete: „Aber nein, um alles in der Welt, bitte spielen Sie nur. Wir sind entzückt! Meine Damen, ich habe mit Agnes gesprochen, und sie sagte mir, daß diese beiden jungen Herren gerade aus unserer tapferen Marine entlassen worden sind.“

Die alten Schätzchen seufzten und säuselten.

„Aber Sie müssen sich erst vorstellen, und da wir niemanden haben, der die Vorstellung für uns übernehmen kann, werde ich es selber tun: Ich bin Mrs. Rosina Steele, Witwe des lieben Kapitäns Steele.“ Anschließend nannte sie auch die Namen aller anderen, die mir jedoch heute – fünfundzwanzig Jahre später – entfallen sind. Nicht jedoch ihre Gesichter.

Das Klavier war ein Pianola, ein unechtes Ding, in das man eine Papierrolle mit gestanzten Löchern wie ein Computerprogramm einfüttert. Wenn man die Pedale tritt, pusten die Blasebälge im Innern des Kastens durch die Löcher und produzieren musikähnliche Laute. Neben dem Pianola stand ein großer, mit Papierrollen vollgestopfter Korb. Ich grabschte die oberste, klemmte sie in den Papierhalter und fing an. Als die Töne herauswehten, erfror Kiwis Gesicht in überraschter Verzweiflung. Das Stück war eine Auswahl aus dem „Zigeunermädel" – derselben Musik, der wir in London im Union Jack Club entflohen waren. Entsetzlich, schrecklich, sentimental, triefender Kitsch!

Kiwi stand hinter mir und flüsterte: „Ach du mein Jesus Christus!" Die kleinen alten Ladies saßen verzaubert, lauschten der Musik aus ihren Jugendtagen, als sie noch – auf andere Weise – schön gewesen waren, lauschten der Musik, zu der sie mit ihren gerade von See zurückgekommenen Liebsten getanzt hatten. Ihre Träume konnte man in ihren Gesichtern lesen. Selbst ein so ungehobelter Bastard wie ich hatte nicht das Herz, jetzt aufzuhören. Also ackerte ich weiter, während die Papiermusik langsam herausrollte und die Uhr über den Topfpflanzen unerbittlich auf den Kneipen-Feierabend zutickte. Als die Musik endlich keuchend und krächzend stoppte, zeigte die Uhr, daß uns noch fünf Minuten bis zur Polizeistunde blieben.

Ich sprang auf und knallte den Deckel zu. Die Damen applaudierten und seufzten. Kiwi verdrückte sich zur Tür. „Seien Sie vielmals bedankt, Mr. Jones", sagte Mrs. Steele und ergriff meine Hand. „Sie haben für eine so willkommene Abwechslung unserer Abende gesorgt. Wir sind Ihnen ja so aufrichtig dankbar. Dürfen wir Ihnen jetzt ein Täßchen Tee und ein Stück Kuchen anbieten, bevor Sie zu Bett gehen?"

„Es wäre mir eine Ehre, meine Dame", antwortete ich, „doch wir müssen sehr dringend mit London telefonieren."

„Oh, wirklich? Ich bin sicher, daß es sich um Marinedinge handelt."

„Ja, gnädige Frau, eine außerordentlich dringende Geheimdienstsache."

„Es würde mich nicht wundern, wenn es etwas mit diesen abscheulichen Russen zu tun hätte", sagte Mrs. Steele der Versammlung. Alle Damen setzten angemessene alarmierte Mienen auf.

„Nein, gnädige Frau, diesmal nicht!" Ich beugte mich zu ihr hinunter und flüsterte: „Albanier!"

„Oh, du liebe Güte, wie außerordentlich aufregend. Bitte gehen Sie und tun Sie Ihre Pflicht, lieber Mr. Jones, und vergessen Sie nicht, daß ich Sie morgen gerne sprechen würde."

„Ich danke Ihnen, verehrte gnädige Frau. Gute Nacht, meine Damen."

„Gute Nacht, möge Gott Sie beschützen", riefen sie unisono, und die Blumentöpfe in der Halle wackelten bei unserem hastigen Rückzug.

Ich folgte Kiwi durch die Glastür und hörte Mrs. Steele den anderen zuflöten: „Unsere liebe, tapfere Marine, wißt ihr, sie ist immer im Dienst."

Draußen sprinteten wir um die Ecke auf die Kneipe zu – nur noch zwei Minuten bis zum Feierabend. Kiwi drehte sich dabei zu mir um und murmelte: „Verdammtes ‚Zigeunermädel', verfluchte Albanier – wo nimmst du das nur her, in Gottes Namen, Tris?"

„Mitten aus dem Leben, Kiwi – zwei Bier, vom Besten, bitte!"

„Tut mir leid", sagte die schlampige Kellnerin, „wir haben gerade Feierabend."

„Heiliger Strohsack", flüsterte Kiwi.

„Na, Kiwi, du hattest Weiber und Lieder, was willst du mehr?"

„Ach, komm, wir hau'n uns in die Falle", sagte er, „morgen müssen wir früh in der Heuerstelle sein!"

Traurig lenkten wir unsere Schritte zur Tür des Heims der alten Damen zurück.

4

Glaube, Hoffnung, Glück

In der Heuerstelle der Handelsmarine war es am nächsten Morgen wie bei einem Treffen des vereinten Weltproletariats. Ungefähr fünfhundert Männer drängten sich im Warteraum, dessen grüner Anstrich bis in Schulterhöhe abblätterte, als sei er durch die farbige Erscheinung all jener Männer porös geworden, die in den vergangenen fünfzig Jahren hier durchgekommen waren. Da waren Laskaren von der Westküste Indiens, die gingen, als kletterten sie eine Schiffsleiter hoch, kleine, schwarze Männer mit sensiblen Violinistengesichtern und mit – für jene Zeit – langen Haaren. Es gab blauschwarze, schlanke, gutaussehende Somalis von Nordostafrikas Wüstenküste, die wie gemalte Ibisse an den Wänden lehnten. Araber aus dem Jemen, gute Seeleute, nicht zu vergleichen mit den Menschen, denen ich in diesem armen, trockenen Land begegnet war. Lachende Chinesen aus Hongkong und Makao, sämtlich Köche und Stewards, die sich selbst noch aus den Abfällen, die ein Liverpooler Heizer wegwarf, ernähren konnten. Dann große, massige, schwarze Stammesbrüder von der Goldküste und Nigeria, die Stammeszeichen in akkuraten, seltsamen Mustern auf den Wangen; kleine, fette, ängstlich aussehende Malteser, die sich in einem eigenartigen Kauderwelsch aus Italienisch, Arabisch und Englisch verständigten. Zyprioten mit hungrigen Augen; große, fröhliche Mulatten von den Westindischen Inseln; und auch Seeleute aus den unterentwickelten Ländern des Westens als da sind: Iren, Schotten, Waliser und Norweger, dazu in einer Mischung aus all diesen Eigenschaften die „Scouser“, die „Labskausfresser“, wie die Liverpooler Seeleute in aller Welt genannt werden. Sie alle akzeptierten die Gegenwart der anderen mit gegenseitigem Respekt und guter Laune. Hier gab es keine düsteren Fressen wie im Gefängnishof oder auf dem Arbeitsamt. Sie waren Seeleute. Sie alle hatten nur einen gemeinsamen Feind: die See.

Als wir in den Warteraum kamen, gab man uns Nummern. Wir mußten auf den Aufruf unserer Nummer warten, bevor es zum Heuerbüro und zur ärztlichen Untersuchung auf Tuberkulose und Geschlechtskrankheiten plus verschiedener anderer Leiden ging, für die Seeleute anfällig sind, bei Nicht-Moslems wird auch Alkoholismus dazugerechnet.

Nach ungefähr einer Stunde Wartezeit war Kiwi dran. Wenig später kam er wieder heraus. „In Ordnung, Tris, ich bin dabei."

Ein Offizieller in der blauen Uniform der Hafenbehörden, ein temperamentvoller, jovialer Mann, saß hinter einem riesigen Mahagonischreibtisch.

„Name?" fragte er. Ich antwortete.

„Entlassungspapiere?" Ich reichte sie hinüber. Er überflog sie, grinste zustimmend. Als er zur dritten Seite kam, sah er mich an und meinte: „Sieht in Ordnung aus, können Sie morgen nachmittag an Bord sein?"

„Natürlich, schon morgen früh, wenn Sie wollen."

„Gut." Er blätterte die letzte Seite um, seufzte dann und sah mich wieder an.

„Das tut mir leid, Kumpel. Wir können dich nicht nehmen. Du bist als dienstuntauglich aus der Marine entlassen worden. Hier, lies selber. Hier steht, ‚Entlassung wegen körperlicher Untauglichkeit für Schifffsarbeit'."

„Aber ich bin jetzt wieder fast der alte. Ich habe sogar angefangen, morgens zu joggen."

„Tut mir leid, mein Freund, es ist unmöglich."

„Hören Sie, ich würde sogar als Küchenjunge oder Steward fahren."

„Ich weiß, daß es hart für dich ist, alter Junge, aber wir können das Risiko nicht eingehen. Die Versicherung würde nicht mitmachen, und wir dürfen kein unversichertes Crewmitglied an Bord haben, das ist gegen die Gewerkschaftsvorschriften. Wirklich schade, Kumpel, da ist einfach nichts, was ich dagegen tun könnte, verdammt noch mal. Während des Krieges war es anders, da haben wir jeden genommen, den wir kriegen konnten, aber jetzt . . ."

„Okay, na ja, trotzdem danke. Mach' dir keine Sorgen, vermutlich finde ich schon irgendwo an Land 'ne Koje." Ich versuchte zu grinsen.

„Ich hoffe, du schaffst es", sagte er und stand auf. „Jedenfalls viel Glück."

„Danke!" Ich verließ sein Büro mit dem Gefühl, die Welt sei zusammengestürzt. Kiwi gab mir eine Zigarette: „Wie war's, Kumpel?"

„Ich bin erledigt, Kiwi, sie nehmen keine Krüppel."

„Verdammte Scheiße!"

„Mach' dir nichts draus, Kamerad, mach' du weiter. Ich finde schon was, mach' dir keine Sorgen. Außerdem interessiere ich mich immer noch mehr für kleine Schiffe als für diese schwerfälligen Konservenfabriken."

Er sah auf die Uhr. „Laß' uns einen saufen! In zehn Minuten machen die Kneipen auf."

Also gingen wir und pfiffen uns weitere fünf Maß vom feinsten Tetley's in der Kneipe ein und machten auf der Fähre über den Mersey weiter. Ich brütete, ob dies meine letzte Seereise wäre, doch als ich während der fünften Überfahrt aus dem Fenster sah, wußte ich beim Anblick der Irischen See, die sich jenseits der Flußmündung in der Ferne verlor, daß es nicht so sein würde, hundertprozentig.

Als wir endlich in das Witwenaltersheim zurückkamen, waren wir beide ziemlich angefüllt, brachten es aber dennoch fertig, uns ein anständiges Abendessen einzuverleiben und den Damen eine Auswahl aus den „Piraten von Penzance" zu Gehör zu bringen.

Nach dem Spiel kam Mrs. Steele zu mir:

„Wunderbar, Mr. Jones, aber Sie waren ungezogen, denn ich hatte Sie doch gebeten, heute zu einem kleinen Plausch zu mir zu kommen. Aber lassen wir das. Mein Sohn kommt morgen aus Holland zu Besuch, und Sie müssen uns beim Tee Gesellschaft leisten. Ihr Freund wird dann schon mit seinem Schiff ausgelaufen sein, und ich möchte nicht, daß Sie ganz allein mit all den Damen herumsitzen."

„Vielen Dank, Mrs. Steele. Es wird mir eine große Freude sein."

Und damit schoben wir wieder ab. Erst in die Kneipe für die letzten Biere, dann in die Koje.

Am nächsten Morgen schliefen wir lange. Nach dem Mittag kaufte Kiwi in der Scotland Road in der Nähe der Docks wetterfeste Klamotten, und ich schmiß zum Abschied noch eine Lage.

„Prost, Tris. Ich weiß, du schaffst es. Hast du immer. Aber wenn es schwierig wird, bleib' hier in der Gegend, und ich bring dich schon irgendwo unter, wenn ich wieder da bin."

„Ach, hau ab, Kiwi! Eher heuer ich als Totengräber an, verdammte Scheiße."

„Hast recht, alter Junge. Na ja, bis dann!" Und ich sah ihn doch tatsächlich wieder: siebzehn Jahre später auf den Bermudas. Er war inzwischen erster Bootsmann geworden, war immer noch bei der White Star Line – und ich als Skipper der BARBARA auf einer 40 000 Meilen langen Reise.

Doch das lag noch in weiter Ferne, und als er mich in New Brighton verließ, dachte ich, bei seiner Rückkehr wäre ich immer noch dort.

Zur Teezeit begab ich mich mit sauberem Hemd und Marinekrawatte zu Mrs. Steele in den Speisesaal.

„Mr. Jones, darf ich Ihnen meinen Sohn Duncan vorstellen? Duncan, dies ist Mr. Tristan Jones."

Es war die erste vieler, vieler schicksalhafter Begegnungen mit Menschen, die ich unter den veschiedensten Bedingungen überall in der Welt erleben sollte. Begegnungen, die auf den ersten Blick nicht außergewöhnlich zu sein scheinen, doch die im Nachhinein überraschend deutlich die Gegenwart einer leitenden Hand zeigen – sei es Gottes oder wessen auch immer.

„Sehr erfreut, Sie kennenzulernen, Duncan. Arbeiten Sie hier in der Gegend?"

„Nein, zur Zeit nicht", seine Stimme war gebildet, bestimmt, präzise wie die seiner Mutter, „augenblicklich arbeite ich in Holland. Ich bin dort drüben, um Informationen über den Bau kleiner Stahlyachten zu sammeln. Sehen Sie, ich arbeite für Cammel Lairds, die Werft hier in Birkenhead. Die Deutschen stahlen den Holländern alles Holz, und wie Sie wissen, haben die Holländer ihre ostindischen Kolonien verloren oder sind gerade dabei . . ."

„Ja. Neuer Staat. Wie heißt er noch . . . Indonesien?"

„Richtig. Nun, die Holländer haben sich auf den Bau kleiner Schiffe spezialisiert: Arbeitsschiffe, Hafenfähren in Stahl, sogar Yachten."

„Yachten?" Ich spitzte die Ohren.

„Ja, und sie werden immer besser. Wenn man bei ihnen erst einmal unter Deck kommt, würde man nicht glauben, daß sie aus Stahl sind mit ihrer Mahagonivertäfelung aus Nigeria. Auch die Kombüsen sind sehenswert."

„Wo werden sie verkauft? In Holland?"

„Viele ja. Aber viele gehen auch nach Übersee, in die Westindies, die Staaten und gar nicht mal so wenige auch nach Südamerika." Er zog an seiner Pfeife.

Ich wurde immer neugieriger. Kleine Yachten! „Und wie kommen die nach Südamerika?"

„Einige gehen als Fracht hinüber, andere werden hinübergesegelt. Sie müssen wissen, daß der Geschäftsmann aus Rio es als großes Statussymbol betrachtet, eine Yacht zu besitzen, die den Atlantik überquert hat."

„Wie groß sind diese Yachten?"

„Oh, jede Größe bis zu 25 Metern."

„Segel oder Motor?"

„Beides. Aber natürlich sind es die Segelyachten, die auf eigenem Kiel hinübergehen."

„Ach wirklich. Und wer bringt sie hinüber?"

„Überführungscrews. Sie kommen in Holland an Bord, segeln sie hinüber und fliegen dann zurück oder bringen ein anderes Schiff herüber, etwa aus den Staaten oder den Westindies. Das einzige Problem ist, Mannschaften zu finden. Die großen Handelsschiffe zahlen viel besser, und natürlich hat der normale Segler einfach nicht genug Zeit, auf einen so langen Trip zu gehen."

„Mr. Steele, werden Sie mir behilflich sein, mit diesen Yachtbauern Kontakt aufzunehmen, wenn ich nach Holland komme?"

Er lächelte. „Warum? Wollen Sie ein Schiff kaufen?"

„Nein. Ich möchte eins segeln, oder zwei, drei."

Ich erzählte ihm von meinen Navigationsübungen während der Marinezeit in meinen dienstfreien Stunden. Ich erwähnte, daß ich früher in der Outward Bound Organization war, die jungen Seeleuten das Segeln kleiner Schiffe beibringt, und daß ich hoffte, mir eines Tages mein eigenes Schiff zu kaufen und eigene Reisen durchzuführen. Mrs. Steele und er hörten aufmerksam zu. Als ich geendet hatte, meinte Mrs. Steele:

„Duncan, du mußt diesem Mann helfen. Du weißt, daß dein Vater von 1875 an auf Segelschiffen gefahren ist, bis diese schrecklichen Deutschen ihren dummen Krieg anfingen. Er war so ein liebes, altes

Herz. Vor seinem Tode prophezeite er mir, daß das Zeitalter der Segler nicht zu Ende sei. Und wir brauchen diesen Mann und andere wie ihn, die ihm nacheifern, um Segel und Segler wieder zurück nach Liverpool und zu all den anderen Häfen zu bringen, in die mich dein lieber Vater vor so langer Zeit mitnahm."

„Ja, natürlich, das werde ich tun, bei Gott. Wenn Sie nach Holland kommen, besuchen Sie mich in Leyden, und ich werde Sie meinen holländischen Freunden vorstellen. Hier ist meine Adresse. In zwei Wochen bin ich wieder drüben. Brauchen Sie Fahrgeld? Sie können es mir zurückzahlen, wenn Sie Arbeit haben."

„Vielen Dank, ich komme gut zurecht. Beim Allmächtigen, ich werde bei Ihnen sein, und zwar sobald Sie wieder drüben sind!"

Mrs. Steele nahm mich freundlich am Arm: „Aber, mein lieber Mr. Jones, schauen Sie, nun ist Ihr Tee kalt geworden. Lassen Sie mich frischen nachschenken. Und dann wollen Sie Duncan und mir vielleicht ein Liedchen auf dem Pianola vorspielen?"

„Aber sicher, gnä' Frau!" *Ein* Liedchen?

Ich hätte ihnen auch den verdammten „Halleluja-Chor" und die „1812 Ouvertüre" auf einmal geklimpert, so gut fühlte ich mich.

Auf diese Weise kam ich das erste Mal mit der Yachtwelt in Kontakt, mit den Bootsbauern und den Seglern.

Bei acht Atlantiküberquerungen, einer vollständigen Umschiffung Südamerikas und einer Weltumseglung lernte ich unendlich viel über Schiffe, Segel und ihre Handhabung über Bootsbau, Wetter und Sicherheit an Bord.

Bis 1958 hatte ich mit meiner immer noch unberührten Marineabfindung und der Pension, die sich in fünf Jahren angesammelt hatte, genügend Geld gespart, um mich nach einem geeigneten Schiff umzusehen, mit dem ich eine Reise durchführen wollte, die ich schon lange geplant hatte. Ich wollte eine Yacht so nah wie noch kein Mensch vor mir an den Nordpol hinsegeln! Ich wollte sogar den Versuch wagen, das Nordpolarmeer zu überqueren!

Jetzt hatte ich genügend Geld, um einen Yachtrumpf zu finden und auszubauen, auch die Erfahrung, den Ausbau fachgerecht durchzuführen, und ich hatte den festen Willen, diese Reise anzugehen. Und das mußte ich völlig allein schaffen.

Mrs. Steele starb im Oktober 1954, während ich auf See war.

Dieses Buch ist ihrem Andenken und dem ihres Mannes und Sohnes gewidmet, denn es berichtet, wie ich es fertigbrachte, lange genug am Leben zu bleiben, um zu sehen, wie ihr Traum begann, wahr zu werden.

5

Meister und Maat

Im August 1958 lieferte ich die Yacht Slot van Kappel nach einer harten und schnellen Weltumseglung in knapp zwei Jahren in Lissabon ab. Die beiden Eigner planten von dort aus eine gemütliche Reise die spanische und französische Küste entlang, bevor sie nach England zurücksegeln und das Schiff verkaufen wollten. Ich aber hatte es eilig, denn als ich an Antigua vorbeigesegelt war, hatte ich eine Vision meines alten Skippers Tansy Lee gehabt. Er war am Abbuddeln, bei seinem Geburtsjahr 1860 eigentlich nicht überraschend.

Seit 1872 fuhr er ununterbrochen zur See, die ganze Zeit unter Segeln, bis auf eine Periode im Zweiten Weltkrieg, als er im Alter von achtzig Jahren mit einem bewaffneten Fischkutter auslief, um „die verdammten Hunnen noch mal zu verprügeln".

Ich hatte 1938 mit vierzehn Jahren auf seiner alten, ausgezeichneten Segelketsch Second Apprentice angeheuert, mit der er in Nordsee und Ärmelkanal Fracht fuhr: Kohle nach Cherbourg, Viehfutter nach Ramsgate, Altmetall nach Deutschland, Ballast nach Hull. Die Frachtraten waren niedrig, die Heuer zum Erbarmen, die Arbeitszeit lang und anstrengend, aber Essen und das Seemannsleben waren überreichlich, wohlschmeckend und aufregend. Tansy war der Skipper, ich seine Crew.

Tansy selbst hatte mit zwölf Jahren bei seinem Vater im „Trade" angeheuert, wie das Schmuggelgeschäft über den Kanal damals genannt wurde. Doch als er das reife Alter von fünfzehn erreicht hatte, wurde seine Familie brav und fromm: Tansy wurde als Folge davon in die

Königliche Marine gesteckt. Das muß demnach um 1875 gewesen sein.

Sein erstes Schiff war ausgerechnet ein Zollkutter, der im rauhen Kanal patroullierte und Tansys ehemalige Kollegen bei jedem Wetter aufspürte. Seine Geschichten über die damalige Zeit waren einzigartig. Sie hatten geteerte Strohhüte und Entermesser getragen. Einmal wöchentlich trat die Mannschaft an Deck an und war Zeuge beim Auspeitschen. Tatsächlich hatten einige der Männer, mit denen Tansy im Zolldienst segelte, ihrerseits unter Männern gedient, die schon 1805 unter Admiral Nelson bei Trafalgar gekämpft hatten. Tansy war bei der Marine geblieben und hatte die ganze Welt unter Segeln erlebt: die Aschanti-Kriege, die Jagd an der Ostküste Afrikas auf Sklavenschiffe und den Burenkrieg. Im Ersten Weltkrieg war er von der Marine zum Dienst auf einem bewaffneten Handelsschiff eingezogen worden. Diese U-Boot-Fallen waren alte Segelkähne, mit getarnten 15-cm-Geschützen ausgerüstet. Die U-Boote tauchten gewöhnlich auf und befahlen der Besatzung des verkappten Hilfskreuzers, das Schiff zu verlassen. Ein Teil der Mannschaft täuschte daraufhin eine panische Flucht von Bord vor. Sobald das U-Boot in Schußweite war, fiel das Schanzkleid des „harmlosen" Frachters, die Kanonen donnerten los, und gluck-gluck soff der Deutsche ab.

Nach seiner Entlassung aus der Marine übernahm Tansy das Familienschiff, eine 85 Fuß lange Ketsch. Als seine Brüder starben, machte er mit dem Frachtsegeln weiter, während überall auf der Welt der Handel unter Segeln einschlief. Um 1938 arbeiteten nur noch ein Dutzend Segelschiffe um die Britischen Inseln herum. Dieses Handwerk wurde von einigen ältlichen Dickköpfen wie Tansy Lee und Bob Roberts am Leben erhalten, die bis in die späten sechziger Jahre im „Trade" weitersegelten.

Ich war mir immer bewußt gewesen, daß ich Bindeglied zwischen den vergangenen Jahrhunderten der Segelschiffahrt und der Zukunft war, wenn das Segeln wieder die ihm gemäße Rolle einnehmen würde. Ich kann es kaum erwarten, bis die Bohrlöcher versiegen, bis der letzte Schleimklumpen schwarzen, klebrigen Drecks aus dem hintersten, entferntesten Ölloch herausgequollen ist. Dann wird das strahlende Zeitalter der Segel wieder anbrechen. Es mag verändert sein, im Vergleich zu den Wolken aus Segeltuch, die früher über die Meere eilten, doch Segel werden es sein, mögen sie auch von Computern beherrscht werden oder nicht. Und wieder werden wir die von Gott geschaffenen Winde nutzen und sie dem Willen des Menschen zu eigen machen. Und wieder wird die Notwendigkeit einer Besegelung den Schiffsrümpfen Anmut und Schönheit diktieren, die seit fast einem Jahrhundert im Schiffsbau vernachlässigt werden. Wir werden ohne Trauer zurückblicken auf jene häßlichen Kraftbrocken, die jetzt so arrogant die See bezwingen, und wir werden dem Herrn selbst danken, wenn der letzte von ihnen zum Abwracken dampft. Handelsmatrosen werden ihre Schiffe wieder so wie früher stolz und liebevoll betrachten, statt sie für bewegliche Fabriken zu halten. Ich hoffe, lange genug zu leben, um diesen Tag zu sehen.

Doch als ich 1958 mit dem Zug von London nach Sandwich fuhr, hatte ich noch wenig Ahnung von all diesem. Ich wußte nur, daß ich meine Reise durchführen mußte. Unter Segeln würde ich es tun, denn etwas anderes wäre mir nie in den Sinn gekommen. Und es würde in die Arktis gehen, weil fast alle meine Vorbilder ihre Spuren dort hinterlassen haben: Davis, Hudson, Cook, Bering, Shannon, Amundsen, Norden, Peary, Nansen . . . Nansen! *Nansen* mit der FRAM! Ich wollte versuchen, es so gut wie die FRAM zu machen. Ich würde nie so gut wie Nansen sein können, denn mit meiner kläglichen Schulbildung wäre ich niemals fähig, darüber zu schreiben oder auch auf andere Weise jemandem den Geschmack des Abenteuers, des reinen, klaren Abenteuers, zu vermitteln, so daß er durch Adern und Mark bis in die innersten Fasern selbst überginge, so wie Nansen es vermochte. Ich würde nie wie er lernen, daß nur durch wirkliche Anstrengungen und Mühe um das Unmögliche wahre Menschlichkeit und echtes Mitempfinden zu erlangen sind.

Zu jener Zeit war ich vierunddreißig und nach sechs Segeljahren in jedem Wetter und unter allen Bedingungen physisch in der besten Verfassung. Geistig machte ich mich. Ich war extrem pragmatisch, fast schon kurzsichtig, sehr neugierig auf jeden Menschen und jede Sache, obwohl ich natürlich noch nicht die Menschenkenntnis wie später hatte. Wenn ich große Fehler hatte, so waren es die, daß ich manchmal dachte, ich wüßte schon mehr, als es in Wirklichkeit der Fall war, und daß ich Narren nicht fröhlich duldete. Ich war noch zu ungestüm in den meisten Dingen, von denen ich später fand, daß man wählerischer sein sollte bei der Unterscheidung zwischen wichtig und unwichtig. Ich war – um den Seemannsausdruck zu gebrauchen – „voll von gärendem Wein“.

Während der Zug durch die Apfelgärten von Kent zuckelte, konzentrierte ich mich im Geiste darauf, ein brauchbares Schiff zu finden. Wenn möglich, sollte es irgendwo in der Nähe einer königlichen Werft sein. Dort würde ich durch Beziehungen als ehemaliger Matrose eine gute, preiswerte Ausrüstung bekommen. Ich hatte jetzt vierzehnhundert Pfund gespart. Das sollte ausreichen, um ein Schiff zu finden, es für eine fünfjährige Reise auszurüsten und mich ohne zu viel Entbehrungen zu ernähren.

Ich nahm das einzige Taxi des Dorfes zu Tansys Häuschen. Wir fuhren ungefähr vier Kilometer durch den herrlichen englischen Herbst – Äpfel an den Bäumen und hübsche Feldblumen an den Wegrainen –, durch eine so fruchtbare Landschaft, daß selbst die Kühe aussahen, als gehöre ihnen das Land, auf dem sie weideten. Das vorsintflutliche Taxi keuchte aus dem ordentlichen, sauberen Ort Sandwich heraus. Einst zählte Sandwich zu einem der alten Cinque Ports, den fünf Häfen des Mittelalters, heute aber liegt es wegen der jahrhundertelangen Auflandungen einige Kilometer im Land. Durch Dörfer und Weiler, so alt wie der Durst eines Mannes auf ein Bier, durch das verflochtene Gewebe des innersten England rollte der Wagen. Vorbei an verkrüppelten Eichen, in ihre Form geschmiedet von den mächtigen Kanalwinden, die seit Ewigkeit von der Keltischen See nach Osten wehen und den begrünten Klippen wie auch den sanft geschwungenen Hängen ihr heiteres Lied erzählen.

An den schaukelnden und quietschenden Kneipenzeichen vorüber, verwittert durch ungezählte Generationen: „Der eiserne Herzog“, „Die Königseiche“, „Seemanns Heimkehr“ ...

Tansys Häuschen war wie Tansy selbst: Es grollte und grinste zur selben Zeit. Niedrig, mit steilem Strohdach und weiß getünchten Wänden, die Schlafzimmervorhänge zum schattigen Obstgarten zugezogen, wirkte es, wie so oft, als sei es blind, sähe aber doch alles. Der verwitterte Ziegelpfad vom grünen, aus Weiden geflochtenen Eingang her wirkte so zerbrechlich, als sei schon das Gewicht eines Seesacks zu viel. Eine leere Schaukel baumelte erwartungsvoll. Die alte Holztür hatte einen Türklopfer, der mit einem türkischen Bund umwickelt war. Ich pochte damit an.

Tansys Nichte Daisy öffnete, doch nicht so fröhlich, wie sie mich die vorigen Male begrüßt hatte. Ihr rosiges Lächeln war jetzt einem sorgenvollen Ausdruck gewichen. Sie packte mich am Arm.

„Hallo, Daisy, was ist los?“

„O, Tristan, er ist tot!“ Sie brach in Tränen aus. Ich legte den Arm um ihre Schulter.

„Na komm, meine Liebe, wo ist Bogey?“ Bogey war ihr Mann.

„Er ist draußen zum Fischen, wollte aber jeden Augenblick hier sein.“ Sie schniefte und sagte dann mit dem Versuch eines tapferen Lächelns: „Aber komm ’rein, Tris, ich brüh’ uns einen Kessel Tee auf. Und ich habe noch etwas Kuchen, wenn du willst. Du mußt ja ganz verhungert sein.“

„Danke, Daisy. Ja, ein bißchen. Aber laß’ mich das für dich machen.“

„Nein, sei nicht albern, es geht schon wieder.“ Sie ging in die Küche, vorbei an dem winzigen, vollgestopften Wohnzimmer mit seinen Blumentapeten, dem blitzenden Klavier und dem Vertiko mit den besten Sammeltassen. Ein strenges Foto König Eduards VII. starrte gebieterisch von der einen Seite des Kamins herab, während Königin Alexandra ihr königlich Bestes auf der anderen Seite versuchte, nicht ängstlich auszusehen. Eine Krönungstasse, in der Tansy die Schillinge für den Gaszähler aufbewahrte, stand auf dem einen Ende des Kaminsimses, in der Mitte eine Keksdose, in der er die Halbkronen-Stücke für seine täglichen Kneipengänge sammelte. Auf dem anderen Ende immer noch die Porzellanfigur eines kleinen Jungen, der Weintrauben ißt. Nur waren sein Arm und die Weintrauben schon vor Jahren abgeschlagen worden.

Als Daisy sich mit dem Teegeschirr in der Küche zu schaffen machte, sah ich mir die Fotos an den Wänden an. Tansys Papa sah aus wie der verkörperte Zorn Jehovas und stand als Mittelpunkt einer Gruppe von Seenotrettungshelfern neben dem Rettungsboot von Ramsgate. Sie alle wirkten unerschrocken und furchtlos, bis auf einen kleinen schnurrbärtigen Kerl in der ersten Reihe an Steuerbord. Er schien ziemlich hinüber. Die Inschrift lautete: „Die Crew des Ramsgate-Seenotdienstes 1872 – allzeit bereit!“

An der anderen Wand hing ein Foto von Tansy als Matrose während des Aschanti-Krieges an der Westküste Afrikas. Tansy und sein Kumpel trugen Tropenhelme und weiße Tücher als Nackenschutz, wie es in der Fremdenlegion früher üblich war, Patronengurte über der Brust, Lee-Enfield-303-Gewehre und Entermesser in ihren Gürteln. Die Aschanti-Krieger auf dem Foto waren wilde Burschen.

Gerade als Daisy mit dem Tee hereinkam, scharrte es unter dem Tisch. Tansys alter Labradorhund Nelson sah mich aus seinem einen guten Auge an. Er hüpfte auf drei Beinen herüber und beschnüffelte mich. Zu jener Zeit war er mindestens zwölf Jahre alt und wußte, wo's langgeht in der Welt. Sein Schwanz wedelte, aber er sah aus wie der schwarze Federschmuck eines Begräbnisgauls. Ich tätschelte ihn. Nelson seufzte.

„Wann ist er denn gegangen, Daisy?"

„Letzte Woche. Wir haben ihn vor drei Tagen begraben."

„Und wo?"

„Bei den Baptisten. Er konnte Pfarrer nicht ausstehen. Er wollte hinter der ‚Royal Oak'-Kneipe begraben werden, aber du weißt ja, wie die Leute sind, also haben wir uns für die Baptisten entschieden. Ich meine, sie sind doch nicht wie die anderen, oder?"

„Nein, ich glaube nicht. Nehmen alles ein bißchen leichter, würde ich sagen."

„Na, jedenfalls kamen alle seine alten Kumpel zur Beerdigung. Das hättest du sehen sollen, Tris! Ein paar von den alten Jungs konnten kaum laufen. Wenigstens so lange nicht, bis sie in der Kneipe die Wurfpfeile rausholten. Tansy hatte zwanzig Pfund für Bier hinterlassen. Nun, das haben sie innerhalb einer Stunde geschluckt. Der alte Shiner Wright, der Wirt, meinte, es war das beste Geschäft für ihn seit Jahren."

„Gut für ihn. Gab er auch Freibier?"

„Ja, drei Runden. Als die alten Jungs das intus hatten, wußten sie schon gar nicht mehr, worum es ging. Ich wette, ein paar dachten, es wäre Krönungstag."

„Tansy hätte es genau so haben wollen, Daisy. Genau sein Stil."

Daisy goß noch einmal Tee nach und schnitt mir eine weitere Scheibe vom Kuchen ab.

„Was macht ihr jetzt, Daisy? Lebt ihr weiter hier, oder was wird nun?"

„Ich weiß noch nicht. Ein Bursche unten aus London, ein Verleger, will das Haus kaufen."

„Was für ein Typ ist er?"

„Komischer kleiner Kauz, ein bißchen weibisch. Bogey meint, er setzt sich hin, wenn er Pipi macht." Sie kicherte.

„Ach ja, Mädchen, so ist das Leben!"

„Ja, und Tansy hat gesagt, er will, daß du Nelson kriegst."

„Nelson? Was soll ich denn mit dem anfangen? Nun hör mal zu, Mädchen, ich werd' mich in Zukunft viel herumtreiben, nach 'nem Schiff suchen und dann 'ne harte Reise machen. Zur Hölle, es wird schon für mich selber schwer genug werden, da kann ich keinen lahmen, alten Köter brauchen, der hinter mir herlatscht."

Nelson fühlte, daß wir über ihn sprachen. Er sah mich mit einem so mitleiderregenden Blick an, daß es selbst Attila, den Hunnen, erweicht hätte.

„Könnt ihr ihn nicht nehmen?" fragte ich.

„Wir haben schon zwei, und dann ist das Baby unterwegs..." Nelson sah sie an, sein Schwanz bürstete über meinen Fuß.

„O zum Teufel, Daisy! In Ordnung, aber ich sehe mich einfach nicht mit einem ausgewachsenen Krüppel auslaufen. Einer ist ja schon schlimm genug, aber gleich zwei..." Ich tätschelte Nelsons Kopf, und er sprang vor Freude förmlich in die Luft und legte mir eine Vorderpfote aufs Knie.

„Jetzt ist's aber genug, du schwarzer Halunke. Benimm dich!" Er warf sich auf den Boden, ganz Ohr, nasse Schnauze und Aufmerksamkeit.

In diesem Augenblick kam Bogey herein: Schiffermütze, rotes Haar, Augen blau wie der Sommerhimmel, Seestiefel und Sweater und unter dem Arm einen großen Sack Flundern. Wir saßen am Kamin, tranken Tee, klönten und beobachteten die Großvater-Uhr, um die Öffnungszeit der Kneipe nicht zu versäumen. Kurz vor Sonnenuntergang marschierten wir zur „Royal Oak", Daisy, Bogey, Nelson und ich, und unterhielten uns an einem altertümlichen Holztisch im Garten über die alten Tage mit Tansy, während der süße, stille englische Abend sich entfaltete zu Träumen, die Licht in die Blätter der Bäume webten. Fröhliche Stimmen wehten aus der Hintertür der Kneipe. Und obwohl wir über die Geschichten von Tansy lachten, weinten wir im stillen in unseren Herzen über den Fortgang eines guten Menschen.

6

Hilf dir selbst, so hilft dir Gott

Die beiden nächsten Tage, Montag und Dienstag, blieb ich bei Daisy und Bogey Knight. Bogey lief aus altem Aberglauben wie die meisten Kanalfischer montags und freitags nicht aus. Wir saßen bis zur Kneipenzeit in seinem Wohnzimmer herum und verzogen uns dann mit Daisys Segen, die froh war, wenn Bogeys große Gestalt ihr bei den Mittagsvorbereitungen aus dem Weg war, in die „Royal Oak". Zwei Bierchen und ein Spiel Darts, dann zurück in das Häuschen zu kaltem Fleisch vom Sonntag – diesmal Schweinebraten – mit Apfelmus, alles heruntergespült mit einer Riesenflasche Apfelmost, wie es in dieser Gegend üblich ist.

Der alte Tansy hatte nie fließend Wasser verlegt. Während des Essens sah ich durch die Küchenfenster mit dem rostigen Hufeisen darüber hinaus. Auf einer weißgetünchten, sonnenüberfluteten Mauer entdeckte ich den Schatten, den Tansys Joch für den Brunneneimer warf. Die Ketten hatten tiefe Furchen hineingefressen, als Tansy, und vor ihm sein Vater, und dessen Vater vor ihm, Wasser geschöpft hatten. Über dem steinernen Küchenausguß war ein kleines Fenster, durch das ich die Spitzen der Minze erkannte, die draußen wuchs und sich aus dem Küchenabfluß ernährte, der sich direkt in den Garten entleerte.

„Tris, alter Junge, was wirst du jetzt tun?" fragte Bogey.

„Ich suche ein Schiff. Ich will verschiedene Reisen machen."

„Hier in der Gegend gibt es nicht viel, abgesehen von Fischerbooten. Keine Segler mehr übrig, außer den paar alten Yachten, und die meisten davon sind noch von Dünkirchen, wie ich dir schon erzählt habe." Er wärmte sein Unterhemd am offenen Feuer.

„Ich dachte, ich seh' mich mal in Sheerness um, Bogey. Da ist 'ne Anzeige über den Rumpf eines Ex-Seenotrettungsboots. Ich werde mal hinfahren und sehen, ob ich mit ihm was anfangen kann. Der Preis ist sehr vernünftig, nur vierhundert Pfund (tausend Dollar in jenen Tagen). Da bleibt mir noch 'ne nette Summe, um es auszurüsten, wenn es was taugt."

„Welches Baujahr?"

„Hier steht: 1908."

„Dann müßte es gut sein. Ist es am Strand auf Kiel gelegt worden?"

„Ich glaube ja, Bogey. Hier steht, es ist 10 Meter lang. Es muß ein Watson-Entwurf sein."

„Dann glaube ich, daß es für einen Ausbau taugt. Damals haben sie noch Rümpfe wie verdammte Kathedralen gebaut und das beste Holz dazu genommen, das je ins Vereinigte Königreich gebracht wurde."

„Ich brauche keine Kathedrale, Bogey, ein anständiges Pfarrhaus tut's auch!"

Und so kam es, daß Nelson, mein Seesack und ich am nächsten Morgen mit dem Frühzug nach Tunbridge und Sheerness fuhren. Ich überlegte müde, wie weit ich wohl noch gehen müßte, um endlich ein Schiff zu finden. Nelson legte sich mit jedem Rüden in Sichtweite an und wurde bei jeder Hündin äußerst galant. All die alten Frauen auf ihrem Weg zum Markt in Tunbridge wurden nervös und ausfallend. Sobald wir allein im Abteil waren, zog ich ihm mit dem Gürtel eine über: „Laß Dampf ab, du geiler alter Bastard!"

Am Spätnachmittag waren wir in Sheerness, denn die Entfernungen in England sind nur in der Erinnerung groß, nicht aber in Kilometern. Kurz darauf standen wir in der hintersten Ecke einer Bootswerft und sahen uns den Rumpf des Bootes an, jeden einzelnen seiner elf verlassenen Meter. Hinterher habe ich mich oft gefragt, ob wir das Boot musterten oder das Boot uns. Es wirkte sogar noch kläglicher als der einäugige Nelson auf seinen drei Beinen oder ich nach drei Tagen angestrengten Saufens mit Bogey. Die schmutzige graue Farbe blätterte von seinen Seiten, eine sogar noch schmutzigere, ölige Plane deckte es ab, mit der jeder Sturm Südostenglands im vergangenen Jahrzehnt sein Spiel getrieben hatte. Ich organisierte eine Leiter, lehnte sie an den

Rumpf und hob die verrottete Segelplane hoch. Im Boot stand ein halber Meter tiefer Teich schwarzen, fauligen Regenwassers. An den Rändern zeigte sich eine botanische Vielfalt, die auch dem Botanischen Garten in Kew angestanden hätte. Elritzen sprangen, Frösche quakten, und eine Ratte raschelte in ein sicheres Versteck.

Ich sprang hinein. Raus mit dem Messer. Schnell in das doppelt diagonal geplankte Schiff unter Wasser gestoßen. Stiche in ein halbes Dutzend Spanten. „Mahagoni . . . Eiche . . . hmm."

Ich patschte nach achtern und stocherte und polkte mit dem Messer im Holz herum. Draußen hastete ich die Leiter hinunter und untersuchte Kiel und Totholz achtern. Alles in Ordnung. Ich trat ein paar Schritte zurück, um es anzusehen. Es zeigte die klassischen Linien eines Rettungsbootes mit einer Schlupfkajüte vorn und achtern. Es hatte noch die ursprünglichen, kurzen, kräftigen Masten und die Dollen für die Riemen. Es war schmal, nur zwei Meter zehn breit, aber es war wie ein Panzer gebaut. Sein Kiel war gerade und grundsolide, und das westafrikanische Mahagoni unter der schmutzigen Farbe war so gut wie ein Steinway-Konzertflügel: fast vier Zentimeter dick!

Der runde Rumpf war mit zwei langen, aber flachen Kimmkielen aus rostfreiem Stahl ausgerüstet. Das Schiff würde innen Ballast brauchen, und selbst dann könnte es nicht viel Zeug tragen. Doch in den starken arktischen Winden würde es nicht viel Segel brauchen. Die wasserdichten Schotten vorn und achtern waren noch in Ordnung, es blieb genügend Platz für eine gut vier Meter lange Kajüte mittschiffs und noch zweieinhalb Meter für ein schönes geräumiges Cockpit übrig.

Nelson tauchte schnüffelnd unter dem Kiel auf. Ich sagte: „Nelson, alter Junge, ich glaube, wir haben ein Schiff gefunden." Er sah erst mich, dann das Boot an und wedelte mit dem Schwanz, als wolle er andeuten: „Na, ich hoffe inständig, daß du weißt, was du tust."

Dann erschien der Besitzer, ein Arbeiter der königlichen Werft, die zu jener Zeit langsam eingemottet wurde. Nachdem er sich vorgestellt hatte, sagte er: „Wird'n guter Angelkahn. Er verträgt mit seinem Rumpf 'nen Motor jeder Größe."

„Ja, aber ich suche nur ein Boot zum Rumschippern. Wissen Sie, an Wochenenden die Themse rauf und so, 'ne kleine Spritztour mit der Braut. Der Rumpf gefällt mir, nur der Preis ist ein bißchen hoch für mich."

„Na, sieht so aus, als wenn er in gute Hände käme. Wie wär's mit 350 Mäusen?"

„Dreihundert?"

„Also gut, weil Sie ein Exmariner sind. Ich gebe Ihnen den Rumpf für dreihundertfünfundzwanzig."

„Abgemacht!" Ich schüttelte dem kleinen, leichten Mann die Hand, und der Handel war perfekt.

Am nächsten Tag kaufte ich in Chatham ein ausgemustertes Armeezelt, pumpte das Boot aus, säuberte es, baute das Zelt im Rumpf auf, und fertig war unsere Residenz. Denn es widerstrebt der keltischen Seele, Miete zu zahlen.

Die folgenden fünf Monate harter Arbeit vom blühenden August bis zum verschneiten Januar liegen außerhalb des Bereichs dieser Erzählung. Wenn Sie Segler sind, so wissen Sie, welche Anstrengungen gemacht werden mußten, welche Probleme gelöst, welche Grenzen der Verzweiflung erreicht und wie die verbliebene Geduld gepäppelt wurde. Sie kennen das Herumstochern in Schrotthaufen, um gutes, aber preiswertes Material zu finden, welche Wunder an Improvisationskunst notwendig sind, und wie viele Tränen verdrängt werden, wenn aber auch gar nichts richtig zu laufen scheint.

Endlich aber kam der Tag, an dem die CRESSWELL, wie sie aus ihrer Kutterzeit hieß, langsam Gestalt bekam, an dem sie sich aus einem Wrack in ein Schiff verwandelte. Ich saß geduldig in einem verschneiten Schuppen und schnitt aus ein viertel Zoll dicken Bleiplatten, die ich gerade aus einer durch den deutschen „Blitzkrieg" zerstörten Londoner Kirche „gerettet" hatte, Ballasteisen, die genau zwischen die Spanten in die Bilge des Schiffes passen mußten. Ich studierte jedes kleine Lokalblatt, das mir in die Hände fiel, über ausrangiertes Kriegsmaterial, und bald hatte ich meinen Motor eingebaut. Es war ein Zweizylinder Diesel, horizontal gegenläufig aufgestellt, der früher auf einem Anhänger montiert war. Dieser Anhänger war von einem Laster durch London gefahren worden und hatte während der großen deutschen Luftangriffe als behelfsmäßige Feuerspritze gedient. Nachdem ich das Pumpenende abmontiert und eine Welle mit Schraube installiert hatte, arbeitete der Motor mit seinen zehn Pferdestärken bewundernswert gut und bewegte die CRESSWELL mit ungefähr fünf Knoten vorwärts. Und er verbrauchte pro Stunde nur einen halben Liter Treibstoff! Ich startete ihn, indem ich

Öl in zwei Messing-Schmierbüchsen preßte, die das Öl in die Zylinder weiterleiteten. Dann drehte ich wie wild die Anlasserkurbel, es gab eine laute Explosion aus Lärm und Gestank, und schon tuckerte er los. Ich stoppte die Maschine, indem ich einfach die Dieselzufuhr unterbrach. Der Gashebel war eine sehr primitive Angelegenheit, einen Rückwärtsgang gab es nicht.

Das Deck und den Kajütenaufbau zimmerte ich ebenfalls aus westafrikanischem Mahagoni. Das war zwar teuer, doch ich wollte die Zusatzbauten materialgetreu zum ursprünglichen Rumpf durchführen. Zwischen die Mahagonistraken legte ich, genau wie im Rumpf, geöltes Segeltuch, und auch Deck und Kajütenaufbau überzog ich mit Kanvas, den ich anstrich. Das gelang so gut, daß nicht ein einziger Wassertropfen durchkam, selbst als ich das Deck stundenlang wässerte. Ich legte die ganze Kajüte aus, in die ein gutschließender Niedergang führte, der mit Schlössern wie die Bank von England gesichert wurde.

Die Menge guten, soliden, starken Materials, die ich bei meinen nächtlichen Streifzügen über den Fluß zur verlassenen königlichen Werft in einem geliehenen Beiboot mit umwickelten Riemen zusammentrug, die geflüsterten Unterhaltungen auf dunstigen Piers und nebligen Ufern mit einem wachsamen Auge auf die Polizei Ihrer Majestät, plus die Anzahl von Bieren, die im „Admiral Jellicoe Pub" geschluckt wurden, können nur denjenigen erstaunen, der noch nie eine Segelyacht für lange Hochseereisen mit so wenig Geld ausgerüstet hat, wie es mir zur Verfügung stand. Ich hatte dabei keine Gewissensbisse, denn für mich stand fest, daß meine obersten Befehlshaber der Admiralität mir etwas mehr als magere zehn Dollar Pension pro Woche schuldeten.

Die Segel, das stehende und laufende Gut, die Dieseltanks aus feinstem Kupfer, die Wassertanks aus Zink, die Treibstoffleitung, der Ofen, die eine gute Schlafkoje in der Kajüte, die Steuerdrähte, die große Handbilgepumpe und die große Nebelsirene aus Messing, all das ging aus der Obhut Ihrer Majestät in die meine und in die Ausrüstung der tapferen Ketsch CRESSWELL über. Mit Hilfe von einem halben Dutzend Kameraden, sämtlich seebegeistert und in der Werft angestellt, rüsteten wir sie so gut aus wie Captain Watts, der Schiffsausrüster der Gentlemen, es für zweitausend Guineas und mehr getan hätte. Das heißt, fast alles bis auf den Motor kam aus diesen Quellen. Wir hätten

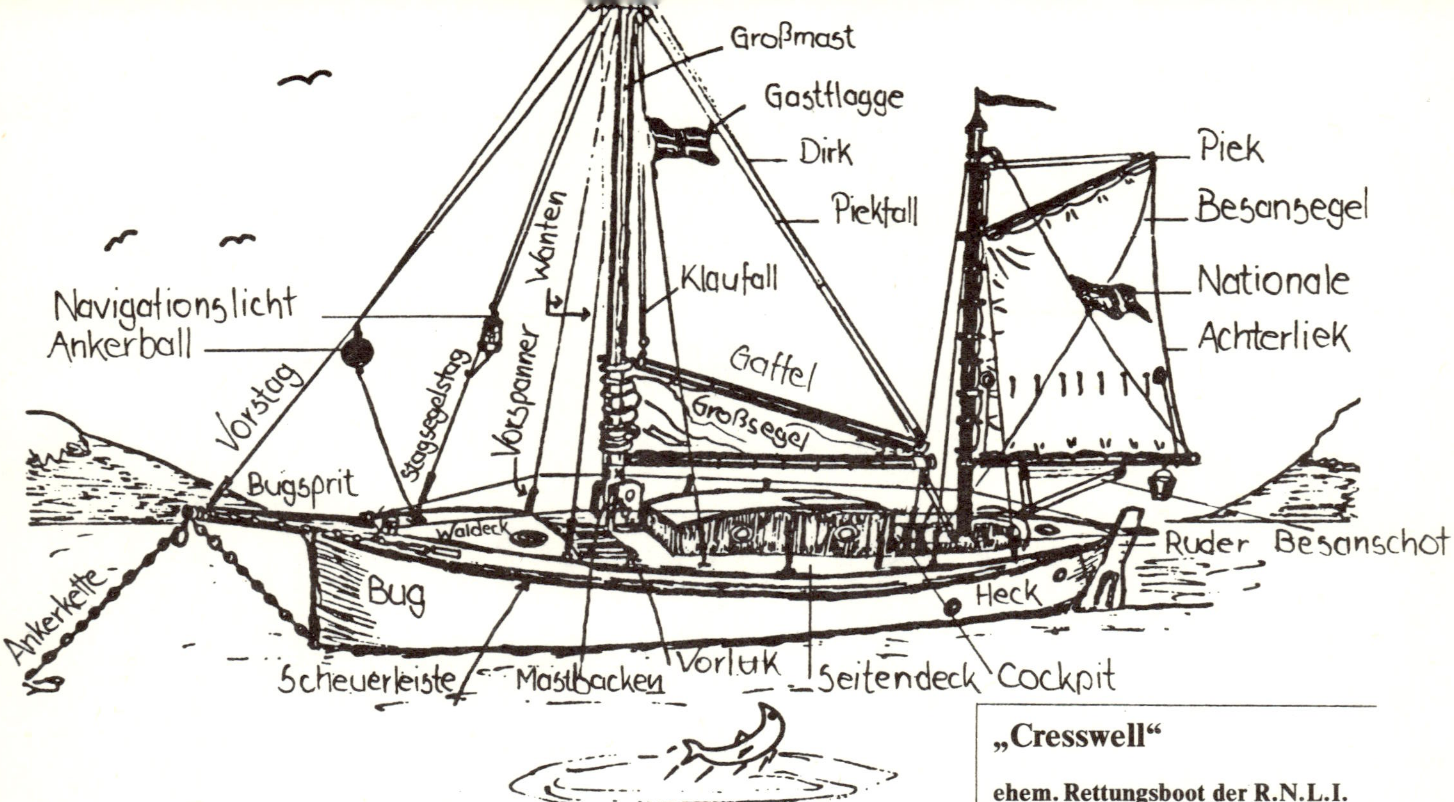

„Cresswell“ vor Anker mit neuem Mast in den Lofoten/Norwegen. (Zeichnung: Tristan Jones aus dem Gedächtnis)

„Cresswell“

ehem. Rettungsboot der R.N.L.I.
(Ruder oder Segel)
erbaut 1908 von Thames Ironworks
Lüa: 9,75 m; Breite: 1,83 m
Tiefgang: Kimkiele 0,84 m
Rumpf: Doppelt diagonal geplankt, Mahagoni auf Eiche

auch die Maschine so besorgen können, denn dort lagen ein Dutzend alter Flottenbarkassen vor sich hinrottend traurig an ihren Murings, doch ihre Maschinen waren alle zu groß. Also begnügten wir uns mit dem Motor der Londoner Feuerwehrspritze. Der Herstellername lautete Vixen, und wenn je eine Ansammlung von Schrauben und Bolzen einen eigenen Willen hatte, dann diese. Doch wenn er erst einmal in Schwung gekommen war, lief er für immer. Ich besorgte mir von der königlichen Werft Isolierung für den Maschinenraum. Damit und einem halbelastischen Fundament, das ich aus der Druckerei der Werft organisierte, lief sie schließlich leise und gleichmäßig, wenn erst das anfängliche Fegefeuer des Starts überwunden war.

Ich hatte mich zuerst auf den Umbau der Kajüte konzentriert, damit Nelson, der Seesack und ich in den kommenden Wintermonaten einigermaßen trocken und warm leben konnten. Mitte Oktober waren wir gegen Wetter und die Neugier der örtlichen Polizei geschützt.

Weihnachten – das wir dadurch feierten, daß mir die „Jungs" aus dem Elephant und Castle-Bezirk in London zu den Bleiplatten des Kirchendachs verhalfen – war alles installiert: die Masten (wundervolle, hohle Tannen aus Britisch-Kolumbien); das Rigg (ermöglicht durch die Großzügigkeit der Sheerness-Werft und einer Woche Nebels) und der Motor. Ende Januar hatte ich 130 Quadratmeter schweren Segeltuchs mit der Hand genäht und 75 Quadratmeter schwere Dacronsegel von Jeckells in East Anglia geliefert bekommen. Ende Februar, als das Eis des Medway geschmolzen war, war die Cresswell zum Stapellauf bereit, nachdem sie von mir einen so liebevollen und sorgfältigen Anstrich verpaßt bekommen hatte, wie es im Themsedelta seit der Zeit, als Queen Victoria noch ein junges Mädchen war, gewiß nicht mehr zu sehen war. Die Bordwände außen strahlten in weißem Glanz, Französisch-Blau die Scheuerleiste, und vierzehn (!) Schichten Admiralitätslack verschönten die Metallteile. Unter Deck war alles in königlichem Marineblau gestrichen, denn einer unserer nächtlichen Ausflüge hatte uns ein großes 100-Liter-Faß von dem Zeug beschert. Es sah zwar nicht sehr schick aus, genausowenig wie Nelson und ich, doch es erfüllte seinen Zweck. Außerdem war es das Hellgrau, das in tropischen Regionen in Kriegsschiffen verwandt wird, so daß es uns in den kommenden langen, dunklen, kalten Arktisnächten an die sternenübersäten, linden Nächte der Westindies erinnern würde.

Unter Deck hatte ich auch ein wenig Messingzierat: zwei Pfropfen, wie sie früher in die Mündung der Zerstörergeschütze gerammt wurden, wenn sie nicht in Gebrauch waren. Eine Schlingerleiste aus Messing faßte den Tisch ein, die Bullaugen des Kajütaufbaus waren ebenfalls aus Messing. Fotos von Shackleton, Nansen und Scott, die ich aus einer alten Londoner Illustrierten ausgeschnitten hatte, und ein Foto der Königin am Querschott vorn vervollständigten die Einrichtung.

Der Ofen für Koks oder Holz war eine bewunderswerte kleine Einrichtung, die ich im alten Polizeibüro der Werft entdeckt hatte. Da ich ihn wesentlich dringender benötigte als ein möglicher Polizeinachfolger, lieh ich ihn mir auf unbestimmte Zeit aus.

Im März 1959 war ich bis auf die Navigationsausrüstung bereit. Einen Sextanten hatte ich schon, ein altes holländisches Modell aus den 1880er Jahren mit einer derart dünnen und durchpolierten Gradeinteilung, daß niemand außer mir sie ablesen konnte. Den Chronometer kaufte ich in einer anrüchigen Hafenstraße auf einem Flohmarkt für sieben Schilling (ungefähr zwei Dollar), eine schöne Londoner Messingausführung um 1860, in einem wundervoll gearbeiteten Walnußkasten mit grünem Filzpolster kardanisch aufgehängt. Er ging weniger als eine Sekunde pro Tag ungenau. Ein Schlepplog, zum Messen des Etmals aus den Beständen Ihrer Majestät geklaut, kostete mich drei Bier.

Ich streifte durch die Antiquariate Londons, um Lesestoff zu besorgen. Unter anderen Schätzen fand ich eine vollständige Shakespeare-Ausgabe, Gibbons „Aufstieg und Fall des Römischen Reichs", den vollständigen Mark Twain, „Das Kapital" von Marx und Gesamtausgaben von Kipling, Byron, Wordsworth, Keats, W. B. Yeats und Wilde. Ich „klaufte" einige Bücher von Joseph Conrad: „Der Nigger vom Narzissus", „Herz der Finsternis", „Lord Jim" und viele „Maigrets" von Simenon, von dem ich viel halte. Ich sicherte mir außerdem ein Exemplar über eins der größten fiktiven Segelabenteuer, das je geschrieben wurde: „The Riddle of the Sands" von Erskine Childers, der später als Verräter während der irischen Unruhen von Truppen des irischen Freistaats erschossen wurde.

Später, während der Reise, fand ich heraus, daß ich tatsächlich einen Schatz an Bord hatte. Ich meine die Bücher „In Search of the Sun" und „The Voyage of the Firecrest". Auch „Don Quichotte" und zerlesene Bände von Dumas und Balzac gehörten zur Ausrüstung.

Sie alle wurden in den vielen langen, dunklen Nächten, die vor mir lagen, zu meinen geschätzten Begleitern, zusammen mit „Reed's Nautical Almanac", dem „Admiralty Pilot for the Arctic Ocean East of Greenland" und Charles Darwins „Reise mit der H. M. S. Beagle".

So weit meine zeitgenössische Bibliothek. Doch noch wichtiger als die oben genannten Bücher waren – natürlich mit Ausnahme der Navigationsbände – die englischen Übersetzungen von „De mensure orbis terrae" des irischen Mönchs Dicuil, um 825 n. Chr. geschrieben, und Hochwürden Bedes Berichte „De Ratione Temporum" über die keltische Besiedlung Islands bis zu dem Jahrhundert, in dem die Nordländer dort auftauchten.

Ich hatte Unterlagen über die Reise des griechischen Geographen Pytheas von Massilia im Jahre 330 v. Chr. von Britannien nach Island oder Thule, wie er es nannte. Ich führte eine Sammlung von Übersetzungen Strabos und Plinius mit, die ebenfalls um Christi Geburt geschrieben worden sind. Sie geben Segelanweisungen für die Fahrt von Britannien nach Thule. Außerdem geschriebene Bruchstücke keltischer Überlieferungen über die Reisen des heiligen Brendan zu den Inseln des Nordens und Übersetzungen der großen isländischen Sagas. Snorri Sturlusons „Prosa Edda" und ein geschichtlicher Abriß über Island, das „Isländerbuch" von Ari dem Klugen; die „Sturlunga-Sage" und die „Fornaldarsögur"; dazu die Sagas der Alten Zeit, wobei es sich um isländische Übersetzungen der keltischen Liebesromane „Tristan und Isolde" oder „Erec und Blanchfleur" handelte; zusammen mit den klassischen Sagas der Isländer bildeten sie den historischen Hintergrund für meine eigene Reise. Diese Sagen, ein Gewebe aus Tatsachen und Phantasie, verhängnisvoller Feigheit und kalter Courage sind lebender Beweis des bleibenden Einflusses der Kelten auf die wilde Wikingerseele, denn in keiner anderen skandinavischen Kultur wurde so ein Standard heroischer Prosa und Poesie erreicht. Nirgendwo sonst quillt das Blut so feucht und rot aus den Worten; nirgendwo geht die Sonne in solchen Triumphgesängen der Pracht auf; nirgendwo sonst außer in den Sagas war der Mensch so human und doch so göttlich, abgesehen von den noch viel älteren Legenden der Gälen.

Ende März hatte ich ungefähr 2700 Dollar für Blei, Karten, Navigationstabellen, Werkzeug und andere Dinge ausgegeben, die aus dem einen oder anderen Grunde (gewöhnlich war es der andere) nicht aus den Vorräten der königlichen Marine zu beschaffen waren. Dazu kam Proviant und Bier und ein nagelneuer Bugsprit. Als ich den Konserven-Proviant für zwei Jahre und andere notwendige Ausrüstungsgegenstände wie den Schlafsack und warme Kleidung gestaut hatte, blieben mir nur noch hundert Dollar. Damit zahlte ich den Stapellauf, schmiß eine Lokalrunde im „Admiral Jellicoe", kaufte einen Kompaß, einen kleinen Radioempfänger und vom ansässigen Fleischer ein Bündel Schaffelle als Decken und zur Kajütenisolierung. Dann machte ich mich bei nebligem Wetter und spiegelglatter See auf den Weg: den Medway hinunter, aus der Dickens-verzauberten Themsemündung heraus in die Nordsee, mit dem Ziel Whitstable.

Als CRESSWELL ihre zwölf Meter in der ersten Meeresdünung hob, packte mich Euphorie. Nelson stand auf dem Vordeck, fest wie ein Fels auf seinen drei Beinen, und prüfte den Wind, zufrieden, daß er wieder auf See war und wir einen ganzen Sack voller Knochen für ihn im Maschinenraum mitführten.

Nachmittags hob sich der Nebel. Die niedrigen grünen Hügel Nordkents erhoben sich aus dem trüben Nordseewasser und dahinter die weißen Kreidefelsen des nördlichen Vorlands. Bald kam Whitstable in Sicht, und ich hatte die erste Einhandreise auf eigenem Kiel vollbracht. Es waren zwar nur um die fünfunddreißig Meilen gewesen, noch dazu bei Flaute, doch der Feuerspritzenmotor arbeitete so gut wie ein besonders kräftiger Seemann vor dem Heimathafen, und wir hatten noch ausreichend Tageslicht, als ich CRESSWELL an jenem lang vergangenen Aprilabend zu ihrem Ankerplatz auf Reede vor der Stadt Whitstable dirigierte.

Es war gut, daß wir in Whitstable ankerten, denn hier fand ich mehr, als ich mir je hatte träumen lassen, über die Lebensgeschichte meiner CRESSWELL heraus. In Sheerness, wo ich sie im Schatten der Werftmauern ausgebaut hatte, war sie so etwas wie ein Geheimnis mit ungewissem Alter und Herkunft geblieben. Doch sobald sie in die salzigen Nordseewellen eintauchte, merkte ich an jeder Bewegung ihres Rumpfes, daß ich ein Schiff hatte, welches Männer und die See kannte. Sie war keine scheue Jungfrau.

Es hat sein Gutes, wenn man kein Geld hat: Deine Taschen kriegen keine Löcher, und du triffst eine Menge interessanter Leute, die du sonst nie kennenlernen würdest.

Der Fährmann, der mich in Whitstable an Land übersetzte, gehörte offensichtlich nicht zur Gemeinde der Verschworenen, obwohl er ein ziemlich fröhlicher Kerl war, gutgenährt und gerundet unter seinem blauen Pullover, mit funkelnden, graublauen, angelsächsischen Augen im glattrasierten Gesicht. Doch er hatte nicht den hageren, hungrigen Blick, und seine Ruderschläge waren mir ein wenig zu sanft, um ihm anzuvertrauen, was ich vorhatte.

„Kommst du von weit her?“ fragte er mich auf dem Weg zur Anlegepier der Stadt.

„Nur von Sheerness. Die ganze Strecke mit Maschine, kein Wind.“

„Ist in dieser Jahreszeit hier üblich. Wohin geht die Reise?“

„Ach, ich schipper nur so'n bißchen rum. Na, du weißt schon: Ramsgate, vielleicht Broadstairs. Hängt vom Wetter ab.“ Es sollte beiläufig klingen.

„Ja, wie's so ist.“ Er verstand und knöpfte mir einen Schilling ab, das Doppelte des üblichen Tarifs. „Vielleicht kann er sich damit bald eine neue Schirmmütze kaufen“, dachte ich bei mir, als ich ihm ein Tausendstel meiner Barschaft aushändigte.

Ich machte mich zu den Läden auf, kaufte Sicherheitsnadeln sowie Briefumschläge und tauschte mit den Mädels hinter den Verkaufstresen verstohlene Nettigkeiten aus. Danach, als es erst halb fünf und noch eine halbe Stunde bis zur Kneipenöffnung war, schlürfte ich langsam eine Tasse Tee und kaute ein zähes Brötchen, umgeben von der Mehrheit der netten, ältlichen Damen des Kurorts. Ich wurde von einem zwitschernden kleinen hübschen Cockneymädchen bedient, das das Kunststück fertigbrachte, vor den Witwen sanft und züchtig zu erscheinen, aber immer dann mit dem Po zu wackeln, wenn sie sich an meinem Tisch vorbeiquetschte.

Es regnete, als ich mich endlich auf den Weg zum „Standard“ machte, nachdem ich mich mit der Kellnerin für zehn Uhr verabredet hatte. Das Geschäft kam in Gang, und langsam füllte sich die Kneipe mit Fischern und Stauern. Nach einer Weile sprach mich einer von ihnen an, ein fröhlicher, schlaksiger, rothaariger Bursche, der wie die anderen auch Pullover und Mütze trug.

„Hab' gesehen, wie du mit der alten MARY ELEANOR eingelaufen bist.“

„Muß'n Irrtum sein, Kumpel, das Schiff ist die CRESSWELL, Ex-Lebensrettungskutter“, antwortete ich.

„Nie im Leben! Ich kenne das Boot. Übrigens: ich bin Bill Travers, ex-australische Marine. Krieg' meine Pension hier drüben."

„Tristan Jones, ex-Roxal Navy." Ich trank mein Bier aus. Er kaufte eine neue Runde.

„Also, wie schon gesagt", fing Bill an, „ich mußte zweimal hingucken, aber sie ist es. Du hast zwar einen verdammt sauberen Umbau hingekriegt, aber sie ist trotzdem die MARY E. Ich kenne sie, ich bin sogar ein oder zweimal vor ungefähr zehn Jahren auf ihr gefahren. Sie gehörte einem Burschen namens Rattler Morgan. Sie lief zwischen Ramsgate und Frankreich im Trade. Er hat sie von einem Kerl übernommen, der sie 1940 für die Evakuierung nach Dünkirchen rübergesegelt hatte."

„Was? Ich wußte nicht, daß sie dabei war."

„Ja. Und der verdammte Flicken am Steuerbordbug kommt von einer 40-Millimetergranate, die ein deutsches Flugzeug durchgeschickt hat. Tötete vier Tommies und einen Franzmann." Er kippte sein Bier. „Seit wann hast du sie, Kumpel?"

„Paar Monate. Hab' sie verrottet in Sheerness gefunden."

„Wundert mich nicht, denn Rattler saß fünf Jahre im Kittchen, als sie ihn endlich kriegten. Sie meinten, er hätte mehr verdammten Schnaps zu den Froschfressern rübergeschafft als Johnny Walker auf offiziellem Weg."

Ich schob noch einmal Piepen für zwei Mollen über den Tresen.

„Wohin geht die Reise, Freund?" er sah mich eindringlich an.

Ich beobachtete ihn: „Nun, allgemein gesprochen will ich kanalauswärts. Ich würde gern, wenn es möglich ist, zum Sommer rüber nach Irland gehen. Ich hab' gehört, das Leben soll da drüben viel billiger sein."

„Bist du klamm?"

„Na ja, ein paar Mäuse hab ich noch, hätte aber nichts gegen mehr einzuwenden."

„Wirklich? Vielleicht kann ich dir da einen Tip geben."

Die Unterhaltung verlagerte sich anschließend in die üblichen Bereiche über Schiffe und Leute, jahrhundertelang praktiziert von Seeleuten, die sich zum ersten Mal begegnen, um herauszufinden, ob sie gemeinsame Freunde haben, etwas vom Schiff des anderen wissen, dann ein oder zwei Witze, ein Spiel mit den Wurfpfeilen, Hinweise auf die Güte der Kneipen – dieselben Latrinenparolen überall auf der Welt.

Gegen Ende unseres siebten Bierchens lehnte sich Bill zu mir:

„Wenn du mause bist, Tris, kann ich dir einen astreinen Handel vermitteln, in dem du mit ein paar Fahrten rüber mehr als nur ein paar lumpige Kröten machst."

„Was bringen sie rüber?"

„Scotch."

„Wieviel ist für mich drin?"

Bill sprach noch leiser: „Jedesmal zweihundert Pfund. Hundert vorher, den Rest, wenn der Stoff drüben ist."

Und so kam es, daß ich mich dank zweier Schmuggelfahrten über den Kanal im Besitz von Konserven und Trockenproviant für zwei Jahre befand, und ein neues Schlauchboot, einen Dreijahresvorrat an Ersatzteilen und dreihundert Pfund Sterling hatte, als ich von Falmouth nach Irland auslief.

Nach all diesen Jahren bereue ich immer noch nicht, mich auf die Schmuggelei eingelassen zu haben. Es half einigen verarmten Inseln in den Hebriden ein paar Monate weiter – von dort kam der Whisky – und es brachte manchem unwissenden Franzmann die Wonnen guten schottischen Whiskys. Es half Aussie-Bill, dessen Namen ich geändert habe, da er heute eine bekannte Persönlichkeit der weltweiten Charter-Szene ist, wieder auf die Füße, und es zeigte mir letztlich, daß die CRESSWELL ein außergewöhnliches Schiff ist.

Nach ein paar Tagen in Falmouth suchte ich die Karten für Süd- und Westirland heraus. Sankt Brendans Land! Die Kirchenglocken läuteten, als die CRESSWELL aus Falmouth auslief, Ziel Erin-Irland. „O Gott, du unsere Hilfe seit fernen Zeiten . . ." Auf See schnupperte Nelson in der Atlantikbrise, die über das Meer hinweg vom fernen Mexiko wehte, nach Spuren von Chihuahuas. Ich sang mein eigenes Lied, denn wir waren frei, und die Welt lag vor uns.

TEIL II

Veni

ich kam

7

Die irischen Inseln

Meine Segelroute sollte von Falmouth aus den St. Georg-Kanal, wie die Engländer die Keltische See nennen, queren. Ich plante den Landfall im Südwesten Irlands. Der beste Zielhafen hierfür war Bantry Bay, ungefähr 250 Seemeilen entfernt. In dieser langen, breiten Bucht liegt am nördlichen Ufer Castletown. Sollte das Wetter sich aber halten, wollte ich nach Knights Town in Lee der Insel Valentia am Südende der Dingle Bucht weitersegeln. Der erste Landfall sollte in jedem Fall Fastnet Rock sein, eine einsame Felsnadel, von einem Leuchtturm gekrönt, zwanzig Meilen südlich der Südküste der Grafschaft Cork gelegen. Mein Kurs würde West-Nordwest bis Nordwest sein, und da die vorherrschenden Winde, die über die britischen Inseln einschwenken, aus dem Südwesten kommen, bedeutete dies, daß ich segeln würde, mit am Wind ungefähr 60° zum wahren Wind. Das war wichtig, denn die CRESSWELL war eine altmodische, gaffelgetakelte Ketsch und konnte im Gegensatz zu den modernen Ozeanyachten mit ihrem Marconi-Rigg nicht sehr erfolgreich segeln, wenn der Wind unter 50° von vorn wehte.

Hinzu kam, daß die windabhängigen Selbststeuerungsanlagen, die heute auf Hochseeyachten installiert sind, damals noch nicht zu ihrem jetzigen Standard entwickelt waren. Auf der CRESSWELL hieß es, selber Ruder zu gehen, wenn der Wind von irgendwo achterlicher als querab kam, außer sie lag hart am Wind oder hart-raum (d. h. wenn der Wind vorderlicher als querab kommt). Dann konnte man die Segel so trimmen, daß sie sich über lange Strecken selber steuerte und den Kurs bis auf kleinere Berichtigungen hielt. Aus diesen Gründen versuchte ich, immer einen Kurs auszuarbeiten, auf dem der Wind etwas vorlicher als querab zu der beabsichtigten Route wehte.

Wenn das in der Durchführung kompliziert klingt, überlegen Sie, was für eine Arbeit es erst bedeutete, die Kurse auszurechnen. Aus diesem Grunde hatte ich unter anderem die Route nach Island außen um die westliche Peripherie der britischen Inseln herum geplant. Es wäre zwar tausend Meilen kürzer gewesen, die Ostküste Englands und Schottlands entlang zu segeln, doch die Winde der Nordsee sind genauso stark wie unbeständig in der Richtung. Am keltischen Saum sind sie zwar stürmisch, doch meist wehen sie aus einer Richtung. Deshalb geben die alten Segelanweisungen des Plinius diesen Kurs an. Aus diesem Grunde auch konnten die einsamen christlichen Missionen, die letzten Flüchtlinge des Lichts aus westlichen Zivilisationen, untereinander Verbindung halten während der Jahrtausende wilder Zerstörung, der Blutströme und der Unwissenheit, die wir in Europa das frühe Mittelalter nennen.

Ich war jetzt zum Auslaufen bereit, verproviantiert mit 184 Konserven Corned beef, jede 360 Gramm schwer, 100 Pfund Porridge, 500 Pfund Reis, 300 Pfund Kartoffeln, 200 Pfund Mehl, 5 Pfund Hefe, 50 Pfund Tee und 70 Pfund Zucker, 240 Pfund Erdnüssen, 20 Pfund Zitronenpulver, außerdem einer neuen Schleppangel.

Mit dem Zug hatte ich von Falmouth einen schnellen Abstecher nach Plymouth gemacht und dort alle notwendigen Seekarten für die irischen und schottischen Inseln bekommen, die Faröer, Island, Ostgrönland, Jan Mayen und Spitzbergen. Sie kosteten zwar etwas Geld, aber sie waren lebensnotwendig für mich.

Am 7. Mai steuerte ich CRESSWELL aus Falmouth heraus, nachdem ich beim Zoll für Irland ausklariert hatte. Ich kreuzte gegen den Wind hinaus, bis frühmorgens am 8. Mai, meinem fünfunddreißigsten Geburtstag, das Feuer von Lizard Head, Cornwall, achtern verschwand. Dies war das letzte Stück England, das ich für mehr als fünf Jahre sah. Ich setzte den Teekessel auf und blickte aus dem Niedergang durch die heller werdende Dämmerung im Osten zum Strahl des Lizard-Feuers hinüber. Dann warf ich Nelson einen Knochen zu: „Na ja, alter Junge. So ist das. Irland, wir kommen.“

Die Fahrt über die Keltische See dauerte wegen einer leichten Winddrehung am zweiten Tag genau nach Westen drei Tage. Das Wetter war gut, kaum Wolken oder Regen, so daß ich gute Standlinien bekam, die in der Dämmerung vor Sonnenaufgang Fastnet genau auf Steuerbordbug setzten. Dahinter sah ich bei langsam steigender Sonne aus dem Osten die fernen, scheinbar niedrigen Hügel und Berge Irlands heraufkommen, erst schwarz, dann heller werdend zu Grau, Violett, Blau und schließlich Grün, irischem Grün, dem Grün von Smaragden. Die See selber war blaugrün, gekrönt mit frischen, munteren Schaumkronen. Vom Wind aus der Golfstromrichtung getrieben, stürmte sie um den Saum Irlands hinüber zu den donnernden Küsten Cornwalls und den singenden Ufern von Wales.

An Backbord lag nichts zwischen der CRESSWELL, Nelson und mir die ganze Strecke hinüber nach Battery Point in New York außer Salzwasser. Es geschieht manchmal, vermutlich auf Grund ungewöhnlicher Aktivitäten von Sonnenflecken, wie die gigantischen Wasserstoffexplosionen, die Millionen von Kilometern aus der Sonnenoberfläche herausschießen, genannt werden, daß es zu besonderem Funkweitempfang kommt. UKW-Wellen werden Tausende von Kilometern vom Sender entfernt wieder zur Erde zurückgeworfen. In der Nacht, bevor ich die Skelligs sichtete, das Heiligtum christlicher Mönche aus dem 6. Jahrhundert, drehte ich ungefähr zehn Meilen vor der Küste von Kerry bei (d. h. ich nahm die Vorsegel herunter und ließ das Schiff treiben), während ich das Abendbrot kochte. Der Druckkochtopf dampfte fröhlich vor sich hin, Kartoffeln, Corned beef und Oxo-Soße blubberten drinnen, während ich an meinem kleinen Transistorempfänger herumspielte, um den Seewetterbericht von Niton Radio auf der Isle of Wight hereinzubekommen. Plötzlich hörte ich klar und deutlich eine Unterhaltung zwischen einem *New Yorker Taxifahrer* und seiner Funkzentrale. Es gab keinen Zweifel, denn er war auf dem Weg zum La Guardia Flughafen! Der Empfang kam einige Minuten lang ziemlich deutlich herein, dann überlagerten atmosphärische Störungen, und ich war wieder bei St. Brendan im 6. Jahrhundert und segelte in mondloser Dunkelheit vor einer der ältesten Küsten der Welt.

Am dritten Morgen nach dem Auslaufen sichtete ich die zwei konischen Spitzen der Skelligs, der Überreste zweier Berge, die in ferner und dunkler Vergangenheit an den Ozean verlorengingen. Ich kreuzte in Lee des größeren Eilands, das 60 Meter steil aus der See aufragt, fierte die Schoten und ließ den Anker über den Bug fallen, als die Anlegestelle in Sicht kam. Ich blickte mich um. Kein Mensch zu sehen. Ich nahm die Segel herunter, wartete einige Minuten, um sicher zu sein, daß der Anker hielt, denn der Meeresboden um die Inseln ist mit Felsen übersät, dann stieg ich unter Deck, um eine Mütze voll Schlaf nachzuholen, nachdem ich Nelson ermahnt hatte, gut aufzupassen. Es war meine erste längere Einhandreise mit der CRESSWELL gewesen, und ich hatte in den drei Tagen nie mehr als zehn Minuten alle paar Stunden geschlafen. Ich mußte eine stark befahrene Schiffahrtslinie überqueren, außerdem kannte ich noch nicht alle Eigenheiten meines Schiffs, während es sich selbst steuerte. Deshalb war ich gezwungen, es zu überwachen, bis ich mir seiner Zuverlässigkeit sicher war. Das Wetter war schön und frühlingshaft. Der Wind wehte sanft hinter der Insel hervor, und das Meer auf meinem Ankerplatz war spiegelglatt.

Es muß gegen elf Uhr vormittags gewesen sein, als ich durch einen bellenden und knurrenden Nelson im Niedergang geweckt wurde. „Schnauze, alter Hundesohn!“ knurrte ich zurück, doch er machte weiter. Also rollte ich aus der Koje, zog mir den Jersey über und kletterte hinaus.

„Hallo da, hallo, das Schiff vor Anker an diesem schönen Tage!“

Ich steckte den Kopf über das Luk und schaute zur Küste hinüber. Dort stand ein Mann in Schirmmütze, Schlafanzug und Filzpantoffeln mit einem Fahrrad auf der winzigen Landeplattform.

„Hallo“, rief er. Er war wohl etwas über fünfzig, aber seine Stimme klang deutlich über das Wasser, sogar gegen den Wind.

„Von woher meldest du dich in diesem deinem schönen, aufrechten Schiff?“

„England. Falmouth, England!“ rief ich zurück.

„Ach, du armer Kerl, o diese Schande! Komm an Land und trink einen Schluck!“

„Bin sofort da!“

Ich hatte mein nagelneues Avon-Schlauchboot hinterhergeschleppt. In Null Komma nichts waren die Riemen an Bord, und ich paddelte zur Landestelle. Der Mann im Schlafanzug fing die Leine auf, als ich längsseits kam und befestigte sie an einem in den Stein einzementierten Ring.

„Céad Míle Fáilte“, grüße er sanft auf gälisch, „ein tausendfaches Willkommen.“

„Ddwy Da“, antwortete ich auf walisisch, „dir einen guten Tag.“

„Bist du von sächsischer Herkunft?"

„Walisisch."

„Mein Name ist Corrigan", er sprach jetzt englisch, „ich bin der Wächter hier, und es ist sicher, daß ich keine Seele gesehen habe in den vergangenen drei Wochen meines Lebens. Hast du niemanden bei dir?" Er war ein großer, stark gebauter Mann mit blauen Wikingeraugen.

„Nur den Hund."

„Ach du liebes Jesulein, der ist doch keinen Pfifferling wert!"

„Er war fast sein ganzes Leben auf See. Er ist daran gewöhnt und weiß, wo's langgeht." Ich kletterte auf den Steg und schüttelte seine ausgestreckte Hand.

„Hat man je so etwas gesehen! Nun heißt es nach oben klettern und du erzählst mir derweilen von der weiten Welt. Gibt es immer noch Kriege, die die Welt verbrennen?" Seine Augen verdüsterten sich.

„Nichts Besonders."

„Pfui darüber! Eine feine Sache: Kriege! Sicher bringen sie der Hälfte der irischen Witwen gute Pensionen!"

„Hast du kein Radio?" fragte ich, als wir den sorgfältig gepflasterten, doch schmalen Zementweg zum Leuchtturm hochkeuchten, der dreißig Meter über der See thronte.

„Sicher. Flaherty denkt daran, eins anzuschaffen, aber ich bin dagegen, mit all diesen seltsamen Dingen, die aus dem blauen Himmel kommen, und die Möwen kreischen vor Schmerz über all das menschliche Unglück mit all den Aufständen und Streiks und Kriegen."

„Aber du hast doch gesagt, daß Kriege eine feine Sache sind."

„Sicher, und das sind sie auch, solange die Vögel in Ruhe gelassen werden."

„Das ist ein Argument", sagte ich. Mit einem gälischen Kelten zu argumentieren ist immer wie eine Übungsaufgabe in verzwickter Geometrie, die die Bergpredigt wie die Relativitätstheorie erscheinen läßt. Im Leuchtturmwärterhäuschen mit seinen niedrigen, mit Kalk geschlämmten Wänden und dem heruntergezogenen Dach, mit dem Teekessel über dem Torffeuer im schwarzpolierten Herd und mit Teepötten in der Hand (die Westiren und Schotten sind fanatische Teetrinker) stellte ich mich Corghain, wie Corrigan in seiner Heimatsprache heißt, vor.

„Warum heißt diese Insel Skellig Michael? Wer war Michael?"

„Bei Gott, schreckliche Heiden müßt ihr sein im wilden Land Wales, wenn du nicht weißt, daß der Herr aller Engel und all dessen, was so hoch ist, daß es den Fuß des Allmächtigen Gottes berührt", er bekreuzigte sich schnell, „Michael selbst mit seinem Flammenschwert und den feurigen Augen ist."

Ich ging zur offenen Tür hinüber, derjenigen auf der windabgewandten Seite, und sah hinunter auf die See, sechzig Meter unter mir. CRESSWELL saß dort unten wie ein Spielzeugboot im grünen Wasser über den schwarzen Schatten von Felsflecken auf dem Meeresboden. Ich sah Nelson wie einen kleinen Punkt auf dem Deck Runde um Runde herumtraben. In mittlerer Entfernung, vielleicht eine Meile weiter, ruhte der perfekte Kegel der kleinen Skellig, graublau, mit den grüngrauen Atlantikbrechern, die sich mächtig gegen ihre symmetrischen Flanken hoben.

In Augenhöhe und über mir kreisten Hunderte von Eissturmvögeln – neben dem Albatros sicherlich die herrlichsten lebenden Kreaturen der Natur – im blauen Himmel, gefleckt mit fetten Cumuluswolken, von dem tausend Meilen entfernten Azorenhoch im Südwesten gezeugt. Mit unsichtbaren Bewegungen ihrer Schwingen glitten die Vögel auf den Luftströmungen über dem Meer und stiegen auf, auf dreihundert Meter und mehr und schwebten dort wie ein Gesang der Freude und Liebe. Dann senkten sie die Flügel, und es ging hinunter, ganz hinunter zu den Kämmen der atlantischen Wogen tief unten. Es war ein wunderbarer, ein heiliger Anblick.

„Was haben die runden Hütten dort oben am Kliff zu bedeuten?" fragte ich Corghain. Sie sahen wie Bienenstöcke aus.

„Das sind die Zellen, in denen die Mönche in der alten Zeit lebten. Sicher, als auf der Welt die Hölle losbrach, kamen sie hierher, und ist nicht König Olaf von Norwegen selbst hier getauft worden auf eben dieser Insel?"

„Wann war das?"

„Vor langer, langer Zeit, bevor die Engländer kamen", er sagte es so, als hätten Gilbert, Raleigh und Cromwell erst gestern blutiges Morden nach Erin gebracht, „als die wilden Nordmänner sich änderten und selber ein Segen für Gott wurden."

Wir kletterten den steilen, engen Weg, der aus dem schroffen Kliff herausgeschlagen war, noch höher hinauf und kamen schließlich zu zwei

Felsnadeln auf dem Gipfel, steilen, spitzen Brocken, der eine mit einem Loch, ungefähr einen Meter im Durchmesser, das horizontal wie ein Nadelöhr durch den ganzen Felsen hindurchgeht. Corghain sagte mir, ich solle mich durch das Loch über den Abgrund lehnen und den zweiten Felsen auf der anderen Seite küssen. „Dann werden dir die Worte im Kopf niemals ausgehen."

Als ich den Kopf durch das Loch steckte, blickte ich *sechzig Meter tief* hinunter, wo die großen Atlantikroller in einen Spalt unter mir donnerten, der fast durch die ganze Insel ging. Mir wurde schwindelig, doch ich zwängte mich vorwärts und lehnte mich über den mehr als einen Meter breiten Abgrund, hing zwischen Himmel und Erde und berührte mit meinen Lippen den harten, kalten Fels auf der anderen Seite. Als ich mich zurück zu Corghain und zur Sicherheit schlängelte, sagte er: „Nun bist du ein Geschichtenerzähler, obwohl ich selber gedacht habe, daß du es auch schon warst, bevor du den Fuß auf dieses Ufer setztest." Ich schwitzte, denn ich hatte dort draußen im All gehangen, nur bis zu den Hüften unterstützt, mit Corghain auf meinen Füßen sitzend.

Innerlich aufgewühlt trottete ich den Berg hinunter, während mir Corghain immer noch Geschichten erzählte, denn er war ein Mann des guten Gedächtnisses.

„Gibt es hier viel Nebel?" fragte ich ihn.

„Ja, den haben wir. Und im Winter ist der Nebel so dick, daß du mit dem Finger ein Loch hineinstecken kannst. Vor dem deutschen Krieg hat Flaherty, dessen jüngerer Bruder in Amerika ist und große, großartige Ideen hat, die eine Häsin in ein gutes Rennpferd verwandeln würden, also Flaherty hat das neue elektrische Nebelhornsignalhaus gebaut."

„Sieh mal." Er zeigte nach ganz unten, auf eine kleine Betonhütte, die über den großen Felstrümmern desjenigen Küstenteils hockte, an dem die Ozeanbrecher in weißem Schaum unter dem rauschenden Wind zerschellten. „Da. Du siehst dort den Platz. Früher gingen wir dort hinunter, ertasteten unseren Weg mit nichts als aufgehängtem Dunst vor Augen und nicht viel mehr außer dem Glauben an den Herrn dahinter und zündeten die Nebelraketen mit der Hand. 300 von den wilden explodierenden Patronen haben wir da drin. Nun, Flaherty, dessen älterer Bruder kein geringerer als Inspektor bei der Straßenbahn in Dublin City selber ist, Flaherty sagte, daß dies zu langsam wäre und gefährlich. Also brachte er diesen kleinen Nichtsnutz mit Anzug und Krawatte her. Er sah aus, als wenn er im Sand von Kerry nach Gold gegraben hätte, und einen Burschen, der ihm all die Drähte und das Zubehör, Batterien und so, tragen mußte. Sicher, das ist wahr, du hast gedacht, jetzt kommt Thomas Edison selber auf Urlaub! Dann verlegten sie die Drähte am heiligen Kliff des Erzengels Michael hinunter, damit wir die Raketen einzeln vom Haus aus abfeuern konnten. Flaherty selber sagte zu mir, daß dies unser Leben bis zum jüngsten Gericht verlängern würde, kein gefährliches Hinunterklettern mehr oder das Risiko, uns selber in die Gegenwart des guten Herrn hineinzusprengen."

„Das war eine gute Idee."

„Sicher, und das war es, und hättest du etwas anderes erwartet, wo Flahertys Bruder in Boston ist und alles und die Dubliner Straßenbahngesellschaft hinter ihm?" Er paffte an seiner kurzen Pfeife, während das Häuschen unter uns in Sicht kam. „Aber sie bekamen eine Art kurzen Schluß, wie sie es nannten."*

„Was kriegten sie?"

„Eine Art kurzen Schluß."

„Und was passierte?"

„Nun, ich legte meinen Finger auf den Druckknopf auf der Kiste, und Heilige Mutter Gottes", er bekreuzigte sich, „wenn nicht die ganzen dreihundert Kanonenschläge alle zur selben Zeit losgingen mit einer so mächtigen Explosion, daß es fast die ganze Insel schier aus dem Wasser hob!" Seine Augenbrauen über den funkelnden blauen Augen schossen hoch.

„Was haben die Dubliner dann gemacht, Dorghain?"

„Zehn Ave Marias, zwei Becher Tee und ab zum Festland sind sie marschiert. Flaherty hat noch einmal dreihundert Raketen herübergebracht, die wir immer noch nach Gottes Methode ohne neumodische Drähte und Kisten zünden. Doch nie wieder habe ich den Nichtsnutz gesehen, noch seinen Burschen, und das alles geschah vor zwanzig Jahren."

Wir saßen eine Zeitlang in dem weißgetünchten Wohnzimmer des

* *Anmerkung der Übersetzerin:* „A sort shirk-it" Verballhornung von „short-circuit = Kurzschluß.

Häuschens, das Kastenbett in die Wand neben dem Kamin eingelassen, ein Foto von Patrick Pearse, dem Dichter, der für die irische Unabhängigkeit gekämpft hatte, blickte wie der gekreuzigte Christus von der Wand, ein Kalender aus Boston hing über der Tür.

„Und wohin gehst du von hier aus, Tristan?"

„Ich dachte an Watervill Spunkane in Ballingskelligs Bay, denn ich muß mich bei der Polizei melden und offiziell nach Irland einreisen."

„Ach, sie werden nicht ein, zwei Papiere vermissen bei einem guten Mann wie dir. Hör mal, warum steuerst du nicht zu den Blaskets. Ich habe dort gute Freunde, und Tom Keanan ist der König von ihnen allen. Er wird sich um dich kümmern wie ich mich um das Leuchtfeuer."

„Nun, Corghain, das Wetter sieht gut aus, und es sind nur fünfzig Meilen, das werde ich wohl machen. Wir schreiben die Namen deiner Freunde auf, und ich werde sie besuchen, wenn ich in den Blaskets bin."

Corghain begleitete mich hinunter zum Landeplatz und paffte immer noch an seiner Pfeife. „Ein gutes Schiff hast du da, und Gott sei mit dir und beruhige die Wasser" waren seine letzten Worte, als ich von Land fortruderte. Nelson freute sich, mich heil an Bord zurückzuhaben. Wir wollten abends nach dem Essen zu den Blasket-Inseln auslaufen, dem letzten Kirchturm vor Amerika!

8

Der letzte Kirchturm vor Amerika

Der Wetterbericht von Niton war gut, und das ist im Westen der britischen Inseln eher die Ausnahme als die Regel: „Seegebiete Shannon, Fastnet, Land's End mäßiger bis frischer Wind, in vierundzwanzig Stunden auf Sturmstärke anwachsend." Das Eisen muß geschmiedet werden, solange es heiß ist – die grausamen Schläge des atlantischen Eisens, die in den Gewässern jener Welt so hart sind, daß sie selbst den mutigsten Helden erschüttern können. Die brausenden schwarzen Wolken der Tiefdruckstürme rollen sommers wie winters vom Südwesten heran wie eine lange, stetige Prozession von Foltermeistern der Inquisition. Sie gebären eine besondere Rasse von Seeleuten, intonieren ein düsteres Klagelied zur Oberstimme der keltischen Gesänge und ziehen einen Vorhang aus blendender Energie und allmächtiger Stärke über den Strom gälischer Träume.

Einen sechzig Pfund schweren Anker mit der dazugehörigen Kette einzuholen ist immer mühsam, doch bald war er auf dem Vorschiff festgezurrt. Das juwelengrüne Moos von St. Michaels Seebett haftete noch an ihm. Hoch die Fock, hoch das Stagsegel und los, Corghain zuwinken, als er langsam den Pfad zu seinem luftigen Horst und zum Foto von Patrick Pearse hinaufkletterte. Die Eissturmvögel schwebten an den bauchigen Rändern der Wolken hoch oben. An der Angel, die ich achtern hatte hängen lassen, zappelte ein schöner, glänzender Schellfisch, der, bevor man „Heilige Mutter Gottes" sagen konnte, schon im Druckkochtopf verschwand und auf dem Herd als Abendbrot zischte. Ich nahm das Ruder und steuerte hinaus auf See, um von den

Dursey-Inseln und dem Bull Rock gut freizukommen. Dort hat so mancher brave Seemann über die Jahrhunderte seinen Abschied von dieser Welt genommen, denn hier ist die Wetterecke Europas, hier trifft sich all die Wut des Atlantik. Nicht ohne Grund wurde der Flughafen von Shannon am Westende Irlands gebaut. Die Rückenwinde des Atlantik schieben hier alle nach Hause.

Die Nacht senkte sich mit stetigen und klaren Sternen, die durch die eilenden Wolken blinzelten. Achtern stieg der Halbmond hoch. Da ich an einer Leeküste segelte, blieb ich an Deck, um das unruhige Ruder zu überwachen, lauschte dem sanften Klagen des Windes in den Wanten und erspähte hin und wieder niedrig an der dunklen Küste Irlands einsame Lichtsignale, Zeichen reiner Herzen.

Als die CRESSWELL sich stampfend ihren Weg durch die freundliche Nacht in Lee von St. Finan's Bay und Puffin Island bahnte, dachte ich an die Sagen über die Seeherrschaft der Gälen. Ich segelte gerade durch einen Knotenpunkt der alten Welt, einer Welt voller Licht, Zauber und Schönheit, einer Welt freudiger Träume genauso wie schrecklicher Nachtmahre, auf der Spur eines Volkes, *meines Volkes,* das die Lebenskraft nicht nur in lebenden Dingen wie Eiche und Erle, Esche und Weißdorn, verehrte, sondern auch in den Bergen der Welt und dem Seufzen des Windes und den donnernden Schlägen des mächtigen Ozeans an die Küsten ihrer Heimat. Und ich dachte an den Vorhang aus Lügen, der im Namen Gottes von den christlichen Missionaren über die Welt geworfen wurde, die über die Jahrhunderte dem magischen Volk ständig die Unwahrheit in die Ohren trommelten, daß nichts vor dem Sohn Gottes gut sei. Daß vor Jesus alles Sünde und Unwissenheit und Barbarei sei, daß alles böse sei, der lebendige Geist des Windes und der Ozeane, der Geist der schwankenden Heide auf den Grabhügeln, alles sei von Übel. Wie wurde das Wissen um die keltische Überlieferung, ihre Geschichten und Künste, so voller Liebe und Schrecken, in die erste Vorhölle verdammt, um den Geist der Menschen an das Kreuz ketten zu können! Und wie zeigt sich die daraus resultierende Zerrissenheit der keltischen Seele noch heute in den Strömen von Terror und Gewalt in den Hinterstraßen des blutigen Belfast.

Seit der Zeit der normannischen Eroberung Englands, und besonders seit dem Verlust der Gebiete in Frankreich, die dem Plantagenet-Geschlecht gehörten, war es das Ziel englischer Macht, Europa zu beherrschen, besonders Nordwesteuropa. Die Methode war immer, eine Stellung zu sichern, von der aus das Gleichgewicht der Kräfte gehalten werden konnte, um so sicherzugehen, daß kein Land auf dem Kontinent zu mächtig wurde, militärisch oder ökonomisch, um andere europäische Länder zu vereinnahmen und eine Vorherrschaft zu begründen.

Nach der Verlagerung der wirtschaftlichen Macht aus dem Mittelmeer nach Nordwesteuropa, die sich an die großen Entdeckungsreisen des 15. und 16. Jahrhunderts anschloß, verschaffte Englands geographische Lage ihm einen enormen Zuwachs an politischer Stärke, denn es sitzt dick und breit quer über den Schiffahrtsrouten der mächtigen Nationen Europas, zu jener Zeit sogar der Welt. Von Nordschottland aus blickt man aufs Meer nach Nord und Ost und weiß: dort liegen Island und Norwegen. Weiter südlich blickt man nach Dänemark, Deutschland, Holland, Belgien, Frankreich und Spanien. Innerhalb kürzester Zeit könnten die Engländer ausholen und die Wasserwege all dieser Länder abschnüren.

Da gab es jedoch nur eine Achillesferse. Irland. *Wer die Westküste Irlands beherrscht, kontrolliert die Schiffsstraßen nach Nordwesteuropa.* Cromwell wußte das nur zu gut, er war der Erfinder der modernen Seemacht. Die Spanier, die Holländer, die Franzosen, die Italiener, die Deutschen wußten es ebenfalls, und seit Jahrhunderten war es ihre Taktik, unter den irischen Katholiken Revolten anzustiften, um Englands Aufmerksamkeit abzulenken und auf die Konflikte in seinem Rücken zu richten.

Heute wird die Welt mit Öl geschmiert. Öl wird in Supertankern mit großem Tiefgang transportiert. Die See um Nordwesteuropa ist flach. Die Supertanker können nicht hinein. Westirland aber hat gute, geräumige, natürliche Tiefwasserhäfen. In den kommenden zehn bis zwanzig Jahren wird ein großer Prozentsatz der europäischen Industrie Öl schlucken, das durch die irische Kehle rinnt. Wer auch immer die Macht in Irland hat, wird so zu einem hohen Grad auch die nordeuropäische Industrie kontrollieren, daher auch die Waffentransporte an die IRA und die protestantischen Extremisten in Ulster ausgerechnet von *Libyen!*

Aber für die Engländer steht fest, daß Gott ebenfalls ein Engländer ist. Deshalb enthüllte er ihnen die ausgedehnten Ölvorräte unter der

Nordsee. Und wieder einmal ist damit die irische Drohung neutralisiert, während die Iren sich weiter töten und zerfleischen für fremde Angelegenheiten, von denen sie nichts wissen und um die sie sich noch weniger kümmern. Marionetten in einem Machtspiel. Der Kelte sieht auf und langt zu den Sternen, doch wenn er auf seine Füße schaut, ist er verloren, es sei denn, er versucht, sich selbst zu verstehen.

Als das Licht von Bray Head auf der Insel Valentia hinter dem stampfenden Steuerborddeck der CRESSWELL unter dem Horizont verschwand und als der Schimmer des Leuchtfeuers von Great Blasket unter den Sternen voraus zitterte, dachte ich zurück an altvergangene Zeiten. Ich segelte auf einer der ältesten Handelsstraßen der Welt, und um jedes Feld, jeden Grashalm, jedes winzige Inselchen rankte sich eine eigene Legende, gewoben aus Wundern, Freude, blutigem Tod, heroischen Fehlern und Magie. Der Zauber aus den Jugendtagen der Welt! Der Zauber der Unschuld, so wie sie war, bevor der Schleier beiseite gerissen und die Decke der Sünde über die Anbetung des Lebens geworfen wurde!

Als die Dämmerung über Dingle Bay aufzog, zeigte sich mir ein erstaunlich schöner Anblick. Im Osten, über dem silbrigen Wasser (ziemlich rauh, denn der irische Atlantik ist nicht der Long Island Sund, und jeder Tag mit guter Sicht muß erst auf harte Weise verdient werden) erhob sich eine dunkle Kette aufeinandergetürmter Berge, die Macgillycuddy-Riffe, wie schwarze zerklüftete Ellenbogen in den Himmel. Die Küsten waren in gälischer Bescheidenheit dunstig verhangen, und die Riffe schienen von einer unbekannten Macht in der Luft geboren zu sein.

Im Norden lag mein Ziel, die Blasket-Inseln, die niedrig in das Meer ausschwärmen in tapferer Verleugnung aller Gesetze der Schwerkraft. Hier tritt eine optische Täuschung auf, durch die der Horizont im Westen nach unten zu laufen scheint. Es sieht aus, als wenn die Blaskets versuchten, Erin zu entkommen. Die westlichste Insel, Inishtooskert, war unbewohnt. Sie schlich sich aus der Wasseroberfläche blaugrün unter dem grauen, gescheckten Himmel entlang, und die Sonne kam zwischen den Regenwolken auf dem Weg nach England immer wieder durch. An der Festlandseite von Inishtooskert liegt die Hauptinsel der Blaskets, Slievedonagh. Und hinter ihr die Vorgebirge des Festlands, Sybil Head und die Drei Schwestern, die sich im Ozean wie mit den

Klauen eines großen Adlers festkrallen. Bis hierher stürzt Irland der sinkenden Sonne hinterher.

Da ich keine Detailkarten der Insel hatte und die Navigation zwischen den Riffen und Felsen trickreich ist, stieg ich aufs tanzende Deck und holte Fock und Stagsegel ein. Das war auf der CRESSWELL immer gefährlich, weil sie ein gewölbtes Waldeck hatte, um schwere Brecher besser abzuschütteln. Deshalb war die eigentliche Standfläche auf dem Vorschiff winzig, nicht größer als ein Dreieck von vielleicht einem halben Quadratmeter. Doch ich hatte eine gute, starke Seereling um das ganze Schiff geriggt, die am Bug zwar nur ca. 30 Zentimeter hoch war, damit die Vorsegel darüber Platz hatten, wenn das Schiff am Wind lag. Wenn ich beim Segelwechsel niedrig, auf meinen Knien, blieb, kam ich gut zurecht. Da ich seit meiner Rückgratverletzung in Aden nicht mehr schwimmen konnte, mußte ich bei jeder Schiffsbewegung sehr aufpassen. Ich kann mich zwar treibend über Wasser halten, doch die ruckartigen Schwimmbewegungen sind mir unmöglich. Wenn ich außenbords ging, bestand die Gefahr, daß das Schiff mit den gut getrimmten Segeln sich selber von mir fortsteuerte.

Als die Vorsegel eingeholt und an der Seereling festgelascht waren, lag CRESSWELL unter Großsegel und Besan im Wind und benahm sich trotz der lebhaften, zwei Meter hohen Wellen vor der Dingle Bay ruhig genug, daß ich mir ein einfaches Frühstück aus Spiegeleiern und Corned beef braten konnte. Das ist ein sehr simples, leicht zuzubereitendes Essen, und Nelson liebte es über alles. Es war noch ein wenig Fisch vom Abend vorher übrig, den wir ebenfalls verputzten, denn erfahrungsgemäß würden wir keine Zeit für ein Mittagessen haben (die hat man nie, wenn man am Vormittag in einen Hafen einläuft), und ich spülte alles mit einem Liter Tee hinunter.

Nach dem Frühstück machte ich „Rein-Schiff" und klarte über und unter Deck auf. Ich laufe äußerst ungern einen Hafen mit einem unordentlichen Schiff an. Den Zuschauern gegenüber, falls es welche gibt, ist es unhöflich, und auch wenn niemand da ist, ist es nicht seemännisch. Außerdem verschafft es einem Zeit, während man diese Haushaltsdinge verrichtet, über die Hafenansteuerung nachzudenken und auch zu überlegen, ob alle dafür notwendigen Utensilien an Ort und Stelle sind.

Nachdem ich die Decks sorgfältig gescheuert und auch unter Deck gewischt hatte (es ist überraschend, wie schmutzig ein Schiff besonders beim Küstensegeln wird, wenn die Crew oft an Land geht), trank ich noch einen Tee, rauchte eine Zigarette und dachte eine halbe Stunde nach. Ich hatte einen guten Blick auf die See zwischen Slievedonagh und Inishtooskert. Dort hatte 1588 im ruhigen Wasser des Blasket-Sunds eines der größten Schiffe der spanischen Armada, NUESTRA SENORA DEL ROSARIO (Hl. Maria vom Rosenkranz), eine große schwerfällige Galeone von 1000 Tonnen mit dem unehelichen Sohn König Philipps von Spanien an Bord geankert. Nachts kam ein schwerer Sturm aus Südwest. Die Galeone war dem Sturm hilflos ausgesetzt. Ihre Anker hielten nicht in der furchtbaren See, und sie schlug sich selbst in den wilden Fängen der Drei Schwestern zu Tode. König Philipps Sohn liegt auf dem Friedhof in Vicarstown begraben. Er sollte, als die Armada in Glanz und Gloria von Cádiz segelte, der Vizekönig über Spaniens Gebiet in Nordengland werden. Statt dessen bekam er sechs mal drei Fuß irischen Rasens in den Felsen von Kerry.

Als mir diese alte Geschichte einfiel, dankte ich den Göttern für die glatte und sichere Überfahrt über die Keltische See, die mich außerhalb der Reichweite des französischen Zolls gebracht hatte. Sie müßten sich schon anstrengen, mich hier zu kriegen. CRESSWELL hatte später einen langen Schlag nach Norden mit südwestlichen Winden von Backbord vor sich. Sie würde gute Fahrt von den Baskets fort machen. Das war wichtig, denn ich wollte im Frühsommer vor Island sein, um so viel wie möglich davon zu sehen, bevor der Winter mit seinen wütenden Stürmen einsetzte.

Gegen Mittag hatte ich mich wegen der Felsen und Untiefen vorsichtig in den Basket Sund bis in Sichtweite des Hafens Slievedonagh vorgearbeitet. Dort drehte ich wieder bei, da ich die Wassertiefe nicht kannte und in dem winzigen Fluß auch kein größeres Schiff lag. Der Wind briste auf und gürtete sich für den Sturm der kommenden Nacht. Deshalb startete ich den Motor und barg die Segel. Nach kurzer Zeit kam ein Curragh, ein in Wales und Irland übliches leichtes Anglerboot, mit zwei Männern darin, längsseits. Die Boote bestehen aus Weidengeflecht, das mit geteertem Segeltuch überzogen ist. Es war ungefähr fünf Meter lang und hatte vorn und achtern eine Miniaturkajüte. Es sah wahrhaftig äußerst seetauglich aus, und die Männer darin wußten, wie man mit den Riemen umgeht, obwohl diese kaum Blätter hatten. Sie pullten mit ziemlicher Geschwindigkeit auf die CRESSWELL zu, das Curragh schnitt durch das Wasser, obgleich die Riemen sich scheinbar sanft und langsam bewegten. Der eine der Männer war grobknochig, doch nicht dick, der zweite, leicht und sehr dunkel, sah fast wie ein Ostinder oder Zigeuner aus.

„Céad Míle Fáilte", grüßten sie beide mit sanfter, leiser Stimme.

„Auch euch einen sehr guten Tag", antwortete ich. Nelson war fasziniert: Sie hatten Fisch im Boot.

„Schönes Schiff hast du. Kommst du von Belfast her?" fragte der größere Mann.

„Das Schiff ist aus London, aber ich stamme aus Wales."

„Dann sprichst du also gälisch?"

„Ein wenig."

„Ich bin Keanan Blinder, und dies ist mein Vetter zweiten Grades, Keanan Black."

„Tristan Jones. Und ich bin auf der Suche nach Mr. Keanan, dem Postmeister."

„Na, das paßt ja gut, denn er steht vor dir", lachte er.

Ich tauchte schnell unter Deck und sagte: „Ich habe eine Nachricht von Corghain auf Skelling Michael", und nahm die Postkarte aus dem Bücherschapp.

„Lebt er immer noch, der alte Quatschkopf?" fragte Keanan, der Postmeister.

„Aber ja, und er feuert immer noch die Raketen einzeln mit der Hand ab."

Sie brüllten vor Lachen.

„Kommt an Bord", lud ich sie ein, „ich habe hier eine kleine Auswahl an harten Sachen."

„Befindest du dich auf englischem Territorium?"

„Ja."

„Dann setze ich keinen Fuß an Bord! Das geht nicht gegen dich, denn wir können beide sehen, daß du ein anständiger Kerl bist, doch ich wurde einmal in Liverpool in den Tagen des Unglücks verhaftet, und als sie mich gehen ließen und ich an Bord dieser Riesenfähre nach Dublin war, schwor ich bei der barmherzigen Mutter Gottes, daß ich nie wieder den Fuß auf irgend etwas Englisches setzen würde, solange ich lebe. Aber sicher würde es nicht schaden, wenn du mir einen Tropfen hier herunterreichen würdest, solange ich in meinem Boot sitze, meinst du nicht auch, und wir trinken auf deine gute und rechtzeitige Ankunft, denn es wird ziemlich bald selbst dem Teufel die Hosen wegwehen."

„Worauf du dich verlassen kannst", meinte Keanan Black, „und wir täten besser daran, sofort in den Hafen zurückzulaufen." Er war ein ruhiger Mann mit Wetterfalten um die Augen und schwieligen Händen.

„Dann werden wir warten, bis du sicher längsseits liegst, bevor wir deine Ankunft begießen", sagte Keanan, der Postmeister. „Wir werden dich hineinlotsen. Welchen Tiefgang hast du?"

„Knapp einen Meter", antwortete ich.

„O Jesus, das ist ja nicht der Rede wert."

„Wie verläuft die Einfahrt?"

„Wie das hintere Bein eines Hundes, aber sicher ist das für einen guten Seemann wie dich eine der leichtesten Übungen."

„Also zeig mir den Weg, Keanan!"

So wurde ich in den Blaskets empfangen, und zehn Minuten später lag CRESSWELL gemütlich in einem der kleinsten Häfen Europas, wenn nicht der Welt.

Nach einem oder zwei Gläschen auf das Wohl Corghains auf Skellig Michael und auf den reichlichen Schellfischfang der vergangenen Nacht begleiteten mich die beiden Keanans zur Post, in der Keanan Blinder auch wohnte. Es war ein altes Cottage mit Reetdach. Im Gegensatz zu den Waliser Cottages ruhte das Stroh hier auf der Innenkante der Steinwände, so daß ringsherum statt einer Dachrinne ein Gang entsteht, auf dem man laufen kann, um das Dach nach den wilden Atlantikstürmen zu reparieren. Auf vielen Häusern war diese Plattform mit Blumen bepflanzt – ein sehr erfrischender Anblick nach einer Woche mit nichts anderem als dem grünen Meer, den Sturmvögeln, Nelson und Corghains Pyjama.

Das Cottage war einstöckig, und der Hauptteil bestand aus dem großen Wohnraum, in den die Feuerstelle ungefähr einen Meter hineinragte. Auch das ist ungewöhnlich, und Keanan erklärte es damit, daß der Raum so besser geheizt würde. An einer Seite des massigen Kamins befand sich ein Alkovenbett auf einer Steinbank. Wie in den meisten Häusern der irischen Inseln gab es auch hier zwei Türen, jede an einer Seite des Wohnraums. Die Tür an der windabgewandten Seite wurde bei Tage immer offengelassen. Die Wände waren mit Kalk geweißt. Die einzige Dekoration bildete Christus, der sein blutendes Herz in der Hand hielt, ein Foto von Patrick Pearse, aufgenommen lange bevor er von der britischen Armee nach der Osterrebellion 1916 erschossen wurde, und ein Kalender der Nestlé Milch Company aus Philadelphia, U.S.A.!

Ich machte eine Bemerkung über den Kalender, und Keanan erzählte mir, daß jeder auf den Blaskets Verwandte in den Vereinigten Staaten, größtenteils um New York oder Boston herum, hat, und auch, daß tatsächlich ungefähr dreiviertel des Einkommens der an die fünfzehnhundert Inselbewohner per Überweisung von den Auswanderern stammt. Es wanderte zwar immer noch hie und da jemand aus diesem Teil Irlands aus, doch bis zum Zweiten Weltkrieg war die Welle massiv gewesen. 1959 ging man hauptsächlich nach England, wo die Männer sich bei den großen Baugesellschaften verdingten. Einige kamen auf Montage sogar bis nach Nigeria und Australien, bauten Dämme und Elektrizitätswerke. Das ging so seit Jahren, und es war immer überraschend, einem alten, gälisch sprechenden Mann in der Inseltracht zu begegnen, mit kurzer Stummelpfeife und einem einwöchigen Bart, mit funkelnden, ausdrucksvollen Augen und sanfter Stimme, wenn er von den Zeiten sprach, als er die Hafenbrücke in Sydney oder den Mersey-Tunnel baute. Ihre Aufenthalte in fernen Ländern schienen sie nicht um ein Quentchen zu verändern, außer daß man mit ihnen über jedes Thema unter der Sonne sprechen konnte.

Ich erinnere mich, wie ich auf einer Gartenmauer saß, den Sonnenuntergang im Westen hinter Inishtooskert beobachtete und einem Achtzigjährigen zuhörte, der mir von seiner Zeit in der britischen Armee in Indien erzählte. Er hatte zwei Jahre auf dem Khaiber-Paß gedient, und wie er dann für die australische Polizei gemustert wurde, während er noch in Indien war, und wie dann eine Gruppe von Iren und Schotten mit zwanzig Kamelen an Bord von Kalkutta nach Sydney segelte, die für den Postdienst in der australischen Wüste bestimmt waren! Ich höre ihn noch heute die Geschichte mit jeder Ausschmückung verzieren, derer ein gälischer Kelte fähig ist, doch auch mit den winzigsten Einzelheiten, an die er sich noch nach sechzig Jahren erinnerte! Er rief sich sogar die Farbe der Lendentücher, die die Fährmänner auf den Suezkanalbooten trugen, in die Erinnerung zurück und auch, wie er als junger Kerl in Liverpool wie die anderen Rekruten auf einen Shilling des Königs gespuckt hatte. Der Hauptfeldwebel hatte getobt, weil er glaubte, dies sei eine Beleidigung, bis ein Offizier („Wirklich, ein guter, feiner Mensch, ein Juwel von einem Gentleman war er, denn hatte er nicht selbst Hunderte von Hektar in West Meath mit Wildhütern und Rebhühnern, die herumrannten wie Fischweiber am Freitag?“), dieser Offizier also belehrte den Hauptfeldwebel, daß die irischen Insulaner einen Handel damit besiegeln, indem sie auf eine Münze spucken, um zu bekräftigen, daß das Versprechen gehalten werde, ungeachtet der finanziellen Folgen.

Nachts brach der Sturm los, und mit ihm kamen Regen und Blitz. Als Keanan Blinder mich durch den Regen zum Schiff begleitete, fielen mir schemenhafte Gestalten um die Häuser herum auf. Keanan erklärte, daß sie bei Donner und Blitz geweihtes Wasser auf den Boden um die Hauswände herum sprenkelten.

Ich blieb auch noch am nächsten Tag in Slievedonagh, denn die atlantischen Furien waren losgelassen und schrien nach Rache für den Sohn des Königs von Spanien. Nach meinen morgendlichen Arbeiten ging ich zu Keanan, der mich zum Mittagessen eingeladen hatte. Es gab eine gute nahrhafte Mahlzeit mit Fisch und Kartoffeln, Ziegenbutter und Porter. Ich fragte ihn nach einer kleinen Blume, die überall im Dorf wild wuchs. Sie kam mir entfernt bekannt vor.

„Da war ein prima Bursche hier rübergekommen, vor dem Deutschen Krieg (dem letzten, weil wir den ersten den Englischen Krieg nennen), und er kam hierher den ganzen weiten Weg von London. Wir hatten hier ein paar Blumen, aber er versprach, uns besseren Samen zu schicken. Eines schönen Tages, nachdem er wieder weg war (und waren nicht alle Tage danach schön, denn er war ein Teufel von Mann und wußte alles), schickte er uns sechs Tüten mit Samen. Nun, als die kleinen Blumen sich zeigten, wuchsen sie alle wild, denn wir hatten den Samen einfach weggeworfen. ‚Londons Stolz‘ heißen sie.“

„Wie war es hier in den alten Tagen, Keanan?“

„Nicht viel schlimmer als heute, Tristan, aber natürlich hatten wir keine Radios, um die klugen Experten aus Dublin zu hören, wie sie die Probleme der Welt auseinanderklamüsern. Ich erinnere mich noch, als ich mein erstes Radio bekam und dieser Mann aus Dublin Musik anstellte. Keanan Buffer – eine gute Frau war sie, mit einer sprachgewaltigen Zunge – als sie das hörte, sagte sie zum Dublin-Mann: ‚Heilige

Maria, Mutter Gottes, hat man je so etwas erlebt? Guter Mann, hol Papier und Feder, denn wir müssen nach Amerika schreiben und deinem Bruder von diesem Wunder erzählen!"

„Wann war das?"

„Laß mich nachdenken ... der Hai wurde im selben Jahr an Land gespült, als König Edward sich selbst zu ewiger Verdammnis verurteilte, indem er die Krone Englands niederlegte, eine geschiedene Frau heiratete und uns nichts zum Kämpfen übrigließ als dünne Luft. Das war ..."

„1936", schlug ich vor.

„Du hast recht, dann war es 1935."

„Aber das Radio wurde doch schon 1910 erfunden."

„Sicher war es das, und wer hat's erfunden?"

„Marconi, und er war ein Italiener."

„Richtig, und war er nicht ein guter katholischer Sohn der Heiligen Kirche selber?"

„Hast du schon vom Fernsehen gehört?"

„Ach, das werden wir hier nie bekommen. Pater O'Rafferty sagt, es ist das Werk eines schottischen Calvinisten. Wie heißt er doch noch?"

„John Logie Baird."

„Ganz recht hast du, tatsächlich. Es ist das Werk des Teufels selber!"

Als ich abends zur CRESSWELL zurückging, fielen mir die Kreuze auf, die in den Reetdächern steckten. Die Kreuze der Heiligen Bridget. Ich sollte sie nie wiedersehen, bis ich Taquila am Titicaca-See hoch oben in den Anden erreichte. Es gibt viele überraschende Übereinstimmungen zwischen den Quechua-Indianern der Anden und den irischen Inselbewohnern. Dies ist nur ein Merkmal. Auch die Kleidung mit den bunten gewebten Gürteln, den langen Strümpfen und den Ledersandalen ist die gleiche.

Als ich mich am nächsten Morgen von Keanan, der auf der Pier stand, verabschiedete, fragte ich ihn, wie ich das Schiff und mich offiziell nach Irland hineinbekommen sollte.

„Ach, ein guter Mann wie du, warum solltest du so etwas tun wollen? Du bist hier, oder etwa nicht? Wir werden es Gott überlassen, dich einzuklarieren, und der Teufel hole die Bürohengste in Dublin City."

„Nun, laß es dir gut gehen, Keanan, und danke für alles. Eines Tages komme ich hierher zurück."

„Möglich, mit einem Doppelender wie dein Schiff bist du vielleicht eher zurück als du denkst, denn es ist mir immer ein Rätsel, welchen Weg du gehst, vorwärts oder rückwärts. Aber Gott schütze dich und halte die See ruhig. Ist dein Ziel jetzt England?"

„Schottland."

„Guten Whisky haben sie, jedenfalls in den katholischen Teilen." Seine Augen funkelten vor Humor.

CRESSWELL suchte sich ihren Weg aus dem winzigen Fluß hinaus, während ein Großteil der Inselbevölkerung mich auf dem Molenkopf verabschiedete. Ich hörte die Frauen sagen: „Heilige Maria, Josef und Jesus, welch eine Mutter kann der große Mann, der er ist, haben, die ihn allein in diesem Zustand auf See schickt mit solch einer Ruine von Hund? Fängst du dir nie eine Lungenentzündung ein?" riefen sie mir durch den auffrischenden Wind nach.

„Das nicht, er fängt acht Pfund schweren Schellfisch", antwortete Keanan.

„Ein schönes Schiff hat er."

„Ja, größer als die Curraghs von Aran aus der alten Zeit, und er ist ein guter Mann, das ist sicher, aber er ist nicht größer als Keanan Darcys Junge, und der ist blöd im Kopf." Als ich außer Hörweite war, bewahrte ich mir im Gedächtnis den Anblick und die Reede dieser Insel so nah an Amerika, einer Insel, auf der kein Baum wächst und wo dicke Leute sehr bewundert werden. Wie bei den alten Stämmen Israels, bei denen fette Frauen wegen ihrer Schönheit verehrt wurden, ist es immer noch auf den Blaskets, denn das Leben ist immer zu hart und mühsam für jeden gewesen, um zu viel Gewicht anzusetzen. Aber sollte ich jemals über meine normalen 150 Pfund zunehmen und eine Frau suchen, würde ich zu den Blaskets gehen, denn die Menschen sehen gut aus und haben eine Anmut und Haltung, die einer Ballettänzerin anstehen würde.

CRESSWELL quälte sich in der vom Sturm zurückgelassenen Dünung weiter. Der Wind war leicht, doch ich wollte meine 40 Liter Diesel sparen. Die Entfernung zwischen den Blaskets und den Aran-Inseln beträgt ungefähr 100 Meilen zwischen den Häfen, und ich brauchte zwei Tage für die Strecke. Doch am zweiten Tag briste es auf, und CRESSWELL tanzte wieder. Ich sang das Eriskay-Liebeslied in den Steuerbordwanten, während die grünen Wellen vorüberspülten und Nelson an einem frischen Schafsknochen nagte.

9

Im Kielwasser des heiligen Columban

Am zweiten Morgen nach dem Auslaufen aus den Blasket Inseln drehte der Wind von Südwest nach West. CRESSWELL war berauschende vierundzwanzig Stunden lang direkt vor dem Wind gesegelt, nun bekam sie ihn raumachterlich, das heißt der Wind kommt achterlicher als querab. Das ist für eine Yacht die beste und schnellste Windrichtung, besonders für eine gaffelgetakelte Ketsch, bei der die Segelfläche dann optimal genutzt wird.

Vormittags hatte der Wind auf 35 Knoten zugelegt. Es war offensichtlich, daß wir Kattun zu erwarten hatten, obwohl der Wetterbericht im Radio nichts davon erwähnt hatte. Ich nahm die Fock um elf Uhr herunter, den Besan eine Stunde später. Der Himmel war immer noch ziemlich klar. Die Mittagsbreite, die mir zwischen den rasenden Wolken, den Vorboten eines Sturms, gelang, ergab 20 Meilen genau westlich der Shannonmündung.

Hätte ich Karten für den Shannon gehabt, wäre ich dort eingelaufen, um den Sturm abzuwarten, da dies aber nicht der Fall war, entschied ich mich dafür, vor dem Sturm abzulaufen. Vorschriftsmäßig steuerte ich das Schiff nach Westen auf See hinaus, um so viel Seeraum wie möglich zwischen die CRESSWELL und die zerklüftete irische Küste zu bringen. Nachmittags war ich zehn Meilen weiter draußen und der Wind inzwischen zu Sturmstärke angewachsen. Das Groß trug vier Reffs, und ich hockte mich ans Ruder, um das Schiff selber die Nacht hindurch genau nach Norden zu steuern. Dieser Kurs hielt es gut frei von allen Gefahren der Küste. Morgens hatte ich vorsorglich einen großen Topf Burgoo gekocht: einen Eintopf aus abwechselnden Schichten von Porridge, Corned beef, Porridge und Bacon und allem, was gerade zur Hand war, und jede Schicht mit einem großzügigen Schuß Whisky abgeschmeckt.

Es stürmte die ganze Nacht hindurch. Gegen Mitternacht hatte ich alle Segel bis auf Besan, den ich inzwischen statt des Groß gesetzt hatte, und Sturmfock geborgen, dabei mühsam auf Deck herumkriechend und immer von Brechern überschüttet. Mit dieser Besegelung machte das Schiff noch ein wenig Fahrt. Es stampfte und schlingerte und fiel jetzt nur noch alle vier Sekunden fünf Meter tief in die Wellentäler hinunter, statt der vorigen sechs Meter, wobei die Belastung des laufenden Guts und der Masten minimiert wurde. Natürlich wird jedes doppelt geplankte Schiff an der Verbindung zwischen Rumpf und Kiel Wasser machen, wenn es für endlose Stunden in schwerer See arbeitet, und auch CRESSWELL war keine Ausnahme. Das hieß, daß ich sie jede Stunde lenzen mußte, um das Wasser im Schiff so niedrig wie möglich zu halten. Das Pumpen war Schwerstarbeit, und bald wünschte ich mir, ich könnte meinen Platz mit Nelson tauschen, der wie gewöhnlich bei Schlechtwetter gemütlich verkeilt zwischen Querschott und dem Tisch vorn in der verhältnismäßig trockenen Kajüte lag.

Es war eine tobende, schwarze Nacht mit schneidendem Regen, der die Sicht auf wenige Meter einschränkte. Kein Licht, kein Mond, keine Sterne, nur der brausende Wind und der peitschende Ozean, der wild im schwachen Schein der kleinen Petroleumlampe, die in den Besanwanten hing, wütete. Um zwei Uhr morgens hatte ich genug vom Kampf mit dem bockenden Ruder. Deshalb mühte ich mich aufs Vordeck und barg die Sturmfock – ein Unterfangen, das dem Versuch ähnelte, einen rasenden Grizzly im Dunkeln zu überwältigen, während man gleichzeitig mit jemandem in einer riesigen Achterbahn sitzt, der einen alle fünf Sekunden mit drei Tonnen Eiswasser überschüttet.

Sobald diese wilde Fock unten und festgezurrt war, drehte das Schiff in den Wind, und wir lagen in relativem Frieden und Sicherheit. Ich laschte das Schlauchboot, das kopfüber auf dem Kajütendach gestaut war, mit einer zusätzlichen Leine fest und stieg dann unter Deck. Der Unterschied zwischen dem Lärm draußen, wo sämtliche nassen Wintergeister des Atlantik in der Takelage kreischten, und dem Schiffsinnern war erstaunlich. Obwohl die Kajüte auf und ab schwankte wie ein wildgewordener Fahlstuhl, war sie doch ein Hafen der Behaglichkeit. Es gelang mir sogar, Tee zu kochen, will sagen, ich goß den Halbliterbecher mit Teeblättern und allen Zutaten halb voll und sackte dann in unruhigen, einäugigen Schlaf. Nelson kroch nach oben und hielt Wache.

Der Himmel am nächsten Morgen hätte auch dem hartgesottensten Leichenbestatter die Tränen in die Augen getrieben. Grau und schwarz niedrig über dem westlichen Horizont, während sich im Osten eine Blutrinne flammenden Rots über die ganze Länge Irlands zog. Es hätte gereicht, daß selbst Columcille, der heilige Columban, seinen Krummstab angewidert fortgeschleudert hätte. Doch ich wußte, daß ich den Aran-Inseln nahe genug war, um den Versuch wagen zu können, in ihren Leeschutz zu gelangen, bevor Hölle und Verdammnis aus den Wassern im Westen auf die Welt losgelassen wurden. Wolken so dick wie Augenbrauen des Weihnachtsmannes. Ich entschloß mich, den Kurs westlich um die äußerste Aran-Insel herum abzustecken, obwohl die Versuchung stark war, als nächsten Schutz die Passage zwischen Inisheer Island und der Küste Clares anzulaufen. Ich wußte aber, daß ich dann später wie der Teufel gegen den Wind wieder nach Westen kreuzen mußte, um nach Kilronan auf der Hauptinsel Inishmore zu kommen.

Zwischen drei und vier Uhr nachmittags hatte ich mich in furchtbarer See um den westlichsten der Aranfelsen herumgekämpft und galoppierte nun mit aufgefierten Schoten unter Besan und Arbeitsfock davon. Im Schutz von Inishmore Island sah ich nach Norden. Die See bestand aus rollenden Bergen. Gegen sechs Uhr abends lief ich in die Bucht von Kilronan ein, nahm die Segel herunter und motorte zur Pier. CRESSWELL war in gutem Zustand: Nichts war beschädigt, nichts fortgewaschen worden. Alles hatte sich als gut und seetauglich bewährt. Nachdem ich die Festmacher vertäut hatte, denn in dem peitschenden Regen war natürlich keine Menschenseele draußen, sah ich sie mir aus einigen Schritten Abstand an. Da war ein unbeschreibliches *Etwas* um sie, etwas, das ich vorher nicht bemerkt hatte, ein Ausdruck, eine Haltung. Ich starrte sie an. Wievielen Stürmen hatte sie wohl seit 1908 standgehalten? Wieviele harte, starke, grobschlächtige Männer hatten sie in unvorstellbar tobende Seen geschoben, um Hilflose zu retten? Wie viele starke Gefühle sind über die Jahre hinweg in unzähligen Dramen voller Tapferkeit und Mut, Geduld und Ausdauer auf ihren Rumpf übertragen worden, wieviele Opfer sind auf ihrem rollenden Deck geschehen? Sie sah ungeheuer zufrieden aus. Und da erkannte ich, als ich da draußen in strömendem Regen unter dem schwarzen Himmel Inishmores stand, naß bis auf die Haut unter dem Ölzeug, und die Erkenntnis traf mich wie ein Schock: Das alte Mädchen hatte Spaß daran gehabt! Sie hatte es geliebt. Diese gottverfluchte alte Hure suchte Stürme, schmollte wie ein Kind bei ruhigem, lindem Wetter und weigerte sich dann, sich auch nur zu bewegen. Aber, bei Gott: Wenn es dem Teufel die Hosen wegwehte, dann war sie glücklich!

Ich schlug gegen die Wand des Niedergangs, als ich die Leiter hinunterkletterte. Nelson wedelte in Erwartung des Abendessens mit dem Schwanz. „Alter Junge“, sagte ich, „die alte Dame ist so glücklich wie ein Schwein in der Scheiße da draußen. In leichten Winden ist sie eine schwerfällige Kuh, aber sie wird selbst die Stürme der Hölle überstehen, das walte Hugo!“

Ich briet etwas von dem fertigen Burgoo auf, während Nelson noch schneller mit dem Schwanz wedelte und den Duft des brutzelnden Specks, gut gewürzt mit Johnnie Walker, schnupperte. „Ich hab's verdammt nochmal gewußt, Kumpel“, murmelte ich und streichelte ihn, „ich hab's gefühlt. Sie hat meistens ihren eigenen Kopf, aber bei Christus, wenn's brenzlig wird, steht sie bis zum Ende zu uns.“ Nelson hüpfte nach oben und pißte wie immer vor den Mahlzeiten außenbords. Muß er von Tansy gelernt haben.

Als der Regen sich verzog, kamen die ersten Einheimischen zur Pier. Fast nur Männer, ungefähr ein Dutzend, alle dunkel mit den langen Schädeln und Hakennasen der Prä-Kelten. Sie sprachen alle gälisch. Die älteren Männer trugen selbstgesponnene Tweedjacken und Hosen mit Schlitzen bis zum Knie, damit sie die Hosenbeine besser hochrollen konnten, wenn sie ihre Curraghs an Land zogen. Sie hatten auch noch die „Pampooties“, wie sie ihre Ledersandalen nennen, bei denen die rauhe Lederseite nach außen gekehrt wird, an. Die werden mit Bändern geschnürt.

Auch einige kleine Jungen waren gekommen. Sie steckten in einer Art Rock, wie sie die Soldaten der Palastgarde in Griechenland tragen. Die Röcke ähneln auch einem faltenlosen schottischen Kilt. Als ich dies später erwähnte, erklärte man mir, daß die kleinen Leute immer gern kleine Jungen stehlen, mit Mädchen aber geben sie sich nie ab. Also tragen die Jungen bis zum Alter von neun Jahren als Verkleidung Röcke, um die Kobolde daran zu hindern, sie zu stehlen.

Im Gegensatz zu den Ansichten der Freudianer schien diese Sitte absolut keine Wirkung auf die sexuellen Gewohnheiten der männlichen Arans zu haben. Jedoch bleiben sie bis weit in ihr Leben hinein, bis Ende dreißig oder Anfang vierzig, zufriedene Junggesellen, und abgesehen von Paaren im heiligen Stand der Ehe waren die Geschlechter von der Wiege bis buchstäblich zum Grabe streng getrennt. Auf einigen Inseln nämlich werden Ehemänner und ihre Frauen in getrennten Gräbern bestattet.

Die berockten Jungen wachsen zu guten, starken Fischern heran, obwohl durch Schlechtwetter und Nebel immer eine große Verlustrate unter ihnen zu betrauern ist. Die Eingeborenen fürchten wie alle wahren Seeleute den Nebel viel mehr als Stürme. Durch die Jahrhunderte hindurch sind viele ihrer Männer im dichten Nebel, der oft länger als eine Woche anhält, an Unterkühlung gestorben.

Zwei Dinge fielen mir bei den Arans auf: Der Unterschied ihrer Gesichtszüge verglichen mit den Festlandsiren, und die fast sterile Sauberkeit ihrer Hütten. Auch von diesen Inseln leben, wie in den Blaskets, viele Einwohner im Exil in England und Amerika. Die Zurückgebliebenen sprechen vertraut über Manhatten und die Fifth Avenue, wissen aber nichts von Dublin.

Alle Felder der Aran-Inseln werden von Hand angelegt – Schwerstarbeit, die von Männern wie Frauen gleichermaßen geleistet wird. Wenn die Arans englisch sprechen, nennen sie ihre Felder „Gärten". Die Erde wird mit Schichten von Sand und Tang aufgebaut, die von Eseln in Körben vom Strand heraufgetragen werden über die schmalen, felsigen Pfade, die in Irland „Boreens" heißen. Die Einheimischen sind, abgesehen davon, daß sie zu den gläubigsten Menschen gehören, denen ich je begegnet bin, und abgesehen von ihrer Qualität als ausgezeichnete Seeleute, auch erfahrene Reiter. Es gab nur einen Karren mit Rädern auf der Insel, der das Porter Ale von der Pier zur Kneipe hochfuhr. Alle anderen Transporte geschahen in einer Art von zwei Meter langen Schlitten mit Eisenkufen. Das Metall stammte aus den Wracks an dieser wilden Küste. Der einzige andere Ort, an dem ich diese Schlitten noch einmal sah, ist Funchal auf Madeira. Hier werden die Schlitten seit der Ankunft der ersten Siedler im 13. Jahrhundert benutzt. Wenn ich auf dem Hauptplatz Funchals saß und den Bual-Wein trank, habe ich mich oft gefragt, ob auch ein Aranmann unter den Portugiesen war, die diese atlantischen Inseln entdeckten, und ob er glaubte, endlich Sankt Brendans „Insel der Seeligen“ erreicht zu haben. Soweit ich weiß, werden auf dem portugiesischen Festland keine Schlitten benutzt, ich habe jedenfalls nie welche gesehen.

Die Häuser auf Aran sind interessant. Sie haben ebenso wie auf den Blaskets keine Dachtraufen, doch die Kamine sind flach in die Wand eingelassen und ragen nicht in den Raum. An der Kaminwand ist ein kleiner Alkoven für die brütenden Glucken eingemauert. Da es auf der Insel keine richtige Erde gibt, und der Torf, der vom Festland herübergebracht wird, oft ausgeht, wird vorwiegend mit Kuhdung gefeuert, der – erst einmal getrocknet – nicht mehr besonders unangenehm riecht.

Einige der Cottages werden vergrößert, wenn die Familie wächst, doch wie die Fischer mir erzählten, wird nie im Westen angebaut, „denn derjenige, der nach Westen baut, will stärker sein als Gott.“ In einigen Fällen bemerkte ich an den kleinen Häusern Anbauten, die buchstäblich aus dem soliden Fels im Osten des Hauses herausgeschlagen worden waren, nur um sich nicht nach Westen auszudehnen.

Ich blieb zwei Tage bei den Arans und hörte ihren Fischergesprächen zu. Sie hatten Angst vor Riesenhaien, die ungefähr zehn Meter lang sind und die manchmal ihre Boote jagen. Sie hatten allen Grund, diese Ungeheuer zu fürchten, denn obwohl der Riesenhai wie der Wal kein Menschenfresser ist, sondern sich nur von Plankton und kleinen Lebewesen ernährt, kann er doch leicht ihre sechs Meter langen, mit Segeltuch bespannten Curraghs umstürzen.

Bei einer Zusammenkunft an meinem letzten Abend, bevor ich nach Inisbofin auslief, zeigten mir zwei der älteren und einige jüngere Männer den „Lachssprung“. Sie lagen rücklings auf dem Felsboden, die Arme an die Seiten gepreßt, die Füße aneinandergestemmt. Dann schleuderten sie sich mit einem gewaltigen Ruck der Schulter auf die Füße, ohne die Hände zu benutzen. Eine außergewöhnliche Vorstellung. Dies hatte ich noch nie und habe es auch nie wieder seitdem gesehen. Sie schienen es mit einigen Bierchen intus besser zu können, und es gab viel Heiterkeit, besonders bei den Frauen und Mädchen auf ihrer Seite des Raums.

Die ewige Trennung der Geschlechter geht nicht bis zur Trennung bei der Arbeit. Die einzige klar definierte Männeraufgabe ist das Fischen, spezifisch weibliche Arbeiten sind Waschen, Kochen und Spinnen, womit die alten Frauen von früh bis spät beschäftigt sind. Genau wie bei den Anden-Indianern. Alle anderen Arbeiten wie das Auftragen des Sands und Torfs auf den Boden, das Schleppen von großen Trümmern von Treibholz kilometerweit vom Strand nach Hause, Kartoffeln ausbuddeln, sogar das Ausbessern der sturmzerfetzten Reetdächer schienen von beiden Geschlechtern ausgeführt zu werden. Doch auch hier tragen wie bei den Bergindianern Südamerikas die Frauen die viel größere Arbeitslast. Es war nicht ungewöhnlich, eine Frau auf den Feldern schuften zu sehen, während die Männer zusammenhockten, Bier tranken und klönten. Das berühmte „Poteen", ein ungesetzliches und äußerst gefährliches Gebräu aus Kartoffeln, wird weder auf den bewohnten Inseln noch auf einer der Außeninseln destilliert, sondern auf unbewohnten Inselchen dicht am Festland oder auch im Inland in entlegenen Mooren und in verlassenen Befestigungsanlagen der Felsgebirge.

„Gewiß, in den alten Tagen vor der Republik", meinte einer der Arans, „da waren die königlich-irischen Schutzleute gute Männer mit eigenen Prinzipien, und wenn sie eine Brennerei sichteten mit dem Rauch, der zum Himmel stieg, nun, dann warteten sie ab, rauchten eine oder zwei Pfeifen mit gutem, starkem Tabak, um den Poteen-Brennern Zeit zu geben, einzupacken und abzuhauen. Aber diese Zivilgarde von de Valera, mein Gott, diese Burschen sind so für die Republik begeistert, daß sie über dich kommen wie ein stürzender Heuhaufen, ehe du noch weißt, daß sie da sind. Sie sind große Männer in ihrem Gesetzeseifer, haben aber überhaupt keine Geduld. Ja, ja, in der R.I.C.* waren die echten Iren, und wenn sie es nur irgendwie vermeiden konnten, behelligten sie dich nie mit der Ungerechtigkeit englischer Gesetze." Alle anderen alten Männer stimmten mit ihm überein.

Der nächste Segelabschnitt ging von den Aran-Inseln achtzig Meilen nach Norden nach Inishbofin, dem westlichsten Teil der Grafschaft Galway. Ich verließ Inishmore wegen des freundlichen Wetters am Spätnachmittag mit den Abschiedswünschen der Fischerleute. Bei Sonnenaufgang war ich querab von Slyne Head. Die zwölf Quarzsäulen von Connemara glänzten jenseits der nebligen, blaugrauen Hügel Connemaras in der Morgensonne. Die See war noch immer rauh, doch

* R.I.C. = Royal Irish Constabulary.

der Wind war stark genug, um CRESSWELL ohne zu viel Unannehmlichkeiten durch die Kreuzseen zu treiben.

Um zwei Uhr nachmittags ankerte ich sicher in Lee von Inishbofin und beobachtete, wie die Hummerfischer ihren Fang in einen französischen Küstenfrachter umluden. Von hier kommen fast alle Hummer und Krebse, die in Paris verspeist werden. Wöchentlich wurden von hier 6000–7000 Tonnen verschifft. Der Handel lag in der Hand einiger Festlandfranzosen. Jedem Hummer wurden die Sehnen in den Scheren durchtrennt, damit er nicht mehr kämpfen und möglicherweise die übrigen Hummer verletzten konnte. Sie überleben den ganzen Weg nach Paris und bleiben solange lebendig, bis sie im Topf des Restaurants landen. Welch ein Kontrast: Die winzige Insel Inishbofin vor den wilden, stürmischen, vom Regen gepeitschten Küsten Connemaras unter den weinenden grauen Himmeln – und dann die Champs-Elysées!

Nachmittags ging ich an Land, um mir die Beine zu vertreten, und traf im örtlichen Pub einige der ansässigen Männer (in den meisten Gegenden Irlands würde sich keine Frau tot oder lebendig in einer Kneipe zeigen). Sie waren, wie allgemein üblich unter diesen Leuten, Fremden gegenüber äußerst höflich und gastfreundlich, besonders zu Seeleuten.

Ein Alter erzählte mir, wie die Insel zu ihrem Namen „weiße Kuh" kam. Er sagte, daß vor langer, langer Zeit, sogar noch vor den Tagen von Lugh, dem Gott des Lichts, zwei Seeleute aus Fomorgia als Schiffbrüchige auf die Insel kamen. Während sie noch am Ufer saßen, kam eine alte Frau vorüber, die eine weiße Kuh trieb. Sie versuchten, die Kuh zu melken, doch die Alte schlug die Männer und die Kuh mit ihrem Stock, und sie verwandelten sich alle in weiße Felsen. „Und wahrhaftig kannst du sie ja immer noch sehen, den großen weißen und die beiden kleineren Felsen, und für alle sichtbar verkünden sie die Wahrheit dieser Sage." Bis heute hat jeder Fischer von Inishbofin einen weißen Stein in seinem Boot. Er wird sogar die weißen Kiesel aus einer Ladung Ballast heraussuchen, die er als Fracht vom Festland oder von wo auch immer fährt.

Doch es steckt mehr dahinter als nur die Geschichte des alten Mannes. In keltischen Zeiten und auch vor den alten Bretonen galt der weiße Stein als Symbol für die Toten. In einigen Teilen Nordwales' bekreuzigen sich die Menschen, wenn sie an einem weißen Kilometerstein an der Straße vorbeikommen. Ebenso ist es in Spanien.

1969 lebten ungefähr achthundert Menschen auf der Insel, und ich bin nie freundlicheren Leuten begegnet. Als ich sagte, daß ich die Insel erkunden wolle, kamen drei der jüngeren Fischer mit, und wir benannten die ganze Zeit die Namen aller Vögel, denen wir begegneten, auf englisch, gälisch und walisisch und waren vergnügt unter dem aufgehellten Himmel mit den Hunderte von Metern hohen Wolkentürmen, die sich aufbauten, als der Wind einschlief. Ich bin nie in einer Gegend mit einer derartigen Vogelvielfalt gewesen: Steinschmätzer, Stare, Lerchen, Zaunkönige, Schwarzkehlchen, Raben, Dohlen, gerupfte Spatzen, die aussahen, als wären sie gerade den ganzen Weg vom Trafalgar Square gegen den Wind heraufgekreuzt, Schwalben, Holztauben, Krähen, Reiher, Austernfischer, Ringeltauben, Brachvögel, Seeschwalben, Hunderte von Schwarzkopf- und Heringsmöwen, Lummen und Tausende der schönen Sturmvögel. Unten in Lee der Insel waren die Kormorane geschäftig beim Fischen, und am Strand lagen Hunderte von Seelöwen. Die Insel war wie ein Zoo.

Auf dem Weg über einen felsigen Pfad zurück zur Kneipe erzählten mir die Fischer, die sämtlich große Geschichtenerzähler sind, vom spanischen Piraten Bosco, der das Schloß im Hafen gebaut hatte und eine große Kette quer über die Einfahrt spannte, um zu verhindern, daß ihn die Feinde überraschten. Ein wirklich grausamer Despot war er. Er pflegte seine Gefangenen, Männer wie Frauen, die steilen Klippen hinunter in den Tod zu stürzen. Sie erzählten mir auch von Grace O'Malley, der berühmten Piratin Grannuille, die zur Zeit der Guten Königin Bess die Herrscherin aller Inseln war, und die von allen Schiffen, die in den westlichen irischen Gewässer segelten, Zoll verlangte, gleichviel ob sie französisch, spanisch oder englisch waren. Königin Elizabeth lud sie nach London ein und bot ihr die Grafenkrone an. Doch Granuille schrieb Ihrer Majestät einen Brief, in dem sie die Einladung abschlug, weil sie keiner Frau untertan sein wolle – und schon gar keiner *Engländerin*! Als sie dann tatsächlich später doch noch nach London kam, geschah es mit einem derartigen Pomp und einer solchen Machtschau, daß sogar der Hof der Jungfräulichen Königin erstaunte.

Ich blieb eine Nacht in Inishbofin, erfrischt durch den Streifzug über die Insel, die Geschichten und das Bier. Nachts bot man mir an, die CRESSWELL längsseits an einem der französischen Frachter zu vertäuen, um mir die Sorgen über einen nicht fest sitzenden Anker zu ersparen.

Doch nach ein oder zwei Stunden, in denen ich das Scharren und Schreien von Tausenden von Hummern und Krebsen hörte, die über Berge von Muscheln krochen und mit ihren durchschnittenen Scheren an den eisernen Wänden ihres Gefängnisses schabten, verzog ich mich wieder auf einen ruhigen Ankerplatz.

Von Inishbofin sind es etwa 180 Meilen nach Tory Island vor der Küste von Donegal. Ich brauchte bei schönem, trockenem Wetter mit einer guten Brise aus Südwesten vier Tage dafür. Einen ganzen Tag davon lag ich bei totaler Flaute in der Ozeandünung und versuchte vergebens, etwas zu angeln. Zwei Tage blieb ich im Schutz der hohen Klippen dieser öden, dennoch interessanten Insel mit ihren hohen Felssäulen oder „Tors", denen sie ihren Namen verdankt. Hier war in den alten Tagen der einäugige Balor zu Hause, der Großvater des Lugh, des Lichtgottes, der mit seinem flammenden Schwert den alten Gott der Finsternis tötete, und nach dem London und die Städte Leyden und Lyon, fern auf dem Kontinent, benannt sind. Der heilige Columban, der im Jahre 563 den großen christlichen Zufluchtsort in Iona gründete, lebte ebenfalls hier. Der erste irische Anhänger des heiligen Columban hieß Dhugan, und seine Nachfolger, die Doogans, leben immer noch hier.

Weil Sankt Columban, oder Columcille, wie er genannt wurde, die Ratten von Tory Island verbannte, als er dort 555 landete, kann seitdem keine Ratte mehr dort leben. Selbst diejenigen, die einen Schiffbruch überlebt haben, sterben nur Minuten, nachdem sie den Strand oder über die Felsen hochgekrochen sind. Der älteste Dhugan ist immer der Hüter des Lehms, eines ganz besonders heiligen und von Columcille selber gegen Ratten gesegneten Stoffs. Unter keinen Umständen, selbst wenn er eine Million Pfund für einen Teelöffel voll geboten bekäme, würde er ihn verkaufen. Er wird ihn nur verschenken, und der Empfänger muß sich dieses Geschenks würdig erweisen. Ich fühlte mich daher sehr geehrt, als mir Dhugan eine große Handvoll dieses Zauberlehms für das Schiff schenkte.

Ich hatte nämlich seit der Zeit, als die CRESSWELL in Falmoth längsseits gelegen hatte, eine Ratte an Bord, und es war ein Elend, das Biest an Orten kratzen zu hören, wo weder Nelson noch ich ihr zu Leibe rücken konnten. Fünf Minuten, nachdem Columcilles Lehm in einer weißen Papiertüte auf dem unteren Pantrybord lag, war die Ratte oben an Deck, und Nelson schnappte sie sich. Fragen Sie mich nicht, wie oder warum, ich kann nur erzählen, wie es war.

Dicht beim Anlegesteg in Tory steht ein christliches Kreuz, doch im Gegensatz zu sämtlichen übrigen Kreuzen Irlands hat es die Form des Buchstaben T. Das stammt aus alten Zeiten und ist sehr seltsam, denn ich sah so etwas nur noch einmal in Äthiopien, wo es das Zeichen der koptischen Kirche ist. Es ist das Kreuz des heiligen Antonius, der bei den Abessiniern in hohem Ansehen steht. Könnte es sein, daß derselbe heilige Antonius, der das Christentum im zweiten Jahrhundert nach Ostafrika brachte, ebenfalls hier auf Tory war? Wie hätte er hierher kommen können, wenn nicht mit den keltischen Seeleuten von Marseille oder Cádiz?

Wieder war die Zahl der Vögel am Himmel über der Insel grenzenlos, so wie die der Seelöwen in den sie umgebenden Gewässern. Abends ging ich zu einem Fischer nach Hause, denn es gibt keine Kneipe auf der Insel, und lauschte beim Tee den Geschichten von den Wikingerüberfällen, und wie die Mönche die Glocken oben auf den altertümlichen Rundtürmen aus Leibeskräften läuteten, damit die Einwohner sich vor den blutigen Schwertern der nordischen Wildlinge retten konnten. Und wieder klang es so, als sei das alles erst gestern geschehen.

Dies war die letzte irische Insel. Von hier würde ich durch die stürmenden, mordenden grünen Seen des Minchkanals zu den Hebriden pflügen, 140 Meilen nach Norden über eines der rauhsten Meere der Welt!

10

Hebriden voraus!

Ich nahm am letzten Maitag Abschied von Dhugan, dem Ältesten von Tory Island. Der Wetterbericht war normal für diese Jahreszeit und Gegend: „Südwestliche Winde, Stärke 5, Seegebiete Shannon, Rockall, Hebriden." Da ich Island möglichst vor Mitte des Sommers erreichen wollte, um wenigstens zwei Monate vernünftigen Wetters dort zu erleben, bevor die stürmischen Äquinoktien im September einsetzen, lief ich sofort nach Norden aus, direkt auf die südlichste Insel der Äußeren Hebriden zu, auf Castlebay, den ersten Hafen der Gruppe, auf der Insel Barra.

Als der Anker hochkam, sinnierte ich darüber nach, daß ich an Irlands Küste von Süden nach Norden gesegelt und unterwegs fünf Häfen angelaufen war, ohne im Land offiziell einzuklarieren, ohne auch nur ein einziges Papier vorgezeigt zu haben. Und jetzt verließ ich die irischen Gewässer, ebenfalls ohne behördliche Stempel, und nichts blieb mir von meinem Aufenthalt als die Erinnerung an gute Menschen, faszinierende Geschichtenerzähler, an Freundlichkeit und Höflichkeit, Humor und Gastlichkeit, dazu eine Flasche Kartoffelschnaps und ein oder zwei Pfund von Dhugans Rattengift.

Ich übernahm etwas Süßwasser aus einem Fluß auf Tory und Diesel von einem in der Bucht ankernden Fischerboot. Nach Labskaus zum Mittag setzte ich Segel und lief mit dem Wind aus.

Labskaus ist eine sehr alte Methode, mehrere Gerichte auf einmal in einem Topf zu kochen. Ganz unten in den Topf kommen dünn geschnittene Kartoffelscheiben, dann eine Schicht Möhren, Rüben oder anderes Wurzelgemüse, darauf folgt geschnittener Kohl (auf Tory Island auch Löwenzahnblätter), eine Schicht Zwiebelscheiben und obendrauf Fischstücke. Das Ganze wird mit Wasser aufgefüllt, ein oder zwei Maggiwürfel runden die Sache ab, dann wird der Topf kurz zum Kochen gebracht und einige Stunden auf kleiner Flamme gegart, bis der Fisch zerfällt. Ein Druckkochtopf zu drei Vierteln mit Labskaus gefüllt, ergibt ungefähr vier Mahlzeiten. Man braucht nur die jeweiligen Portionen in einer Pfanne aufzubraten. Wenn das Labskaus sich seinem Ende nähert, rühre ich gewöhnlich eine Currysauce an, um den Rest damit aufzupeppen. Dieses Essen ist gut und nahrhaft und macht sehr wenig Arbeit. Man kann es vor dem Auslaufen ansetzen, wenn das Schiff noch ruhig vor Anker liegt. So vermeidet man das Gemantsche beim Essenkochen, während das Schiff in schwerer See, wie sie gewöhnlich an der Nordwestecke Englands zu erwarten ist, herumrollt. Sobald man seine Seebeine wiedergefunden hat, was gewöhnlich einige Tage dauert, kann man einen neuen Vorrat für zwei Tage ansetzen. Ich bewahre den Topf mit dem fertigen Essen in einer zur Isolierung mit Heu ausgepolsterten Kochkiste auf. Sie hält vierundzwanzig Stunden warm, und ich spare kostbares Petroleum.

Labskaus war früher das Standardessen der Liverpooler Ozeansegler, die nach Amerika und in den Fernen Osten fuhren. Deshalb hießen die Seeleute aus Liverpool auch „Scousers“ (Labskausfresser).

Der Törn von Tory Island zu den Hebriden bedeutete 220 rauhe Meilen mit starkem Wind, so daß ich Segel kürzen mußte. Ich riggte die Persenning an der Reling, da das Cockpit nicht selbstlenzend war. Die gesamten drei Tage der Überfahrt steckte ich wegen der Regenböen im Ölzeug. Meins war schwarz, denn in diesen Gewässern bringt Gelb Unglück, und das wollte ich lieber nicht riskieren, obwohl ich nicht besonders abergläubisch bin.

Doch unter den Fischern und Seglern gibt es viel Aberglauben. So wird man nie das Wort „Hase“ an Bord erwähnen und auch nicht auslaufen, wenn man auf dem Weg zum Schiff eines dieser Tiere gesehen hat. Nie einen Priester mitnehmen und gesprächsweise immer von den „Männern in Schwarz“ sprechen! Nie mit einer menstruierenden Frau fahren. Nie am Freitag, dem 13., auslaufen, überhaupt an keinem Freitag, wenn man es vermeiden kann. Nie an Bord eines Segelschiffes pfeifen (denn es wurde vermutet, daß dies den Wind verärgere. Ich hingegen glaube, daß es der übrigen Schiffsbesatzung einfach auf die Nerven ging. Pfeifen wurde einst in der Königlichen Marine mit der Prügelstrafe geahndet, doch das, weil sich 1792 die Planer der Spithead-Meuterei und auch die Meuterer an der Nore durch Pfiffe miteinander verständigt hatten). Ebenso bringt es großes Unglück, ein Ende gegen den Uhrzeigersinn aufzuschießen, oder im Kochtopf falsch herum umzurühren, denn das ist gegen den Lauf der Sonne. Wenn ein Mann in der alten Zeit seine Frau dabei ertappte, falsch umzurühren, durfte er sie auf der Stelle töten, denn man glaubte, sie verhexe seine Reise.

Als das Leuchtfeuer auf Tory in der Abenddämmerung achtern im Meer versank, entdeckten Nelson und ich die Navigationslichter vieler Frachter am nördlichen Horizont. Die nordwestliche Ansteuerung Englands ist eine der befahrensten Schiffahrtsrouten der Welt. Der Handel kommt hier um den Globus herum nach Glasgow und Liverpool. Also mußte ich die ganze Nacht an Deck bleiben, obwohl die Segel so gut getrimmt waren, daß das Schiff sich selber steuerte. Da ich über einen guten Batterievorrat für das Radio verfügte, erlaubte ich mir den Luxus, bis zum Sendeschluß gegen Mitternacht Musik zu hören. Dann schaltete ich auf die Schiffahrtsfrequenz um und hörte Gesprächen zu, die weit fort vor Südisland oder in der norwegischen See geführt wurden.

In der ersten Nacht schnappte sich ein übereifriger Schellfisch eine der beiden Schleppleinen, die achtern aushingen. Ich wälzte ihn in Mehl und briet ihn mir als Mitternachtssouper, eine wahre Wohltat und Abwechslung nach Wind und Regen, dem Stoßen und Schlagen der See.

Am nächsten Morgen drehte ich im ersten Tagesschimmer bei und haute mich für eine Stunde in die Koje. Dann pflügte ich weiter und sichtete vormittags weit voraus über dem Steuerbordbug niedrig und neblig die Felsen von Skerryvore, hinter ihnen wie Afghanen im Hinterhalt die Turbane der grauen Hügelkuppen von Tiree, der Insel, von der die Oberin des Lazaretts in Aden stammte. Tiree und die Nachbarinsel Coll verzeichnen die meisten Sonnenstunden der britischen Inseln, außerdem erinnerte ich mich an die blauen Augen der Oberin. Ich überlegte, ob sie vielleicht gerade zu Hause sei und ich die Inseln anlaufen solle, doch wir hatten schon Juni und der Norden wartete, also steuerte ich weiter nach Barra. Bei Sonnenuntergang sichtete ich das Feuer von Bernerey, der südlichsten Insel der Äußeren Hebriden, und um Mitternacht lag ich ruhig beigedreht im Barra-Kanal und wartete auf das Morgenlicht, damit es mir den Weg nach Casteltown hinein weise. Wieder mußte ich nachts an Deck bleiben, denn der Kanal wimmelte von Fischern und Schiffen. Der Wind war zu einer leichten Brise geworden, der Himmel sternenklar. Ich zündete die helle Petroleum-Gaslampe an, hängte sie außenbords und versuchte mein Glück beim Angeln. Aber die Biester waren zu schlau, und im Morgengrauen war der Eimer immer noch leer. Um sieben Uhr morgens übernahm Nelson die Wache, und ich legte mich für zwei Stunden in die Falle, bis das Tageslicht hell genug zum Einlaufen war. Um elf Uhr lagen wir in einer lieblichen Bucht mit langem, weißem Sandstrand sicher vor Anker.

Der Hafenmeister kam bald in seiner Barkasse heraus, Uniform und alles.

„Woher kommen Sie?"

„Von Falmouth." Ich sah nicht ein, daß ich ihm etwas von Irland sagen sollte.

„Das ist ein langer Weg, Jungchen."

„Ja, gewiß!"

„Nadscha, mein Jung, du hast Glück." Er war ein kräftiger großer Mann, wie er da in seiner blauen Motorbarkasse stand und sich mit seinen großen Schinkenfäusten an meinem Dollbord festhielt.

„Warum?"

„Da ist heute eine Hochzeit, und du bist dazu eingeladen."

„Wann?"

„Sobald du fertig bist. Der harte Stoff ist schon dran."

„Und wo?"

„Da drüben bei der Kirche." Er deutete auf einen grauen Turm oben auf dem Hügel. Er sagte „Church" und nicht „Kirk", denn dies war eine katholische Insel.

„Ich habe aber keinen Anzug."

„Och, Dschung, mach' dir keine Umstände. Komm wie du bist. Wir sind hier nicht in London."

Das waren wir wirklich nicht, wie ich bald herausfand. Die Fiedeln spielten, und die Burschen und Mädel wirbelten dazu in lebhaften schottischen Volkstänzen im Viervierteltakt und in Gigues herum.

Sogar einige moderne Tänze gehörten zum Repertoire der Musikanten. Whisky gab es kistenweise, und Bier floß aus 600-l-Fässern. Ich hatte zwei Anker ausgebracht und Nelson das erste Mal seit dem Auslaufen aus England mit an Land genommen. Er wurde mir zu geil, und auf der Insel gab es einen ganzen Verein von Hündinnen, die ihn schon vom Strand aus angekläfft hatten. Kurzum: wir hatten eine Superzeit! So super, daß ich erst nach einer Woche herausfand, wer eigentlich geheiratet hatte! Ich schlief jede Nacht woanders, und es war wie zu Hause, nur noch viel schöner.

1959 gab es noch keinen Strom auf Barra. Die Bevölkerung – ungefähr zwölfhundert Menschen – verdiente sich ihren Lebensunterhalt mit der Fischerei, dem Ertrag aus kleinen Kartoffeläckern und durch Schafzucht. Die Menschen wohnen in sogenannten „Schwarzhäusern", ungefähr fünfzehn Meter langen und vier Meter schmalen, reetgedeckten Katen. Der niedrige Giebel zeigt wie ein vor Anker liegendes Schiff in die vorherrschende Windrichtung. Die Hütten werden nicht aus Lehm, sondern Natursteinen gebaut und sind dicht mit Moos bewachsen. Die mit ein bis zwei Metern überraschend dicken Wände werden wie auf den irischen Inseln auch von innen weiß gekalkt. Die Schwarzhäuser bestehen aus einem einzigen langen Raum, in dem alles geschieht. Wenn die Familie wächst, wird ein Anbau angefügt, aber nicht wie in Irland ausschließlich nach Osten.

Verbrechen sind auf den Inseln praktisch unbekannt. Oft verläßt der Wirt seine Kneipe, die Kunden aber zahlen trotzdem ihre Zeche in die Kasse!

Ich stand auf den höchsten Klippen, sah über die strahlenden weißen Strände – wahrscheinlich die schönsten des Vereinigten Königreiches – und blickte verzaubert auf die violetten und grünen Flecken großer angespülter Tangfelder und die Moorbäche auf ihrem Mänanderweg zur See. Über mir kreischten Möwen und Sturmvögel den heimkehrenden Fischerbooten ihr Willkomm zu.

Der Hauptstrand der Insel diente als Flughafen, konnte aber nur bei Niedrigwasser benutzt werden. Er ist der einzige mir bekannte, dessen Flugplan vom Stand des Mondes und den Gezeiten diktiert wird. Eine Frau war für ihn verantwortlich, vermutlich die einzige weibliche Flughafendirektorin Europas, wenn nicht der Welt.

Die Äußeren Hebriden sind schon 330 Jahre vor Christi Geburt von

Pytheas beschrieben worden. Agricolas Flotte hatte sie ein Jahrhundert nach Christus angelaufen. Ptolemäus zeichnete sie im zweiten Jahrhundert auf seiner Weltkarte ein (derselben Karte, auf der auch Peru eingetragen ist). Er gab der Insel Skye den Namen *Scitis Insula,* und die größte der Insel der Hebriden, die heutige Insel Lewis, nannte er *Dumma.* Doch vor Ptolemäus hatte Plinius schon dreißig Hebrideninseln aufgelistet. Er benannte sie übrigens fälschlich nach ihrem keltischen Namen *Hebudes,* doch für die Gälen des Altertums waren sie *Tir Nan Og,* „das Land der ewig Jungen".

Columcille erreichte die Hebriden 563 n. Chr., und als er 597 starb, waren nicht nur die Inseln, sondern ganz Schottland dem Christentum gewonnen.

Aber im 8. Jahrhundert wurden die verträumten Inseln grausam durch die Ankunft der Wikinger, die ihre schmalen Langschiffe von den Faröern und Orkneys nach Süden trieben, aus ihrem Frieden gerissen. Letztere nannten die Nordmänner „Nordereys", die Hebriden wurden ein Teil der „Sudereys". So wurden die ältesten Felsen Europas für 300 Jahre ein Teil des Königreichs Norwegen, bis Schottland im Jahre 1263 unter König Alexander III. die Wikinger besiegte. Die Nordmänner auf den Inseln wurden langsam in die schottische Kultur integriert, bewahrten aber dennoch ihre Eigenständigkeit.

Die Kelten hielten sich seit jeher auf den südlichen Inseln. Der Unterschied zwischen den von den Wikingern abstammenden Inselbewohnern der Nordinseln und den Gälen des Südens wurde durch die Reformation im 16. Jahrhundert noch verstärkt. – Der dunkle, schwermütige calvinistische Geist sprach das nordländische Blut an, während die Gälen im Süden wie immer treu dem Glauben und den Geboten aus Rom, dem heiligen Patrick und – vor allem – dem heiligen Columban anhingen. Durch fünf Jahrhunderte nach dem Sieg der Schotten über die Wikinger flammte immer wieder zwischen den Lords der Inseln Krieg auf: den McLeods, den McLeans, den McNeils und MacPhees, bis die Macht der Clans schließlich bei Culloden gebrochen wurde. Die Lords der Inseln wurden Herrscher über leeres Land, denn ihre Untertanen flohen in Scharen wie wilde Gänse vor einem Sturm nach Amerika und Kanada. Die einsamen Inseln verfielen wieder in ihren Schlummer, melancholisch, verlassen und herb.

Die Zeit drängte. Nur noch zwei Monate hatte ich mit einigermaßen passablem Segelwetter vor mir. Ich studierte in der Kajüte die Karten und arbeitete eine Route aus. Ursprünglich hatte ich in Lee der Äußeren Hebriden nach Norden segeln wollen, um den großen Atlantikbrechern auszuweichen, und dann mit Ziel Island zu den Faröern zu gehen, dem alten „Sprungbrett“ der Händler des Altertums. Aber ich hatte eine Woche durchgefeiert und damit verloren. Ich würde also direkt nach Island segeln müssen. Aber vorher war da noch ein winziger Punkt auf der Karte, gut 60 Meilen westlich der Hebriden, ganz allein und einsam im tiefen Atlantik, den ich anlaufen und auf dem ich mich umsehen wollte: St. Kilda.

Im Jahre 1942 fuhr ich auf einem Zerstörer, der zwei norwegische Seeleute von St. Kilda rettete. Sie waren torpediert worden und schiffbrüchig an die Küste dieser einsamen Inseln gewaschen worden, nachdem sie zwei Wochen in einer Rettungsinsel überlebt hatten. Auf der Insel ernährten sie sich mehrere Wochen lang von Vogeleiern. Ich erinnerte mich dunkel daran, vom Deck des Zerstörers ein verlassenes Dorf gesehen zu haben. Aber wir hatten damals keinen Landurlaub bekommen, weil der Kapitän, der U-Bootangriffe befürchtete, so schnell wie möglich wieder hinaus wollte.

Jetzt aber war ich an Bord meines eigenen Schiffes. Jetzt gab es keine U-Boote. Nun konnte ich mich selber umsehen. Ich klarierte in Barra für Reykjavik/Island aus, ging Ankerauf, setzte Groß, Besan und Fock und segelte mit einer guten Wettervorhersage bei einer steifen Brise durch den Barra-Sund zwischen Barra und der lieblichen kleinen Insel Eriskay hindurch, die wie ein grünes Gewand über die blauen Wasser geworfen dalag. Eriskay, wo 1745 Prinz Charles Edward Stuart, „Bonnie Prince Charlie“, mit gallischem Gold von Frankreich landete, um die Clans zu vereinen und zur Rebellion gegen das Haus Hannover aufzurufen. Einer Rebellion, die später auf den blutigen Schlachtfeldern Cullodens zerschlagen wurde. Seit damals beweinen die Dudelsäcke die Niederlage der Clans.

Eriskay, wo 1941 der Dampfer POLITICIAN, von deutschen Torpedos schwer beschädigt, an Land trieb mit 20000 Kisten Whisky an Bord. Sobald er in den Felsen war, verbreitete sich die Nachricht schneller über die Inseln, als 1745 die feurigen Kreuze für die Rebellion entzündet wurden! Drei Tage später war nicht eine einzige Kiste Alkohol mehr an Bord der zerschlagenen POLITICIAN.

Eriskay, wo das gälische Liebeslied geboren wurde! Ich schickte mich für zwei Tage und Nächte in einen Kurs hart am Wind, um die drei kleinen Punkte St. Kildas im ungeheuren, unendlichen, grenzenlos rollenden Oezan zu finden.

Der Segeltörn nach St. Kilda war rauh. Das konnte auch gar nicht anders sein, denn die See baut sich hier nach dem weiten Atlantik auf dem Kontinentalschelf auf, zudem segelte CRESSWELL einen Kurs von nur 50° vom Wind. Aber ich hatte mich in Barra gut ausgeruht und fühlte mich bärenstark. Tage mit einsamer See und Nächte unter gestirntem Himmel mit dem leise klagenden Westwind in Spieren und Wanten vergingen. Der Sommerhimmel war tagsüber klar genug für gute Standlinien mit dem Sextanten, und am dritten Morgen erspähte ich das mächtige, gekenterte Kliff von Boreray, dem einsamsten und entferntesten Teil der britischen Inseln, direkt voraus. Ich drehte bei, frühstückte und schlief eine Stunde, dann segelte ich in die Village Bay, an der das Dorf gestanden hatte.

Als CRESSWELL zum Scheitel der Bucht segelte, nahm ich das Großsegel herunter. Das Gaffelfall rutschte mir dabei aus der Hand, und der schwere, vier Meter lange Baum polterte mit einem Knall aufs Deck. Plötzlich flatterten eine Million, *Millionen* von Vögeln von den Klippen auf, die über vierhundert Meter steil aus dem Ozean aufragen, und verdunkelten den Mittagshimmel. Es waren so viele Seevögel aller Art, daß sie den Tag zur Nacht machten, und sie kreischten so laut, daß ich es heute noch höre. Nie wieder habe ich etwas Derartiges erlebt. Dieses Aufsteigen des Lebens von den weißen Klippen von Dun und Boreray wirkte auf mich so gewalttätig, daß ich wahrhaftig befürchtete, sie könnten das Schiff angreifen. Sogar Nelson versteckte sich unter dem Kajüttisch.

Ich warf den Anker und blickte mich um. Die Granitklippen waren schneeweiß vom Vogelmist. Eine ungeheure Traurigkeit umgab diesen Ort, verstärkt durch das Kreischen der kreisenden Vögel. Diese Trostlosigkeit war so intensiv, daß ich meinte, sie mit der Hand greifen zu können. Über mir verdunkelte sich der Himmel mit Regenwolken, die niedrig über die einsamen Gipfel der grauen Hauptinsel Hirta strichen. Der Himmel selbst schien zu weinen, als die ersten Regentropfen aufs Deck pladderten. Dann, als die Vögel wieder zu ihren Nistplätzen hinunterstießen, war alles still wie zuvor, bis auf das Klagen des Windes, der durch das Tal über die Ruinen des Dorfes hinunterwehte, das einmal, vor nicht so langer Zeit, das Weinen der Mütter und Kinderlachen gekannt hatte. Trotz meiner Müdigkeit blieb ich eine Stunde an Deck und nahm den melancholischen Anblick in mich auf. Danach kletterte ich fröstelnd hinunter, schubste Nelson mit dem Fuß aus der gemütlichen, warmen Kajüte hinaus nach draußen und legte mich hin, bis der Regen aufhörte. Ich fiel in die Dunkelheit des Schlafes, während ich noch versuchte, das Tappen von Nelsons Pfoten über mir von den trommelnden Regentropfen zu unterscheiden.

Ich wachte gegen zwei Uhr nachmittags auf. Es regnete nicht mehr. Ich aß schnell etwas Labskaus und bereitete mich dann auf den Landgang vor. Ich nahm ein Seil, eine Axt und mein Messer mit. Außerdem Nelson, denn ich hatte einige Schafe entdeckt, die wie Ziegen in den steilen Felsen herumkletterten.

Wir sahen uns in dem alten Dorf um. Hier hatten seit der Eisenzeit bis 1930 Menschen gelebt. Ihr Leben war unvorstellbar hart. Sie konnten nicht von Booten aus fischen, weil es auf den Inseln kein Holz zum Bootsbau gibt. Deshalb angelten sie von den Felsen aus, an die die großen Atlantikseen stürmen und spülen, gegen dieses verlorene Fleckchen Land unter dem grauen Himmel. Sie ernährten sich hauptsächlich von Vogelfleisch und Vogeleiern. Ihre Kleidung stellten sie aus Vogelhäuten und Federn her. Dann wurden Schafe importiert, die sie rupften, nicht scherten. Eine Zeitlang wurde das Leben auf den Inseln erträglicher.

Durch die Jahrhunderte hindurch hatten immer nur wenige Familien dort gelebt. Die einzigen Besucher von Mitte des 18. Jahrhunderts an waren verirrte Frachter, die sich hier ausruhten, und zweimal jährlich das Versorgungsschiff vom Festland. 1912 wütete eine Grippeepidemie unter den Einwohnern. Die Menschen waren konvertierte Calvinisten. Ich kann mir nur schwer vorstellen, was die strenge, düstere Religion zusammen mit den Folgen jahrhundertelanger Inzucht für eine Wirkung auf diese einfachen Menschen hatte. 1930 schließlich entschloß sich die Regierung auf massiven öffentlichen Druck hin, die Inseln zu evakuieren.

Alle 36 überlebenden Bewohner (noch 1850 hatte die Bevölkerung 110 Menschen betragen) wurden nach Ardtornish in Argyll gebracht. Und was glauben Sie, was die britische Regierung mit diesen Leuten machte, die noch nie zuvor einen Baum gesehen hatten? Sie mußten für die königliche Forstwirtschaft arbeiten! Natürlich waren sie dafür völlig ungeeignet, und mit der Zeit drifteten sie alle in den Untergrund der Glasgower Slums ab. *Sic transit miseria!*

Ich sah mich in den alten Katen um. Alle Reetdächer waren fortgeweht. Innen wuchs Hartgras. Doch die Anwesenheit der Seelen war so stark, daß sie fast Gestalt annahmen. Ich ging in das alte Pfarrhaus, das größte Haus der Insel, dessen Zinkdach im Winde klapperte, und fand einige Bände der Encyclopedia Britannica von 1840! Der Eßtisch war zusammengebrochen, die leeren Fensterrahmen schwangen im Wind. Den Ort umgab eine Stimmung völliger Hoffnungslosigkeit, „une tristesse absolue", wie die Franzosen sagen. Ich verstand nicht, warum ich davon so angegriffen wurde. Ich hatte schon viele Ruinen besichtigt: das Kolosseum, die verstreuten Ruinenstädte der Südtürkei, und alte, verlassene Schlösser in Spanien. Kein Gedanke an Traurigkeit war damals in mir aufgekommen. Ich war neugierig und interessiert gewesen, sogar stolz darauf, daß die Menschheit solche Werke hinterläßt. Als ich ein scheues Schaf mit der Axt über den Kopf schlug und es über einem Feuer röstete, das ich mit einem Bücherregal des Pfarrhauses speiste, grübelte und grübelte ich darüber nach. Dann ging mir der Grund für meine Schwermut in diesem tränenvollen, einsamen Ort auf: dies waren Überreste und Ruinen von Menschen *unserer Zeit, unseres Zeitalters.* Genauso würde die Welt nach einem Atomkrieg aussehen!

Menschen, die hier gelebt hatten, waren noch am Leben. Sie hatten hier gelitten, gespielt, geweint und gesungen, *während ich schon existierte.* Nun war alles vorüber. Fertig. Tot. Hier gab es keine stolzen Errungenschaften. Hier war die Menschheit besiegt worden, trotz eines langen, harten, bitteren Kampfes. Hier war Öde, das Gefühl unsäglicher Niedergeschlagenheit. Die Schatten um mich herum lebten in tiefster Düsternis.

Ich sah mir die zusammengestürzten Trümmer der drei Kirchen an, gewidmet Christus, Brendan, dem Reisenden, und Columban, dann machte ich mich auf den Weg zurück an Bord. Nelson war froh darüber, denn er hatte sich im Dorf gefürchtet.

Als ich in die Meeresdämmerung hineinsegelte (denn ich wollte nicht unbedingt noch eine Nacht an diesem Ort verbringen), fragte ich mich, wie Menschen der Eisenzeit diese fernen Felsen überhaupt erreichen konnten. Als der pro-englische General Campbell während der Verfolgung Bonnie Prince Charlies nach dessen Niederlage in der schottischen Rebellion von 1745 hier landete, hatten die Anwohner noch nicht einmal gehört, daß es Krieg gegeben hatte. Noch eins: Warum lagen so viele Vogelschnäbel in den Cottages auf der Erde? Diese Frage tüftelte ich während der Überfahrt nach Island aus: die armen Leute hatten die Vogelschnäbel an Stelle hölzerner Pflöcke benutzt, um das Schilf auf den Dächern festzunageln!

Trotzdem umgab diesen Ort, nach einem Heiligen benannt, der nicht einmal im christlichen Kalender erwähnt wird, etwas Faszinierendes, Geheimnisvolles, aber gleichzeitig Hoffnungsvolles. Denn schließlich kann man nicht anders, als den reinen Mut der Menschen zu bewundern, die über so viele Jahrhunderte hinweg diesen öden Felsen ihren Lebensunterhalt abgerungen hatten.

St. Kilda ist seit 1977 britisches Vogelschutzgebiet. Auf der Hauptinsel Hirta steht eine Raketenbasis. Man hat mir erzählt, daß es heute sogar noch mehr Vögel dort gibt!

Während ich von St. Kilda, den herzzerreißenden Inseln, mit einer so leichten Brise fortsegelte, daß die CRESSWELL in der Dünung von Westen kaum vorwärtskam, beobachtete ich den Monduntergang hinter den überwältigenden Felsen der fremdartigen Insel Boreray.

Die ganze Insel ist auf eine Seite gestürzt. Klippen, fünfhundert Meter hoch, gespenstisch weiß im Mondlicht, Millionen von Raubmöwen und Lummen an die Felsflanken gekrallt, so viele, daß der schwarze Granit aussieht wie ein Geisterland, das sich aufschwingt aus dem dunklen, nachtglänzenden, rollenden Meer hoch in die Wolken.

Bald waren die Schattenfelsen achtern hinter den Horizont gefallen. Wir waren allein mit der Nacht, am Ende der Welt, nur das Rascheln des Windes im Rigg sowie das Plätschern und Gurgeln der Bugwelle. Das Schiff tauchte in das Dunkel aus schwarzem Silber, in dem der Mond im Westen versank, bis das erste Spinnengewebe fahler Morgendämmerung niedrig am östlichen Horizont zuckte. Vor dem Beidrehen suchte ich den Horizont ab. Dort lag St. Kilda, ein Fleck nur, wenig dunkler als das übrige Grau – St. Kilda, die Insel der Toten. Ich starrte lang hinüber, bis ich hungrig und müde unter Deck kletterte. Es war das letzte Stück England, das ich für die nächsten drei Jahre sah.

TEIL III

Vici

ich siegte

11

Rauhe Überfahrt

Die ersten zwei Tage von St. Kilda nach Island kam der Wind aus Südwest, und ich segelte mit raum-achterlichem Wind, der optimalen und schnellsten Windrichtung für eine Segelyacht. CRESSWELL strebte tanzend nach Nordwesten. Dunkle Wolkenschatten huschten über das rauhe Antlitz des Ozeans und wechselten ab mit hellen Sonnenflecken, in denen wir häufig die Atemfontänen der großen Blau- und Spermwale sichteten. Oft wurden wir auch von Delphinen begleitet, die mit ungeheurer Geschwindigkeit an den Schiffsflanken entlangschossen und sich von den Wellenkämmen hoch in die Luft schnellten. Manchmal begleiteten sie uns viele Stunden lang, flitzten mit einer Bewegung ihrer mächtigen Schwanzflossen davon und trieben dann wieder längsseits mit sparsamen, scheinbar mühelosen Schwimmbewegungen, hielten aber dennoch gut mit uns Schritt, und wir machten immerhin fünf Knoten.

Unter Deck hörte ich die Ankunft der Delphine schon eine Meile im Voraus, denn ihre Unterhaltungen und Pfiffe wurden durch das Wasser und den Schiffsrumpf übertragen.

Nelson führte sich den Delphinen gegenüber auf, als wären sie Kinder. Er balancierte auf dem Bugspriet, sprang kläffend herum und beobachtete jede ihrer spielerischen Bewegungen und Sprünge. Er hüpfte aufgeregt hoch, wenn die Mütter ihre Jungen verspielt gegen die Bordwand schubsten und stupsten.

Am dritten Tag gab die BBC den folgenden Wetterbericht durch: „Seegebiete Rockall, Malin, Island: stürmische Winde, zu Sturmstärke anwachsend.“ Ich war nicht überrascht. In der vorigen Nacht hatte ich schon den Funkspruch eines Trawlers an ein Wetterschiff, das tapfer und entsagungsvoll in den Weiten des Ozeans Wache hielt, aufgefangen. Er gab durch, daß sich das Wetter ernsthaft verschlechtere. Und wirklich war der Himmel im Westen in der Abenddämmerung auf ungefähr 60° Nord, 14° West pechschwarz von zerfetzten Cumuluswolken, über mir zerrissene Streifen von Cirrostratuswolken, die berüchtigten Vorboten eines Sturms. Im Osten ging der Mond blutrot in einem Purpurhimmel auf. Ich hievte mich auf das rollende Vorschiff und barg das Stagsegel. Nachdem das Schiff in den Wind gedreht hatte, fierte ich Piekfall und Klaufall und band zwei Reffs ins Großsegel.

Nur eine halbe Stunde nach diesen Vorbereitungen schlug der Sturm auf uns ein, und wir waren bald in einer wütenden See. CRESSWELL konnte sich immer noch ungefähr Nord zu Nordwest steuern, also laschte ich das Ruder fest und überließ sie sich selbst. Die ganze Nacht war ich damit beschäftigt, das Schiff zu lenzen, denn trotz der Seepersenning kam viel Wasser über, so daß ich im Cockpit oft knietief im eiskalten Wasser stand.

Das Cockpit der CRESSWELL war im Gegensatz zu den meisten modernen Hochseeyachten nicht selbstlenzend, und welche Vorsichtsmaßnahmen auch immer ich gegen einsteigende Seen unternahm, bei Schlechtwetter kam in überraschend kurzer Zeit sehr viel Wasser über. Der Grund lag im geringen Freibord des Rumpfes mit seinen fast flachen Bilgen. Anders als bei heutigen Yachten hatte das überkommende Wasser kaum Platz, sich zu verlaufen. Wenn eine Tonne Salzwasser überkam, bedeutete das 15 Zentimeter Ozean, der durch das ganze Schiff schwappte. Also hieß es lenzen, energisch und oft. Doch ich hatte eine gute alte Pumpe der Seenotrettungsgesellschaft, ein großes Messingungetüm, das bei jedem Schlag 2 Liter ausspuckte und bald mit dem Wasser fertig wurde. Trotzdem war es Schwerstarbeit in eisiger Nässe. Ich blieb im Cockpit, fast unbeweglich unter zwei Pullovern, zwei Paar gefütterter langer Unterhosen, Socken, Gummistiefeln, die bis zur Hüfte reichten, Ölhose, Ölmantel, Südwester und einem Handtuch um den Hals, mit einem dicken Tampen und einem Pahlstek an der Kompaßsäule festgelascht. Trotzdem fand der kalte Gischt ständig seinen Weg unter das Ölzeug. Den ganzen Sturm hindurch, der drei Tage dauerte, verbrachte ich naß und unbehaglich mit Lenzen, der Arbeit an den Schoten, Ruderkorrekturen, manchmal schlang ich etwas

Eßbares hinunter, wenn sich die Gelegenheit dazu bot, was nicht oft der Fall war.

Wegen der gerefften Segel und der anwachsenden Wellen, die der Wind von Westen herantrieb, kamen wir viel langsamer voran. Mit Segeln machte CRESSWELL nie mehr als 2,5 Knoten, ungefähr Fußgängertempo. Und das meiste davon auch noch zur Seite, nach Lee, weil sie keinen großen, tiefen Kiel hatte.

Diese Unfähigkeit, am Wind zu segeln, hatte ich akzeptiert. Ich wollte ins Eis, und das wäre mit einem tiefen Kiel fast ausgeschlossen, denn er würde zwischen den Eisschollen zerquetscht werden. Doch mit einem gerundeten Rumpf und keinem äußeren Kiel bestand die Möglichkeit, daß sie durch den Eisdruck hochgeschoben würde, so wie man einen Apfelkern zwischen Daumen und Zeigefinger hochquetscht.

Die Arbeit eines kleinen Schiffs bei Sturm ist ein Wunder. Jedes einzelne Teil von Rumpf und Rigg bewegt sich auf seine Weise, ungefähr alle drei Sekunden ziehen und stoßen enorme Kräfte an ihm. Der Druck, der auf die Masten und das laufende Gut ausgeübt wird, ist ungeheuer, und bis man nicht völlig vertraut ist mit jedem kleinen Teil des Schiffs, bis man nicht genau die Stärke jedes Blocks, jedes Drahts, jedes Falls kennt, wartet man die ganze Zeit darauf, daß etwas geschieht. Und wenn bei Sturm etwas auf einer Segelyacht bricht, wo alles wie eine Violinsaite angespannt ist, bricht auch noch etwas anderes, und dann das nächste und so weiter. Die Angst davor, daß etwas den Geist aufgeben könnte, ist wahrscheinlich die größte Sorge und vermutlich die Hauptursache für menschliche Erschöpfung, sogar mehr noch als Schlafmangel oder harte körperliche Anspannung. Das und auch Nahrungsmangel wegen der Unmöglichkeit zu kochen. Ich glaube, daß so manches Schiff verlorenging wegen Erschöpfung, sowohl geistiger, hervorgerufen durch Angst und Sorge, als auch physischer wegen fehlender Nahrung.

Die Antwort hierauf ist natürlich, immer so gut wie möglich ausgerüstet zu sein, Rumpf und Rigg, Segel und Ausrüstung tadellos zu unterhalten, und immer Proviant an Bord zu haben, der auch ungekocht gegessen werden kann. Sogar Schokolade oder Corned beef sind hierfür geeignet. Essen schmeckt warm zweifellos besser, doch wenn es darauf ankommt, den Körper wieder aufzutanken, ist das einzige, was zählt, Protein hineinzubekommen.

Der Sturm südlich von Island dauerte drei Tage und Nächte. Naß, kalt und müde beobachtete ich, wie der Himmel im Westen aufklarte, futterte eine Portion Burgoo, gab auch etwas für Nelson aus und haute mich in die Falle, während das Schiff sich noch immer im abflauenden Wind mit gerefften Segeln steuerte.

Ich wachte kurz vor Mittag auf, deshalb drehte ich bei und griff mir den Sextanten für eine Mittagsbreite. Wir waren in drei Tagen nur 70 Meilen fast genau nach Norden vorwärtsgekommen. Als der Wind zu einer annehmbaren steifen Brise von 20 Knoten abflaute, drehte er zurück nach Süden. Ich bereitete alles zum Ausreffen vor, um das Schiff wieder auf raum-achterlichen Kurs, diesmal nach West-Nordwest zu bringen, um genügend Seeraum zwischen mich und die Südküste Islands zu bekommen, die zu diesem Zeitpunkt ungefähr 300 Meilen entfernt im Norden lag.

Ich kletterte aufs Deck zum Großmast, fierte das Piekfall, stellte mich mit dem Fuß darauf und machte das Klaufall los. Plötzlich gab es oben ein lautes Krachen. Ich riß den Kopf hoch, um zu sehen, was los war – und dann wurde alles schwarz um mich herum!

Als ich wieder zu mir kam und mühsam versuchte, die Augen zu öffnen, sah ich Blut – überall Blut, auf dem Seitendeck, an der Seite des Kajütenaufbaus. Mein Kopf dröhnte, jede Bewegung verstärkte den Schmerz. Dann merkte ich entsetzt, daß ich nur durch *ein Auge* sah! Auf dem anderen war nur schwarze Leere. Blut tropfte auf das Ölzeug. Zum ersten und einzigen Mal in meinem Seemannsleben spuckte und würgte ich mir die Seele aus dem Leib. Nelson war voller Blut und Kotze, hielt aber eisern mein Hosenbein fest. Seine Zähne hatten selbst das zähe Ölzeug durchgebissen. Nur ihm hatte ich es zu verdanken, daß ich nicht außenbords gerutscht war. Er hatte mir das Leben gerettet.

Langsam kam ich, an die Reling geklammert, zu mir, auf dem stampfenden Deck, über das noch immer grüne Brecher spülten und gegen die Schiffsflanken polterten. Das Schiff rollte und schaukelte, ruckte und stieß wie verrückt.

Durch mein gutes Auge sah ich, daß der Klaustropp, ein schweres Metallkabel, das oben um den Mast geschlungen war und auf schweren Holzblöcken ruhte, die durch den Mast gebolzt sind, gebrochen war, als ich das Klaufall gefiert hatte, um das Großsegel zu setzen. Die ständige Belastung, das ewige Reiben und Scheuern hatte die Ummantelung um den Stropp des Klaublocks durchgescheuert, bis schließlich einige Kardeele des Drahts gerissen waren. Der Block des Piekfalls, der bisher von demselben Stropp gehalten worden war, war losgeschnellt, und die vier Meter lange Spiere mit dem schweren Eisenbeschlag war heruntergekracht und hatte mich quer über dem rechten Auge erwischt. Behutsam tastete ich Stirn und Augenhöhle ab. Mein Auge – es hing draußen! Da baumelte ein großes, rundes Ding unterhalb der Augenbraue auf meine Wange hinunter!

Entsetzt nahm ich es, öffnete das Lid mit der anderen Hand und stopfte es wieder hinein. Das Salz von meinen Händen brannte wie Feuer in der Augenhöhle. Zum ersten Mal seit vielen Jahren hätte ich fast geweint. Nelson hing immer noch an meinem Hosenbein, winselte und sah mich mit *seinem* einen Auge mitleidig an.

Langsam tastete ich mich in die Kajüte hinunter, wo ein kleiner Spiegel in die eine Seite des Kajütenaufbaus eingelassen war. Mein Gesicht war ein blutiges Durcheinander. Die rechte Augenbraue klaffte in einem breiten Spalt, in dem das Blut zu gerinnen begann. Die Lider darunter schwollen an. Ich schob sie auseinander und sah ein blutrotes Auge. Ich versuchte, es zu bewegen, und zu meiner ungeheuren Erleichterung gelang es mir. Außerdem konnte ich damit einen hellen Schimmer erkennen.

Ich war nicht blind geworden!

Der Erste-Hilfe-Kasten war im Vorschiff beim Segelnähzeug. Ich schwankte durch die stampfende Kajüte nach vorn, hielt mich dabei am Tisch fest und griff die Blechkiste mit der Erste-Hilfe-Ausrüstung und den blauen Beutel mit dem Nähzeug. Zurück im Niedergang tappte ich nach einem Streichholz und machte Feuer im Herd, um Wasser zu erwärmen. Darin kochte ich die kleinste Nähnadel und die dünnste Angelschnur, einen Hauch von Köderleine, mit der man Sprotten angelt, aus. Anschließend schnitt ich mit meinem Bordmesser, das immer scharf wie ein Rasiermesser ist, die Wunde auf, preßte beide Seiten zusammen und nähte drei große Stiche quer darüber. Das Ende der Schnur verknotete ich mit einem Rundtörn und zwei halben Schlägen. Während dieser Operation mußte ich mich dreimal übergeben, bis der Magen nichts mehr hochwürgen konnte.

Immer noch voller Blut und erbrochenem Burgoo setzte ich mich hin und kochte mir zittrig Kakao, während Nelson sich auf der gegenüberliegenden Koje ausstreckte und mich ansah, als wolle er sagen: „Du dummes Schwein, warum hast du das gemacht?"

Als der Kakao fertig war, legte ich mich im heftig bockenden Schiff hin, um mich zu erholen. Nach einer Stunde stand ich mit immer noch heftig schmerzendem Kopf auf und brauchte den ganzen Nachmittag, um Blut und Kotze aufzuwischen.

Am nächsten Morgen zog ich mich selber mit der Dirk vorsichtig den Mast hoch, befestigte den Stropp wieder um den Mast (ein harter, kalter, windiger Job), sicherte die Blöcke, rutschte hinunter aufs Deck, zog das Großsegel hoch, und wir waren wieder unterwegs. Alles in allem brauchte ich hierfür zehn Stunden in einer stoßenden, stampfenden See mit zweieinhalb Meter hohen Wellen, dabei an einem wild schwankenden Mast hängend, und auf einem Auge blind.

Für den Rest der Reise nach Reykjavik blieb das Wetter ziemlich beständig mit Wind um 20 bis 25 Knoten. Am zehnten Tag nach dem Verlassen St. Kildas sichtete ich durch mein gutes Auge Rekjavesta, die Südwestecke Islands, durch einen nebligen Dunst niedriger Wolken, die über den Skagi wehten. Ich ließ viel Seeraum zwischen CRESSWELL und der langen, felsigen, gefährlichen Küste der Reykjavik-Halbinsel. Dann drehte ich für die Nacht bei, um am nächsten Tag in den Hafen zu laufen. Er lag nur 35 Meilen entfernt an der Südostseite der Faxaflói, deshalb war ich nicht in Eile. Es hatte keinen Sinn, nachts einzulaufen, denn bei dem guten Wetter würde die Bucht voller Fischerboote sein.

Ich verband meinen Kopf neu. Zum Glück tat das Auge nicht mehr ganz so weh. Abgesehen von Blutflecken an Deck und einigen Dellen und Kratzern, an der Stelle, an der der Gaffelbaum runtergekommen war, war das Schiff in gutem Zustand. Allerdings war Salzwasser in den Treibstofftank gekommen, so daß die Maschine nicht funktionierte. Mir war nicht danach zumute, den Tank auszusaugen, was sogar im Hafen eine häßliche Arbeit ist, auf See aber zum Kotzen, weil ich bestimmt einen Liter Diesel dabei schlucken würde. Diese Arbeit ließ ich mir für den Hafen, da außerdem der Wetterbericht für den nächsten Morgen eine gute Brise versprach, die mich geradewegs hineinwehen würde.

Die Sonne ging um vier Uhr morgens auf. Nach dem Frühstück setzte ich Segel und machte mich auf den Weg in die weite Bucht, am Hafen Keflavik mit seinen emsigen Fischerbooten vorbei, nach Reykjavik.

Mit der Quarantäneflagge am Großmast wartete ich darauf, vom Zoll einklariert zu werden.

„Hallo, Engländer!"

„Guten Tag."

„Woher kommst du?"

„Schottland, Barra."

„Gute Reise?"

„Einigermaßen."

„Was passiert dein Kopf?" Der Zöllner, ein lustig aussehender Bursche um die fünfundfünfzig mit einem roten Gesicht, zeigte auf meinen blutgetränkten Verband.

„Oh, ich zieh' mich immer so an!"

Er lachte: „Sag, was passiert?"

Ich erzählte es.

„Du gehen zum Krankenhaus. Umsonst für Seeleute. Gehen zu Dr. Jorgensson. Er bringt in Ordnung. Dann kommen zu mein Haus, wir trinken etwas Schnaps, ja?" Er boxte mich spielerisch in die Schulter.

„In Ordnung, Kumpel, du hast das Kommando!"

Ich hätte ja gern gegrinst, doch es tat noch zu weh, das Gesicht zu verziehen.

Im Seemannslazarett erklärte Dr. Jorgensson, daß ich gute Arbeit beim Zusammenflicken des Auges geleistet hätte. Er selber hätte es auch nicht besser gekonnt. Aber ich glaube, er versuchte nur, mich aufzumuntern. Es blieb eine breite Narbe davon zurück, die mich bis heute daran erinnert, immer ein wachsames Auge auf die Blöcke zu haben.

„Ruhen Sie sich hier aus, erholen Sie sich für eine Woche", riet er mir, „und denken Sie daran: keinen Alkohol!"

„Natürlich nicht, Sir."

Ich stieg zum Haus des Zöllners Alpi hinauf. Dort wartete das Essen, auch für Nelson, auf uns, von Alpis üppiger, schöner, fröhlicher Frau bereitet. Anschließend soffen Alpi und ich solange, bis wir auf dem Wohnzimmerboden des warmen Holzhauses mit Blick über die Bucht einpennten, derselben Bucht, in die Floki mit seinen Opferraben vor so langer Zeit gesegelt kam.

Der Schnaps tat Wunder für mein Auge. Nach wenigen Tagen konnte ich so gut wie vorher damit sehen, mit einer Ausnahme: wenn ich zu den

Stropps im Rigg hochblickte, sah ich sogar noch hundertmal besser als vorher.

Wir hatten inzwischen Mitte Juni, die Tage waren lang: Die Sonne ging erst um halb elf Uhr nachts unter. Ich entschloß mich, von Reykjavik loszusegeln. Das Auge war wieder in Ordnung, und ich wollte versuchen, nach Grönland zu kommen und von da aus bis zum 80. Breitengrad Nord vorzustoßen. Es war schon zu spät, um nach Spitzbergen zu segeln, wenn ich nicht dort überwintern wollte. Da war es schon besser, in diesem Jahr die Küste von Grönland entlangzugehen und nach Island zurückzukommen, falls die Bedingungen zum Überwintern in Grönland zu hart waren. In Island konnte ich den Winter an der Nordküste abwarten und dort das Schiff im Frühjahr 1960 auf den Vorstoß in die Arktis vorbereiten. Es war wichtig, so früh wie möglich im Sommer an die Packeisgrenze zu kommen, so daß man vierundzwanzig Stunden lang Licht hatte und Sonnenstandsbestimmungen machen konnte. Mit einer Nordströmung wollte ich dann den Winter über im Packeis so weit wie möglich nach Norden driften – ich hoffte, Nansens Rekord von 84° N zu brechen – und dann im Frühjahr 1961 wieder aus dem Eis herauszukommen.

Ich brauchte dazu ein funktionsfähiges Schiff und einen Mindestvorrat an Proviant und Ausrüstung für zwei Jahre. Island war der Ort, an dem ich mich darauf vorbereiten konnte, die Arktis anzugehen!

12

Einhand um Island

Eines Abends, als wir in Alpis Wohnzimmer Leberwurst- und Marmeladenbrote aßen, fragte Frau Alpi mich:

„Was hast du nun vor, Tristan?“

„Nun, mein Schatz, das Auge ist zwar schon viel besser, aber es ist immer noch ein wenig zu früh, um zum Scoresby Sund in Grönland zu segeln. Es wird dort noch zu viele Eisberge und Packeis geben. Ich hätte schon Lust, mal um die Insel zu segeln, statt hier rumzusitzen und zu warten.“

„Welche Insel?“ fragte sie.

„Island“, antwortete ich.

Alpi horchte auf. „Allein?“ fragte er in Griegs Klavierkonzert vom Plattenspieler hinein.

„Ich werde natürlich Nelson mitnehmen. Er ist sehr brauchbar, ist ein guter Ausguck, wenn ich beidrehe, und bei Nebel ist er einfach Klasse!“

„Mein Gott, aber weißt du nicht, wie weit das ist? Über tausend Meilen! Wenn du aber Gegenwind hast, ist es das Doppelte.“

„Ja, ich weiß, aber die Maury-Windkarten verzeichnen eine ziemlich regelmäßige Winddrehung für Ende Juni, und mit dieser südwestlichen Brise komme ich leicht zum Nordostkap am Thistilfjord. Dann warte ich, bis der Wind von Südwest nach Norden dreht, schlüpfe um die Ostküste und werde den ganzen Rückweg hierher eine herrliche ruhige See im Süden der Insel haben.“

Ich versuchte, beiläufig darüber zu sprechen, als handle es sich um einen Wochenendausflug zur Isle of Wight.

„Aber mal angenommen, der Wind dreht nicht nach Norden. Dann könnte es passieren, daß du dort einen Monat des kurzen Grönlandsommers warten mußt, und der geht doch nur bis Ende August." Er faltete eine Islandkarte auseinander.

„Hier", sagte ich und zeigte auf die Insel Grimsey, die ganz allein 30 Meilen vor der Nordküste im Atlantik sitzt. „Hier werde ich warten. Wenn der Wind bis Ende Juni nicht gedreht hat, laufe ich von Grimsey direkt nach Nordwesten zum Scoresby-Sund."

Alpi runzelte die Stirn. „Hm, und wie steht es mit deinem Visum für Grönland? Wie du weißt, ist die dänische Regierung sehr eigen damit, wer ihre Kolonie besucht. Manchmal dauert es Wochen, ehe die Visen in Kopenhagen bewilligt werden."

„Scheiß auf die dänische Regierung!" sagte ich und erinnerte mich an Keanan, den Postmeister. „Angenommen, ich klariere in Reykjavik aus für Jan Mayen, und der Wind bläst mich statt dessen in den Scoresby-Sund. Was können sie schon dagegen machen? Wenn sie unverschämt werden, werde ich *force majeure* geltend machen, und dann können sie mir die Einreise nicht verweigern. In diesen Breiten kann man mich auch schlecht aus dem Hafen jagen, ehe nicht das Wetter und ich fertig zum Auslaufen sind, oder?"

„Verrückter Hundesohn von Walisa. Sag keinem, daß ich das gehört habe!"

„Dem Reinen ist alles rein, Alpi!"

„Na ja, wie wär's mit noch 'nem Brot." Und er schob mir das Tablett rüber.

Die beiden folgenden Tage bereitete ich das Schiff für eine schnelle Umseglung Islands und auf das veranschlagte Arktisjahr vor. Dorthin würde ich segeln, wenn der Wind sich nicht planmäßig drehte. Ich bunkerte zusätzlich 120 Liter Diesel, 40 Liter Petroleum, speziell frostbeständiges Schmieröl und Antifrostmittel, dazu eine vollständige Kleiderausrüstung für die Arktis. Alpi stellte mich einem seiner Freunde vor, der im vergangenen Jahr von der Arbeit mit einer Schweizer geophysikalischen Gesellschaft in Grönland zurückgekommen war. Jokki hatte einen vollständigen Eskimoanzug, der hauptsächlich aus Rentierfell besteht, mitgebracht.

Der gesamte Anzug mit Stiefeln, Strümpfen, Unterhemd, Unterhose, Handschuhen, Hose und Jacke wog nur etwa zehn Pfund! Nur die

Socken waren nicht aus Rentierfell, sondern aus angerauhter Wolle. Das Unterzug war aus den Häuten von Renkälbern genäht und am Körper wärmer, weicher und angenehmer als die feinste Angorawolle oder irgendein anderes, von Menschenhand gefertigtes Material. Die Stiefel waren aus gegerbtem jungen Seehundfell. Jokki steuerte außerdem noch einen Schlafsack mit Schaffellfutter bei, wie er in der Arktis gebraucht wird.

„Und denk daran“, warnte er mich, „du mußt nackt darin schlafen, sonst bekommst du Erfrierungen, falls dein Schweiß darin gefriert.“

Er verkaufte mir alles für nur 20 Pfund – eine wirkliche Gelegenheit.

Mit einer günstigen Wettervorhersage über anhaltende südwestliche Winde motorte ich aus Reykjavik. Die Maschine arbeitete wieder gut, da ich die Treibstoffleitungen vom Seewasser gereinigt hatte, auch Rigg, stehendes und laufendes Gut hatte ich doppelt überprüft.

Der erste Hüpfer von 120 Meilen ging zum tiefen Einschnitt des Arnarfjords in der nordwestlichen Halbinsel. Es war ein gleichmäßiger, doch rauher Trip über die weiten Mündungen von Faxafloi und Breidafjord. Auf diesem Törn gab es für mich keinen Schlaf, denn es war viel Verkehr an der Küste, ein ständiges Kommen und Gehen von großen und kleinen Fischerbooten. Als ich in den Arnarfjord einlief, war ich, wie immer nach einigen Hafentagen, sehr müde. Ich segelte im Wasser des Fjords zwischen steilen, hohen Bergen hindurch bis zu den Eisfällen, mit denen das mächtige Massiv des Glama zur See hinunterreicht.

Ich lenkte Cresswell noch ein wenig dichter an den Strand am Ende des Fjords heran und warf den Anker. Das erste, was mir auffiel, war die Weitsichtigkeit in der klaren, subarktischen Luft. Der schneebedeckte Gipfel des Glama war fast 20 Kilometer entfernt, und dennoch schien es nur ein Kilometer zu sein. Das zweite war die erstaunliche Reichweite des Schalls, besonders auf dem Wasser. An einem ruhigen Tag konnte man eine normal laute Stimme noch drei Kilometer entfernt deutlich verstehen.

Am nächsten Morgen gab es ein derartiges Palaver und Getute der Sirenen, als die Fischer ausliefen, daß ich nicht anders konnte, als zu frühstücken, den Anker hochzuholen und Segel zu setzen, bevor noch die Isländer als Frühaufsteher die Kühe auf den grünen Wiesen molken, die sich zwischen den rauhen, geballten Knöcheln des Glama erstreckten.

Als CRESSWELL an den Zwillingshütern des Isafjord, den grauen, grollenden Häuptern des Stigahlid und Grunahlid vorbei nach Norden segelte, nahm der Wind zu und mit ihm auch die Wolken. Niedrig, schmutzig, schwarz und drohend. Aber der Wind blieb in dieser Nacht unter Sturmstärke, bis ich das Hornkap, die nördlichste Spitze Islands, gerundet hatte und mit einem guten steifen Wind über verhältnismäßig ruhige See nach Südosten segelte, um den Hunafloi vor Dunkelheit des folgenden Tages zu erreichen.

Es gibt vor Island zwei Inseln, die Grimsey heißen. Die eine weit draußen im Nordpolarmeer, die andere genau im Hunafloi, einem sehr breiten Einschnitt, der sich tief in die Nordküste Islands hineinfrißt. Mit Hilfe der Tide kreuzte ich den ganzen Tag stetig gegenan, bis CRESSWELL sehr gemütlich zwischen Insel und Festland hineinschlüpfte. Dort ruhte ich mich aus, denn es gab keine lebende Seele in der Gegend außer Vögeln und einigen Robben, die auf den rötlichen Felsen am Strand lagen. Als ich im klaren, sauberen Wasser ankerte, leuchtete der Eiskegel des Drangajökull aus über 50 Kilometer Entfernung herüber. Doch es schien, als könne ich ihn in der Abendsonne, die seine Schneemassen vom Horizont aus bestrahlte, mit der Hand greifen. Meine Angel versorgte mich abends mit einem großen, fetten Heilbutt, aber er schmeckte sehr tranig. Das einzige, was ich mit Genuß essen konnte, waren die Flossen. Es war ein Jammer, denn er war ein Riese von ungefähr 40 Pfund. Ich kochte den Kopf für Nelson, der ihn gierig verschlang.

Bei Sonnenuntergang gegen halb elf Uhr, verfärbte sich der Himmel zu marmoriertem Grün, einem sanften blassen Grün, mit leuchtenden Orangetupfern über den fernen Gipfeln des Eiriksjökull im Süden. In Binsen und Treibholz, das auf den steinigen Strand gespült war, schlugen Eider- und Harlekinenten mit den Flügeln, während vom Polarmeer mit der Nachtbrise langsam ein niedriger, eisiger Seenebel hereinkroch. Der Nebel war so tief, gleichzeitig aber so dicht, daß ich meine Taille nicht mehr erkennen konnte, als ich am Cockpit stand, doch der Kopf blieb in klarer, frischer Luft. Es war, als wenn man auf einer Wolkendecke treibt. Die Sterne leuchteten viel größer, viel strahlender als irgendwo in südlichen Breiten. Nur über dem Titicacasee waren sie genauso, wie ich viel später herausfand. Der Große Bär stand fast über mir und zeigte mit dem Schwanz nach Norden. Ein riesiges

Säugetier führte sein molliges Junges über den tiefen dunkelblauen Samt des Polarhimmels. Polaris stand um 20° nördlich der Senkrechten. Und ich selber war nur noch 60 Kilometer vom Polarkreis entfernt. In der Ferne blinkten am nördlichen Horizont in der graugrünen See niedrige Eisschollen, aber der Südwestwind hielt sie von der Küste zurück oder hinderte zumindest ihren Vormarsch nach Süden.

Am fünften Abend nach Reykjavik sichtete ich Grimsey im Polarmeer. Ich war froh über mein Glück, als die Insel durch einen niedrig liegenden Dunst in Sicht kam. Denn ich hatte günstige Winde mit nie mehr als 30 Knoten gehabt, die alle aus der richtigen Richtung, nämlich achterlicher als dwars, die schwerbeladene CRESSWELL mit guter Geschwindigkeit geschoben hatten.

Ich war nicht sehr zufrieden mit den Ankermöglichkeiten in Lee der kalten, öden Insel. Die Dünung um die Insel herum verhieß keinen behaglichen Ankerplatz, deshalb holte ich nach kurzem Schlaf am Vormittag den Anker hoch und machte mich auf den Weg zum Thistilfjord an der Nordostecke der Insel.

Es war herrliches Segeln, und da wir nachts so gut vorankamen, entschloß ich mich, an die Südseite der Halbinsel Fontur auf dem Festland weiterzusegeln, wo wir nicht nur vom Südwesten, sondern auch vom Norden geschützt sein würden. Den nächsten Tag gingen wir schließlich in Lee hoher Berge am Ende des Fjords vor Anker, nachdem wir den ganzen Nachmittag bis zum späten Abend hart gegenan gekreuzt waren.

Vier Tage lag ich dort und wartete bei völlig ruhigem Wasser ab, bis der Wind nach Norden drehte. Diese Windänderung lief genau rechtzeitig wie ein Uhrwerk ab, und ich entschloß mich, trotz der Dunkelheit sofort auszulaufen. Während der vier Tage vor Anker hatte ich mich gut ausgeruht, das Schiff überholt und die Fock Nr. 1, an der eine Naht geplatzt war, repariert. Ich hatte den Schreien der Tausenden von Raubmöwen und Lummen zugehört, die auf den Klippen nisteten, und hatte immer wieder von neuem entzückt den magischen Flug der Eissturmvögel beobachtet. Schon beim Einlaufen in den Fjord hatte ich das Fahrwasser auf Hindernisse überprüft, ich konnte also gefahrlos nachts auslaufen, denn ich wollte so schnell wie möglich an der Ostküste Islands nach Süden segeln, bevor sich die See von Norden her aufbaute. Wenn ich erst am Vesturhorn vorbei war, kam ich wieder in den

Leeschutz der Insel, hatte ablandigen Wind und verhältnismäßig ruhige See zu erwarten. Mit Ankunft des Nordwindes sank die Temperatur empfindlich, und ich packte mich gut ein. Wir waren wieder unterwegs, rollten platt vorm Laken, schnell an der großen Bucht des Vopnafjords vorbei, und als die Dämmerung den Himmel mit Licht erfüllte, waren wir bereits jenseits des Seydisfjords.

Abends kam das große Felsplateau des Vatnajökull, der alten Zuflucht keltischer Christen vor den wilden, hochfahrenden Wikingern, in Sicht. Ich beschloß, am nächsten Tag unter dem Oraefajökull zu ankern. Dort hatte vor 1500 Jahren ihre Siedlung gestanden.

Da ich Karten für die enge Einfahrt in den Skeidarafjord hatte, segelte ich ohne große Bedenken hinein und ankerte hinter der Insel, die den Fjord fast vollständig zur See hin blockiert. Ich kam gegen vier Uhr nachmittags dort an und ging mit Nelson an Land, weil wir am Strand Kaninchen gesehen hatten. Trotz seines fehlenden Beins raste der Jagdinstinkt des Labradors in seinen Adern. Die restlichen Stunden des Tageslichts kletterte ich auf der Suche nach Spuren der Gälen über die Felsen, fand aber keine außer einem Feuerstein, der vielleicht einmal als Axt gedient hatte. Ich entdeckte mehrere Steinhaufen, die vereinzelt auf grasbewachsenen Hängen standen und vielleicht Überreste von Hütten oder Vorratsscheunen sein konnten, doch für meine ungeschulten Augen war nichts Definitives herauszufinden. Enttäuscht ging ich an Bord und haute mich nach einem Abendbrot aus Burgoo und Bacon in die Falle. Der Abend war milde. Islands Klima im Sommer kann vor allem im Südosten dem Englands ähneln.

Am nächsten Tag schlüpfte ich schon früh aus dem Skeidarafjord. Der Wind kam immer noch von Norden, und ich steckte einen Kurs zu den Vestmann-Inseln 100 Meilen weiter im Westen ab. Bei dieser Etappe war die Landschaft großartig. Die See war ruhig, verglichen mit den Bedingungen, wenn der Wind die langen Brecher des Golfstroms direkt an die wilden Küsten treibt, doch jetzt war das Segeln bei gutem Wind und fast ruhiger See ideal. Im Norden zeichneten sich an Land die ungeheuren Höhen des vulkanischen Plateaus im Landesinnern klar im Sonnenlicht gegen dunkle Wolken ab, die von blauen Fleckchen Himmel durchbrochen waren. Im Nordwesten erhob sich der große, vulkanische Kegel des schneebedeckten Hekla aus einer wogenden Felsebene in den Himmel.

Nachts segelten wir durch eine Fischerflotte, und ich blieb die ganze Zeit hellwach. Es müssen tausend Boote dort draußen gewesen sein. Ihre Maschinen dröhnten, die Lichter blinzelten überall um mich herum, und oft hörte ich sie selbst noch aus einer Entfernung von zwei Meilen sprechen und singen, während sie die Netze einholten. Einmal hörte ich sogar das Klappern von Kochtöpfen auf dem Kocher, als das Abendbrot serviert wurde. Es ist immer sehr aufregend, unter Segeln durch eine Fischerflotte zu manövrieren. Es ist also ratsam, guten Abstand zu halten und dafür zu sorgen, daß die eigenen Navigationslichter deutlich zu sehen sind, ohne aber den Rudergänger zu blenden. Auch ein guter Radarreflektor ist zu empfehlen.

Am späteren Morgen kamen die Vestmann-Inseln in Sicht. Ihre hohen Kliffe funkelten in der Sonne, die grüne See wogte um die Klippen. Grün für die irischen Männer, die vor langer, langer Zeit vor ihrem grausamen Herrn Leif Arnarson flüchteten und die es schließlich, von Leifs Rächern ausgehungert, vorzogen, sich von den Klippen herunter auf die Felsen zu stürzen, um nicht den rasenden nordischen Berserkern in die Hände zu fallen.

Ich ankerte wieder in Lee, auf der ruhigen Seite der Insel, in einer langen Dünung und verbrachte eine geruhsame Nacht. Ich fing einen Dorsch und briet seine Leber. Nelson bekam wieder den Kopf, da Hunde offenbar nicht soviel Vitamin C wie Menschen brauchen. Auf jeden Fall hatte er genug davon in den großen Fischaugen, die für ihn eine besondere Delikatesse waren.

Am nächsten Tag segelte ich weiter, denn der Ankerplatz war zu ungemütlich, um dort länger zu bleiben, außerdem verging die Zeit, und der Norden rief. Am Abend des folgenden Tages kreuzte ich meinen früheren Kurs von St. Kilda. In der Nacht des 30. Juni 1959 war die erste Einhand-Umseglung Islands vollendet. Ich hatte zwanzig Tage dazu gebraucht, davon acht Nächte vor Anker.

Während ich gegen den Nordostwind nach Faxafloi und Reykjavik hineinkreuzte, dachte ich darüber nach, welches Glück ich gehabt hatte, daß sich der Windwechsel am Nordostkap so pünktlich eingestellt hatte. Ich war müde und nahm mir vor, mich zwei Tage auszuruhen, bevor ich nach Grönland, in den Norden, auslaufen wollte.

Alpi war zur Begrüßung an der Pier. Sein Haus überblickte die Bucht, und er hatte das altmodische Gaffelrigg der CRESSWELL erkannt.

„Ich wußte schon, daß du es geschafft hast“, begrüßte er mich, als wir uns die Hände schüttelten, „mein Freund Jokki hat dein Schiff am Donnerstag vor dem Hornafjord gesichtet, als er mit seinem Schiff Richtung Kopenhagen fuhr, und hat mir einen Funkspruch geschickt.“

„Herrgott nochmal, Alpi, diese verfluchte See ist doch heutzutage belebt wie der Piccadilly Circus. Man kann nirgendwo hin, ohne daß dir einer auf den Hacken sitzt und dämliche Telegramme schickt...“

„Wo du nun hingehst, ist es nicht so“, sagte er geheimnisvoll.

Wir machten uns zu seinem Haus auf, wo ausreichend Essen und Schnaps warteten.

„Ich werde dich diesmal gar nicht erst einklarieren“, meinte Alpi, „du hast ja schon die Ausreise nach Jan Mayen. Dabei lassen wir es.“

„Gottseidank, Alpi. Was ich jetzt bestimmt gebrauchen kann, ist ein Haufen Formulare.“

„Du füllst gern Formulare aus, was, Tristan?“ grinste er.

„Ja, genauso gern, wie ich ein Loch im Kopf habe!“

13

Das dunkle Mißverständnis – die Entdeckung Grönlands

Vor Äonen, als alle Kontinente der Welt noch zusammenhingen, noch bevor sie begannen, mit einer Geschwindigkeit von wenigen Zentimetern pro hundert Jahre auseinanderzutreiben, lag der Miniaturkontinent Grönland direkt unter dem Äquator. Jahrmillionen vorher, als die Erde nur ein Fünftel so alt wie heute war, wurden die ersten Berge Grönlands aus dem geschmolzenen Herzen der Welt ausgespien. Sie bildeten den Mittelpunkt, um den sich die anderen großen Kontinente Europa, Asien, Afrika, Australien, Antarktis, Indien und Amerika herumgruppierten wie junge Tiere um die Zitzen der Mutter.

Dieser ehemalige Mittelpunkt der Weltkontinente, heute Grönland genannt, war bald bedeckt mit einer ungeheuren Schicht tropischer Vegetation, bewohnt von Ungeheuern wie dem Dinosaurus und Brontosaurus. Daß dies so war, wird durch die enorm reichen Kohlevorkommen belegt, die unter der 2000 Meter dicken Eisschicht liegen. Das Erschließen der unter dem Grönlandeis ruhenden Kohle würde die Welt für unzählige Generationen mit Energie versorgen.

Allmählich trieb der winzige Kontinent in die Richtung fort, die wir heute Arktis nennen. Aus einem Grunde, den wir heute noch nicht verstehen, veränderte sich die Sonne. Über viele Jahrhunderte hinweg war das Phänomen der Sonnenflecken sehr aktiv, die lange Lichtstreifen von Wasserstoff Hunderttausende von Meilen in den Weltraum schossen. Dies hatte eine Abkühlung der Erde, besonders an den Polen, zur Folge. Die Große Eiszeit überzog die Erde, und Grönland war bedeckt von einer kolossal dicken Eisschicht. Der Mutterkontinent der Welt war vollständig zugefroren und blieb es über viele tausend Jahre hinweg. Er taut immer noch, wenn auch sehr langsam, auf.

Als die Sonne, ein wandlungsfähiger Stern wie die anderen auch, sich wieder beruhigte, erwärmten sich die arktischen Regionen allmählich. Schließlich bekam auch die Insel Manhattan wieder einen Hafen, die während des Höhepunkts der Großen Eiszeit unter sagenhaften Schichten gefrorenen Salzwassers aus dem Weltozean 60 Kilometer weit im Binnenland gelegen hatte.

Ungefähr vor 3000 Jahren war der Höhepunkt einer der periodischen Wärmephasen der Welt. Die arktischen Regionen badeten in einem wesentlich wärmeren Klima als heute. Dieser schöne Zustand dauerte bis zum frühen 16. Jahrhundert, als die Kleine Eiszeit, die ungefähr 300 Jahre dauerte, begann. Bis vor einigen Jahrtausenden war Grönland völlig menschenleer. Vögel und Fische waren vor der ersten Wärmeperiode gekommen. Danach waren die Tiere – der Moschusochse, der Polarbär, der arktische Fuchs – über die 30 Kilometer breite Straße, die Westgrönland von den kanadischen Inseln trennt, gewandert. Viele, viele Jahrhunderte danach überquerten die Eskimos, eine robuste Rasse, die durch unzählige Leidensgenerationen gelernt hatte, sich mit dem grausamsten Klima der Welt zu arrangieren, den Smith Sound von Ellesmere Island nach Etah und drangen langsam nach Südgrönland vor, dann an der Ostküste nach Norden. Als die ersten Nordmänner die Küsten Grönlands entdeckten, hatten die Eskimos gerade die Südspitze erreicht.

Die norwegische Besiedlung Grönlands ist die Geschichte schrecklichen Elends nach einem sehr vielversprechenden Start.

Entgegen meinem Geschichtsunterricht in der Schule war Eric der Rote *nicht* der erste Norweger, der Grönland sichtete. Diese zweifelhafte Ehre gebührte einem landlosen, mittellosen Wanderer, der um 919 n. Chr. als erster in Grönland landete. Es war zu spät für ihn gewesen, sich einen anständigen Besitz in der Heimat zu sichern. Deshalb sammelte er Gleichgesinnte, überprüfte Rumpf und Rigg seiner Knarre, wie die nordischen Handelsschiffe des frühen Mittelalters hießen, bunkerte Schafe und Schweine als Proviant und segelte weiter nach Westen. Er hieß Gunnbjorn. Im Jahre 920 kehrte er nach Island zurück und erzählte von der 700 Meilen gegen den Sonnenuntergang entfernten großen Küste. Er nannte sie Gunnbjornarker. Es war nur menschlich, sie nach sich selbst zu taufen, genauso war Gardar verfahren, der Island Gardarholm nannte, später würde Columbus dem Land Columbien seinen Namen geben, Amerigo Vespucci taufte Amerika, Abel Tasman verewigte sich in Tasmanien, Cecil Rhodes drückte einem großen Brocken Afrikas den Namen Rhodesien auf. Das sind nur Graffiti in großem Maßstab.

Eric der Rote, der das Glück hatte, bei den Medien „in" zu sein, die in jenen Tagen aus den Saga-Sängern bestanden, war bei Stavanger in Norwegen geboren. Auch er kam zu spät, um sich in Island Land unter den Nagel zu reißen, und segelte, nachdem er die Geschichten über Bunnbjorns viel frühere Reise gehört hatte, von Island nach Westen.

An den Küsten Grönlands, das er 981 erreichte, fand er Weide, Birke und Wacholderbüsche, und in den Tälern zwischen den Felsmoränen kurzes, hartes Gras. Der Sommer war warm und freundlich. Er kehrte nach Island zurück und trommelte in den folgenden vier Jahren fünfundzwanzig Schiffe und fünfhundert Siedler zusammen. Mit ihnen gründete er 985 drei Kolonien: eine an der Westküste Grönlands, die 360 Jahre bestand, eine an der Ostküste, die ein wenig länger überlebte, und die dritte an der Südspitze. Die letzte Spur der norwegischen Kolonien in Grönland wurde 555 Jahre später von dem Hamburger Hansekaufmann Jon Greenlander gefunden. Er segelte 1540 in einen Fjord bei Kap Farewell. Dort fand er am Strand einen einsamen Toten auf dem Gesicht liegen. Der Mann war klein und schmächtig, trug aber Kleidung nach europäischem Zuschnitt. Er umklammerte eine hölzerne Harpune mit einer Eisenspitze.

Dies war der letzte Nachkomme der wikingischen Nordmänner von Grönland. Der letzte einer Rasse von ehemals starken, großen, robusten Menschen, früher die Geißel aller bekannten Meere der westlichen Welt. Dieser verkümmerte Zwerg mit seiner primitiven Eisenwaffe war der letzte Mensch der Eisenzeit.

Die nordischen Kolonien starben aus zwei Gründen. Zum einen begann im frühen 16. Jahrhundert die Kleine Eiszeit, die 300 Jahre dauerte. Zum anderen weigerte sich der Wikinger im Gegensatz zu den Eskimos, sich dem Klimawechsel anzupassen. Er trug weiterhin Kleidung im europäischen Stil. Rentierfelle oder die Häute der Moschusochsen waren unter der Würde der stolzen Nordmänner. Doch die hätten sie gerettet. Sie waren den Eskimos, die sie Skraelings (Schreihälse) nannten, über die Jahrhunderte viele Male begegnet, und viele blutige Schlachten waren geschlagen worden. Sie hätten besser daran getan, von den Eskimos, die zehntausend Jahre überlebt haben, zu lernen, wie man sich vor Kälte schützt.

Während der Jahrhunderte der norwegischen Besetzung von Grönlands Küsten bzw. kleiner Teile davon, war vom Königshof in Kopenhagen jeglicher Schiffshandel in oder aus dem Land strikt verboten, es sei denn für Schiffe der dänisch-norwegischen Föderation. Das zog natürlich die Schiffe aus Bristol an, und bald entwickelte sich ein blühender Handel mit Walroßzähnen, Rentierfellen, Bären- und Robbenhäuten, Walspeck und Knochen. Ende des 15. Jahrhunderts, nach dem Verschwinden der Nordischen Kolonisten, begann der Sklavenhandel. Es ist überliefert, daß zu jener Zeit fast jedes Jahr bis zu hundert Schiffe aus Bristol vor den Küsten Grönlands ankerten. Die meisten handelten mit Eskimosklaven. Es ist ein Geheimnis, wohin die Sklaven gebracht wurden, doch ich vermute, sie wurden zur Seehundjagd in der Arktis benutzt.

Die Erforschung der Arktis in der Neuzeit begann Mitte des 14. Jahrhunderts mit der Suche nach europäischen Seeleuten nach der Nordostpassage nach China. Nach der „Entdeckung“ Nordamerikas änderte sich der Schwerpunkt der Expeditionen: nun suchte man nach einer Nordwestpassage nach China.

Weitere Versuche, dieses ferne Ziel zu erreichen, wurden während der folgenden viereinhalb Jahrhunderte gewagt. Viele von ihnen, zum Beispiel die Hudson-Reise und die Franklin-Expedition, scheiterten tragisch. Bei letzterer wurden zwei Schiffe, die EREBUS und die TERROR mit 129 Mann an Bord vom Eis eingeschlossen. Bald war der Proviant aufgebraucht. Es gelang ihnen nicht, die Nahrung, die unter dem Eis schwamm, zu fangen, so daß sie langsam verhungerten. Die Überlebenden aßen die Körper ihrer Kameraden. Wenn dieser Vorrat aufgebraucht war, begann wieder das Hungern, bis es erneut Tote gab, und so weiter, bis schließlich nach achtzehnmonatiger sparsamer Diät von Menschenfleisch auch der letzte Mann verschied. Das geschah 1846. Eine grauenhafte Geschichte von tapferen, aufrechten Männern, die zur Verzweiflung getrieben wurden. Es ist unvorstellbar, wie die geistige Verfassung des letzten Mannes gewesen sein muß, in den Fetzen eines zusammengestoppelten Zeltes zusammengekauert, vergeblich darin

Schutz suchend gegen das schneidende, grausame Wüten arktischer Blizzards, ganz allein in der schwarzen, immerwährenden Nacht, mit dem Gedanken an sein Zuhause und seine Familie, und allein mit der Erinnerung an all die toten Kameraden, die er gegessen hatte.

Der Sommer in Grönland ist nur drei Monate kurz. Es dauert den ganzen Frühling und auch noch einen Sommermonat, ehe der Saum des Festlands und das Packeis auftauen. Dann öffnen sich Rinnen oder Wege zwischen dem unbeweglich aufgetürmten Festlandeis und dem Packeis. Die beweglichen Packeisschollen können bis zu fünf Kilometer Länge und zwei Meter Dicke haben. Ende Juli können diese Rinnen einige Kilometer breit sein. Das Meer zwischen den Eisschollen ist ruhig, und bei günstigem Wind ist das Segeln großartig.

Die Schwierigkeit dabei ist, die richtigen Wasseradern zu finden, denn viele enden als Sackgasse, die immer schmaler werden, bis man schließlich zwischen dem Festland mit seinem soliden, starren Eis und dem manchmal sehr schnell im Grönlandstrom nach Süden treibenden Packeis gefangen ist. Wenn das Packeis ein kleines Schiff gegen das Festland drückt, wird es in wenigen Minuten in Stücke geschlagen.

Doch in der Natur hat jedes Ding zwei Seiten. So gibt es auch Vorteile: Im arktischen Sommer herrscht fast den ganzen Tag hindurch Tageslicht, und in der Dämmerung, die nur eine Stunde vor dem erneuten Sonnenaufgang herrscht, ist der Himmel meist so klar, daß man nur mit dem Sternenlicht viele Meilen weit sehen und sogar Zeitung lesen kann.

Das Küsteneis, das in kalten Wintern auch die Einfahrten zu den Fjorden versperrt, beginnt Anfang Juni aufzubrechen. Mitte Juli gibt es freie Buchten und lange Rinnen im Packeis. Deshalb verschob ich mein Auslaufen nach Grönland bis zum 2. Juli.

Ich verabschiedete mich von Alpi, seiner Frau und einigen Freunden. Sie erinnerten mich: „Vergiß nicht, *falls* du nach Ella kommst, Herrn De Limos zu besuchen. Er ist ein sehr netter Mensch und wird dir weiterhelfen."

„Natürlich, *wenn* ich in Ella bin, werde ich ihn besuchen. Bis dann, Alpi, laß dir kein Falschgeld andrehen!"

Frühmorgens segelte ich aus Reykjavik, der letzten größeren Stadt, die ich, abgesehen von Ansammlungen von einem halben Dutzend Hütten, für die nächsten 22 Monate sehen sollte.

Cresswell war bald durch die Fischerflotte hindurch und segelte in Richtung der Dänemark-Straße, die vermutlich nach der Straße von Mozambique mit ungefähr 800 Meilen die breiteste Seestraße der Welt ist. Die ersten fünf Tage waren durch einen Nordoster, der über den Steuerbordbug wehte, sehr bewegt, doch dann schlief der Wind ein, und ich lag zwei Tage lang in einer Flaute. Zu diesem Zeitpunkt waren vereinzelte Eisschollen ein gewohnter Anblick, und manchmal mußte ich, während ich angelte und auf Wind wartete, die Maschine starten, um einer Scholle aus dem Weg zu gehen. Sie trieben sehr langsam nach Süden, vielleicht mit einem halben Knoten Geschwindigkeit. Am zweiten Flautentag manövrierte ich das Schiff mit Maschine an eine Scholle heran. Sie hatte unter Wasser keine hervorstehenden Zacken, so daß ich das Schiff an zwei Eisenhaken vertäute, die ich in das Eis getrieben hatte. Als das Schiff sicher versorgt lag, nahm ich Nelson zu einem Spaziergang in der Sonne mit. Es war so warm, daß ich im Hemd mit aufgerollten Ärmeln, Shorts und meinen britischen Armeestiefeln ging. Ich kam mir vor wie ein Bergmann aus Lancashire am Strand von Blackpool.

Die See war ruhig, fast so blau wie das Mittelmeer, und als ich über den Rand der Scholle hinunter in die grünen Tiefen des arktischen Ozeanwassers sah, entdeckte ich Tausende von kleinen Krabben darin. Sonst gab es kein weiteres Zeichen von Leben. Nach einer Stunde band ich das Schiff wieder los, zog die Haken aus dem Eis und stieß das Boot von der Scholle ab. Nachdem wir frei von ihr waren, baute ich aus einem Kunststoff-Moskitonetz einen Fischkäscher für die Krabbenjagd, den ich mit Draht an einem Ende des Harpunengriffs befestigte.

„Alter Bursche", richtete ich leutselig das Wort an Nelson, „eines ist sicher: Wenn das hier so weitergeht, werden wir erstens nicht an Hunger eingehen, und zweitens kommen wir nicht sehr weit nach Norden!"

Ich war auf dem 69. Breitengrad. Dessen erinnere ich mich ziemlich genau, weil ich an dem Abend einen großen Heilbutt fing. Er brachte auf meiner Handwaage exakt 69 Pfund. Wieder war er leider viel zu tranig zum Essen, deshalb kochte ich nur seine Flossen zum Abendbrot, und Nelson bekam wie üblich den Kopf. Ich versuchte, ihm den Kopf roh zu geben, weil ich herausfinden wollte, ob ich ihn dazu überreden konnte, ungekochten Fisch zu fressen, um so Petroleum zu sparen, aber er verschmähte ihn. Danach filettierte ich den Fisch und legte die besten

Stücke in einer Marinade aus reinem Zitronenpulver ein. Nach einer Woche hatte der Heilbutt viel Öl verloren, und der Zitronengeschmack lenkte von dem fettigen Fleisch ab.

Nach drei Flautentagen, in denen ich den Schollen auswich, die jetzt häufiger vorübertrieben, kam wieder Wind auf, diesmal aus Südwest, und wir waren bald unter Arbeitsbesegelung bei glattem Meer und guter Brise unterwegs.

Am 9. Juli segelte ich einen breiten Spalt zwischen zwei großen Flotten von Packeisschollen entlang genau nach Westen. Sie trieben nach Süden, was bedeutete, daß mein tatsächlicher Kurs nach Südwesten ging. Ich machte mir deswegen Sorgen, denn südlich von Scoresby-Sund, meinem Ziel, gab es für einige hundert Meilen keinen annehmbaren Hafen. Nur die hohen Klippen der öden und unwirtlichen Küste des König-Christian-IX.-Land mit dem treffend benannten Cap Cruel, das in das Küsteneis hinausragt.

Doch am 11. Juli öffnete sich eine Passage nach Norden. Ich änderte den Kurs entsprechend, und die CRESSWELL spürte nun eine freundliche Brise von achtern. Am westlichen Horizont verbarg dunstiger Nebel die Küste, die ich sonst sogar aus 50 Meilen Entfernung gesichtet hätte. Ich wußte meinen Standort verhältnismäßig sicher wegen der Sonnenstandslinien, obwohl das Packeis den Horizont verbarg, dennoch erkannte ich nicht, daß ich in Wirklichkeit in der Passage zwischen dem festen Küsteneis und dem treibenden Packeis segelte. Doch zum Glück war die Rinne sehr breit, und ich hatte, abgesehen von Erschöpfung und Augenschmerzen, keine Probleme, am 14. Juli Kap Brewster zu erreichen. Dort schlief der Wind ein, und ich fuhr mit Maschine fast einen Tag lang zwischen funkelnden, riesigen Eisbergen hindurch, die von den ständig kalbenden Gletschern aus der Mündung des Scoresby-Sunds hinaus auf See trieben.

Ihre Farben waren märchenhaft. Überall um uns herum ragten Berge und Gletscher in den blauen Himmel – in Grautönen, Grün und allen erdenklichen Silberschattierungen. Der Sund selbst leuchtete tiefblau, die Farbe, in der wir uns das Mittelmeer vorstellen, doch die es so selten aufweist. Diese Farben bildeten den Hintergrund für die majestätische Prozession von großen weißen, goldenen, rosa und grünen, gelben und blaßblauen Eisschollenbergen, von denen einige zwei Kilometer und länger und bis zu dreihundert Meter hoch waren.

Bald sichtete ich im Norden unter dem zarten, mit Spinnweben überzogenen Cirrus-Himmel, den Vorboten der Aurora Borealis und eines Sturms, die Funkantennen der Station im Scoresby-Sund mit ihrer Ansammlung adretter, sauberer Holzhäuschen im dänischen Stil. Abends lag ich vor Anker und harrte der herrschenden Mächte.

„Guten Abend, woher kommen Sie?“ Er war ein großer, schlanker Mann in Holzfällerjacke, Khakihosen und Seehundstiefeln. Sein rotes Gesicht zeigte die geplatzten blauen Adern des Europäers, der viele Jahre in kaltem Klima verbracht hat, ein Symptom, das in südlichen Breiten auf Alkoholismus hindeutet.

„Hallo, schön Sie zu sehen. Ich komme von Reykjavik.“

„Haben Sie eine Genehmigung, sich in Grönland aufzuhalten?“

„Nein, ich habe für Jan Mayen ausklariert, blieb dann aber in einer Flaute stecken und wußte nicht mehr, wo ich war. Deshalb hielt ich es für das Beste, hierher zu kommen.“

„In Ordnung, das ist eine gute Geschichte. Ich will sie mal glauben, aber bleiben Sie nicht zu lange. Falls nämlich einer der Inspektoren aus Dänemark kommt, ist die Hölle los. Sobald Sie fertig sind, laufen Sie wieder nach Jan Mayen aus, ja?“

„Ja.“

„Übrigens: Willkommen in Grönland!“

„Mange tak!“ brachte ich einen meiner spärlichen dänischen Brocken an.

„Oh, das klingt gut! Kommen Sie doch zum Abendessen! Aber lassen Sie Ihren Hund besser an Bord.“

„Erzählen Sie mir nicht, daß es hier Quarantänebestimmungen gibt!“

„Nein, nicht deshalb. Die Hunde hier haben alle Bandwürmer, und er würde sich sofort anstecken.“

„Danke für den Rat. Ich komme in einer Stunde rüber, sobald ich Klarschiff gemacht habe. Landgang gestrichen für dich, mein Sohn“, sagte ich zu Nelson.

Abends aß ich mit der Mannschaft der Funkstation, die seit fast zwei Jahren hier Dienst schob und noch ein weiteres Jahr vor sich hatte, bis sie zurück nach Dänemark konnte. Einer, der nach seiner Rückkehr heiraten wollte, erzählte, daß er das Land so liebe, daß er mit seiner Frau zurückkommen und sich hier niederlassen wolle.

Ich blieb zwei Tage im Scoresby Sund, reinigte die Bilgen, entrußte den Zylinderkopf des Motors, überprüfte Rigg und Segel und bunkerte 50 Pfund Holzkohle für den kleinen Kanonenofen. Spätnachmittags kletterte ich in den felsigen Hängen zwischen den strahlend farbigen, mit Flechten und Moosen bewachsenen Felsen und an der Küste herum, an der einst Eisfälle große Felsbrocken verstreut hatten. Ich beobachtete Moschusochsen mit ihrem struppigen schwarzen, einer Pferdemähne ähnelnden Fell, große Bartrobben und kleinere Haarrobben, die sich auf den flachen Felsen am Wassersaum des tiefsten Fjords der Welt sonnten. Scoresby-Sund: 1400 Meter tief, umgeben von senkrechten Felswänden, die 2000 Meter hoch aufragen. Jenseits der glatten Klippen des Hochplateaus reckte sich die enorme, verschneite Masse des Petermann-Gipfels 3000 Meter hoch über den Fjord! Die Spielwiese eines Riesen. Im Westen erheben sich die Stauning-Alpen zu 2700 Metern, und doch erscheinen sie niedrig, denn die Eisschicht, die den Fuß des Berges umgibt, mißt allein schon 1800 Meter!

Dieser Teil der Arktis an der Ostküste Grönlands ist einzigartig, denn hier sind die Sommer kurz und intensiv. Das Thermometer kann bis auf neun Grad Celsius klettern. Unter anderem auch deshalb gehören die ungeheuren, anscheinend grenzenlosen Gletscher des Landes zu den produktivsten der Welt, die das ganze Jahr hindurch, doch besonders in warmen Sommern, viele Tausende von Eisbergen gebären. Und aus diesem Grunde zählen die Gewässer östlich Grönlands für die Schiffahrt mit zu den gefährlichsten der Arktis.

Am Scheitel des nordwestlichen Fjordes liegt eine der sich am schnellsten bewegenden Eismassen der Welt im Sund. An den wärmsten Sommertagen kann sie bis zu fünfzig Eisberge am Tag produzieren. Und diese können über zwei Kilometer lang sein! Welch eine Energiequelle, wenn sie doch nur zu zähmen wäre!

Als ich über Treibholz kletterte, das am Strand nach seiner Reise vom fernen Sibirien hier angewaschen worden war, dachte ich an die britische Expedition, die 1824 die ersten Anläufe mit Segelschiffen nach Norden in das ostgrönländische Eis gewagt hatte. Sie waren bis Shannon Island, benannt nach einem ihrer Leiter, gekommen. Ich aber wollte noch weiter nach Norden in die Eisfelder eindringen, wenn möglich bis zum 84. Grad nördlicher Breite, so weit kam der große Norweger Nansen mit seiner FRAM vor sechsundsechzig Jahren. Die Chancen standen gegen mich, doch wenn ich Nansen nicht schlagen konnte, wollte ich wenigstens die Liverpooler Expedition überflügeln! Der Scoresby-Sund liegt auf dem 72. nördlichen Breitengrad. Nur 13 Grad zwischen mir und dem nördlichsten Ziel! Nur 780 Meilen! Unter normalen Segelbedingungen auf offener See lumpige acht Tage!

14

Mit aller Kraft nach Norden!

Ich wollte so hart und schnell wie möglich durch die Eisfelder in der Passage zwischen Küste und Packeis nach Norden segeln, nachdem ich den Scoresby-Sund verlassen hatte. Mein Ziel war Kap Bismarck an der Küste des Königin-Louise-Lands, ungefähr 380 Meilen nördlich, auf 76°45′ Nord. Wenn ich einen schnellen, glatten Törn hatte, dauerte das zwei Wochen. Falls der Trip jedoch wegen der Eishindernisse und Unwägbarkeiten langsam sein würde und ich erst spät im nördlichen Sommer dort ankam, wollte ich bei der Danmarks Havn-Funkstation in einer kleinen Bucht, die eventuell eisfrei war, überwintern. Im folgenden Sommer, sobald das Eis aufgebrochen war, würde ich an der Küste des Germania-Lands weiter nach Norden vordringen und versuchen, mich gegen Strom und Eis bis zu einem Punkt nördlich des 84. Breitengrads durchzukämpfen, dem nördlichsten Punkt, den ein Segelschiff bis heute erreicht hat.

Wenn ich schnell vorwärts kam, konnte ich bei Kap Bismarck kurz haltmachen, um dann weiter nach Norden zu halten, solange das Eis noch einigermaßen offen war, in der Hoffnung, im selben Herbst noch die magische Breite zu erreichen. Danach würde das Eis das Schiff einschließen und die CRESSWELL während des Winters mit der Strömung nach Süden zurück zur Zivilisation tragen. Wenn der Strom zurück nach Süden langsam war, hatte ich immer noch gute Chancen abzuwarten, denn ich hatte Proviant für zwei Jahre gebunkert, und außerdem gab es eine Menge Seehunde in der Gegend.

Das Schiff aus Dänemark, das einmal jährlich mit dem Inspektor an

Bord kam, war jeden Tag fällig, und da ich begierig war, dem Ende September nahenden Winter zuvorzukommen, lief ich ohne viel Federlesens aus, nur mit Bedauern darüber, die angenehme Gesellschaft der dänischen Funker und Meteorologen zu verlieren, die gastfreundlich gewesen waren und mir auch gute Tips für meine weitere Reise gegeben hatten.

Ich lief mit Maschine durch das lose Packeis aus dem Sund und umfuhr große Eisberge, die in das Polarmeer hinaustrieben. Frei vom Küsteneis, das sich an die vierzig Meilen weit hinaus erstreckte, fand ich einen weit offenen Kanal nach Norden, der allerdings mit Eisschollen jeder Größe gesprenkelt war. Ich setzte Kurs auf die Funkstation Myggbukta an der Halbinsel Hope hundertsechzig Meilen Nord ab. Nach drei Tagen und Nächten harten Segelns bei ruhiger See und Südwind genau von achtern, war ich vor der Insel Bontekoe. Dort vertäute ich das Schiff an einer Eisscholle, die um das südliche Ende der Insel herumgefunden hatte und gestrandet war. Hier verbrachte ich eine unruhige „Nacht", denn ich fürchtete, daß noch weitere Schollen um die Insel treiben und die CRESSWELL gegen das Eis drücken könnten, an dem wir lagen. Nach einer Mütze voll Schlaf beschloß ich, einen Tag bei Bontekoe zu bleiben und die notwendigen Arbeiten nachzuholen, die während der dreitägigen Fahrt liegengeblieben waren, weil ich praktisch ununterbrochen Ruder gehen mußte.

Nach getaner Arbeit sah ich mich gründlich vom Schiff aus um. Ich hätte über das aufgetürmte Eis der Südküste klettern können, doch ich hatte Angst vor möglichen Gefahren und daß das Schiff sich bei einer Winddrehung von der Scholle losreißen könnte. Tagsüber war es so warm, daß ich normale Segelkleidung trug: Pullover, Schaffelljacke, lange Baumwollunterhosen, Blue Jeans mit langen Strümpfen und Seestiefel. Doch nachts wurde es kalt, und ich war froh, die wenigen „dunklen" Stunden im Schlafsack zu liegen.

Ich beobachtete die aufgebrochene Packeisfläche, die an der Insel vorübertrieb: lange Eisfelder, mehrere Kilometer breit, die Stunden brauchten, um vorüberzuziehen; „Eiskuchen", nur so groß wie ein Auto; Stücke und matschige Eistrümmer, die von den Flanken der größeren Schollen abschmolzen und in den Ozean sanken. Auf vielen Schollen und Feldern tummelten sich Robben, manchmal in kleineren Gruppen, manchmal auch einzeln, und ich beobachtete mit dem Fernglas, wie sie aus kurzem Schlummer aufschreckten und den Kopf hochrissen, um sich ängstlich nach herumstreunenden Bären umzublicken.

Im Westen zeigte sich eine seltsame Erscheinung, als der Himmel sich bewölkte. Eine deutlich zu erkennende Landkarte des Geländes spiegelte sich an der weißen Unterseite der Wolken. Sie stimmte ziemlich genau mit meinen Seekarten überein. Das Wasser der Fjorde und Fahrrinnen erschien auf den Wolken schwarz, Schnee und Eis zeichneten sich in gesprenkeltem Grau ab, und die Vegetation, Flechten auf den Felsen an Land, erschien gelb oder braun. Es war, als hielte jemand einen riesigen Spiegel in den Himmel. Diese Erscheinung nennen die Dänen „Eisblinken". „Sehr nützlich", sagte ich zu Nelson. Jetzt wußte ich wie ich bei bedecktem Himmel freie Fahrrinnen finden konnte.

Ich hatte mich daran gewöhnt, eine Schneebrille zu tragen, denn die Sonne stach durch die trockene, klare Luft und ließ die Eisschollen in blendendem Licht strahlen. Nachdem ich einmal Kopfschmerzen bekommen hatte, begriff ich schnell, daß Schneeblindheit eine Überanstrengung der Sehnerven ist, da das Auge instinktiv ständig auf der Suche nach Schatten ist, der wegen des Einfallswinkels der Sonnenstrahlen praktisch nicht existiert. Um Entfernungen abzuschätzen, sind wir unter normalen Bedingungen auf das Verhältnis von Licht und Schatten angewiesen. Doch wenn sich dieses beispielsweise bei Mondschein oder Neonlicht ändert, sucht das Auge ständig nach der gewohnten Beziehung und überanstrengt sich beim Versuch, Entfernungen abzuschätzen. Auch die Lichtreflexion des Eises kann Schneeblindheit hervorrufen, doch schädlicher ist das Bemühen der Augen, unter anomalen Umständen gewohnte Zustände herzustellen.

Die Vorstellung von der unaufhörlichen Prozession von Eisbergen und -feldern über Tausende von Quadratkilometern von der Polkappe her war anfangs etwas furchterregend. Ich war erleichtert, daß ich allein war. Langsam begriff ich, daß die sogenannte Arktis-Hysterie, von der Expeditionsmannschaften berichten, in Wirklichkeit nur eine Art Massenpanik ist, die von einem hysterischen Mitglied auf die Gruppe übertragen wird. Allein hatte ich eine wesentlich bessere Chance, dieser Gefahr zu entgehen. Ich beschloß, mich nur um meine unmittelbare Umgebung zu kümmern – und zur Hölle mit dem Rest der Arktis! Die sollte für sich selbst sorgen.

Als ich die Eisscholle bei Bontekoe verließ und mich wieder auf den Weg nach Norden zur Funkstation Myggbukta machte, wurde es offensichtlich, daß ich nicht die geringste Chance hatte, an Land zu kommen. Das Eis bestand aus einer steif gefrorenen Masse aufgetürmter, gestrandeter Schollen und Berge, deren Simse und Nadelspitzen sich in wildem Durcheinander in den Himmel türmten, soweit das Auge reichte. Ich konnte mich der Station auf der Insel Gausshalv nur bis auf dreißig Meilen nähern und wagte nicht, so weit über das Küsteneis zu klettern. Also gab es nur eines: weiter nach Norden.

Ich mußte jetzt den Kurs nach Osten auf das Meer hinaus ändern, in Richtung des driftenden Kontinents aus Packeis, der vom Nordpol hertrieb wie eine Armee auf dem Vormarsch mit Reitern und Kanonen, Gespannen und langen Reihen von Infanterie, die über den Rand der Welt marschiert.

Nach vierzig Meilen nach Osten, fort von der Küste, fand ich endlich den Rand des festen, massiven Küsteneises und suchte mir vorsichtig den Weg nach Norden. Der Wind war flau, ich kam nur quälend langsam vorwärts. Ich schonte die Maschine, weil ich den Treibstoff für Notfälle aufsparen wollte, falls ich in dünnem Eis eingeschlossen sein sollte. Der Wind war so schwach, daß ich fast zehn Tage für die achtzig Meilen zum 74. Breitengrad an den aufgetürmten Eismassen des Home-Vorgebirges brauchte. Ich war immer noch in dem Gebiet, in dem die britische Expedition aus Liverpol sich 1824 in den Namen von Kaps und Inseln verewigt hatte.

Auf dem 74. Breitengrad wurde ich fast vollständig gestoppt. Das Packeis war sehr dicht an das Küsteneis herangetrieben, und die „Küstenpassage“ – so genannt, obwohl sie sich bis zu zweihundert Meilen auf See hinaus erstrecken konnte – war nur sehr undeutlich zu erkennen. Oft fuhr ich einen Kanal entlang und fand mich plötzlich in der Mitte eines riesigen Eisfeldes wieder. Dann mußte ich wenden und mit Maschine gegen die Südbrise mit dem Strom hinauslaufen, um dem Eis zu entkommen, das sich um das Schiff schloß.

Wir waren mittlerweile in der ersten Augustwoche, und schon jetzt gab es einen bemerkenswerten Wechsel der Tagestemperaturen. Nach zwei weiteren mühevollen Wochen, mich in diesem Labyrinth eisiger Puzzlestücke zurechtzufinden, drehte der Wind nach Norden, und die Temperatur fiel unter Null. Ich zog mein Kalbfell-Unterzeug an, ein

Hemd und einen zweiten Pullover, den Eskimoanzug und die Seehundstiefel. Bis zum 8. August hatten wir ununterbrochen vierundzwanzig Stunden am Tag Licht gehabt. Doch danach verschwand die Sonne in immer schnelleren Intervallen unter dem Horizont. Ende August war es nur noch eine Tageshälfte hell, die andere dunkel, wie unter dem Äquator. Da der Himmel jedoch meist wolkenlos war, bekam ich noch immer exakte Sonnenstandslinien. Dagegen hatte ich Schwierigkeiten, meinen Weg durch das Eis zu finden, weil es sehr selten Eisblinken gab, das mir Fahrrinnen hätte zeigen können.

Am 18. August erreichte ich die Insel Pendulum auf 74°45′ nördlicher Breite und fand zu meinem Entzücken einen Kanal nach Norden. Es waren immer noch viele, viele Eisschollen in der Gegend, und nach einer kurzen Ruhepause, während der ich an einer Scholle in verhältnismäßig offenem Wasser angelegt hatte, drang ich mit Maschine weiter nach Norden vor, da die offene Rinne kaum breit genug zum Kreuzen gegen den Wind war. Ich kam nur langsam voran, denn die Maschine hatte nur 10 PS, außerdem war das Schiff schwer beladen. Gegen den starken Nordwind und die Strömung tuckerte ich mit zwei Knoten über Grund, und diese meist auch noch nach Osten oder Westen, weil ich Berge und Schollen, die besonders am Ende des östlichen Schlags erschreckend zunahmen, umgehen mußte.

Als ich den Rand des Küsteneises bei Kap Philip Broke, dem Südostkap der Insel Shannon auf dem 75. Breitengrad erreichte, entdeckte ich den ersten Eisbären. Sie sind nur sehr schwer zu erkennen, es sei denn aus ziemlicher Nähe von – sagen wir – ungefähr dreihundert Metern. Ihr schmutziggelbes Fell paßt sich perfekt dem Eis an, das älter als ein Jahr ist, und ich sah ihn deshalb auch nur zufällig, als ich sorgfältig mit dem Fernglas das Küsteneis absuchte, und plötzlich eine leichte Bewegung in einem Hügel aufgeschichteter Eisschollen bemerkte.

Es ist schwer, in der klaren Luft über dem Eis die Entfernung zu schätzen, doch ich vermute, er war zweihundert Meter vom Schiff entfernt. Er lief auf allen vieren, war wohl an die drei Meter lang und sah aus, als wöge er eine Tonne. Nelson hatte ihn mit dem ablandigen, in diesem Fall aus Süden kommenden Wind gerochen, erstarrte und prüfte die Luft in der klassischen Pose des jagenden Labradors. Als er den Bär mit seinem einen Auge sichtete, machte er einen Satz und war unter Deck verschwunden.

Die Dänen in Scoresby-Sund hatten mich vor Bären auf dem Packeis gewarnt. Sie hatten erzählt, daß ein Eisbär an Land ein furchtsames Tier ist, das jedem Konflikt mit dem Feind aus dem Weg geht. Doch draußen auf den Schollen ist er der König. Er hat es nur mit Robben und eventuell auch mit Wölfen zu tun und ist ein hungriger, arroganter, gewalttätiger, sehr gefährlicher wilder Bursche, dessen Gewicht alleine ausreicht, auch den stärksten Mann zu zerquetschen. Ich steuerte die CRESSWELL auf raum-achterlichem Kurs hinaus nach Osten, korrigierte die Segelstellung, denn voraus lag ein wunderbar freies Stück Wasser, und stieg unter Deck, um mich aufzuwärmen und mir Kakao zu kochen.

„Dem Himmel sei Dank, daß Wasser zwischen uns und ihm liegt", sagte ich zu Nelson, der unter dem Kajütentisch kauerte. Er klopfte mit dem Schwanz auf die Bodenbretter. Doch der Gedanke daran, daß ich von einem oder sogar mehreren dieser Ungeheuer angegriffen werden könnte, falls ich es nicht bis zum Kap Bismarck schaffen und im südwärts treibenden Packeis stecken bliebe, machte mich unruhig.

Am 30. August war ich auf 75° 50′ Nord, nur noch sechzig Meilen von Kap Bismarck und der Sicherheit entfernt. Doch so sehr ich auch versuchte, einen offenen Kanal nach Norden zu finden, es war fast unmöglich. Genau über den nördlichen Horizont erstreckte sich eine feste Barriere aus aufgestapeltem Küsteneis, das sich in Hügeln bis zu hundert Meter über das Meer auftürmte, dazu eine treibende Masse von Packeis und Eisbergen, einige an die dreihundert Meter hoch und fünf Kilometer lang.

Ich wählte eine etwas günstiger aussehende schmale Rinne, die leicht Nord zu West verlief. Sie war kaum dreimal breiter als die CRESSWELL. Jetzt lag die Oberkante der Eisschollen schon weit höher als das Deck, so daß ich meist bis zu einem Drittel der Masthöhe vor dem Wind geschützt war. Der Motor trieb das Schiff bei voller Kraft mit vier Knoten durch das Wasser. Die im Strom treibenden Eisschollen bewegten sich mit gut eineinhalb Knoten. Unsere Geschwindigkeit über Grund betrug deshalb ungefähr sechs Knoten pro Stunde. Den ganzen Tag, die ganze Nacht hindurch, zwei volle Tage lang blieb ich ununterbrochen am Ruder, fädelte das Schiff durch die endlosen Wände glitzernden Eises, so hoch wie Gartenmauern. Die Fahrrinne manchmal knapp breit genug für das Schiff, manchmal sich öffnend zu weiten, offenen Flächen.

Mir war immer noch kalt, obwohl ich mich zusätzlich zu meiner Arktisausrüstung in zwei Decken eingewickelt und vor dem Ruder einen Segeltuchschutz geriggt hatte, um den Fahrtwind abzuhalten. Das Rigg vereiste. Das war eine große Sorge. Jedesmal, wenn ich eine Verbreiterung der Fahrrinne oder einen Fleck offenen Wassers erreichte, laschte ich das Ruder fest, überließ das Schiff der Gnade der Strömung, kletterte die Masten hoch und schlug das Eis mit einer kleinen Axt los.

Übermüdet wie ich war, wurde dies zu einem Alptraum, und es brauchte in der Kälte übermenschliche Anstrengung. Hoch oben im Mast wehte der Nordwind schneidend kalt und vereiste meine Kleidung. Mein Atem gefror in einer zentimeterdicken Schicht auf dem Schal, den ich zwischen Brille und Kragen um das Gesicht gebunden hatte.

Es wäre Selbstmord gewesen, das Eis nicht vom Rigg abzuschlagen. Es bildete sich mit dem Wind so schnell, daß es innerhalb von drei Stunden ein derartiges Gewicht hoch oben am Schiff formen kann, das schwerer wiegt als der Schiffsballast und das Boot zum Kentern bringt. Die CRESSWELL würde sofort sinken. Falls ich nicht gleich mit ertrank, würde ich erfrieren. Wenn es mir gelang, mich auf das Packeis zu retten, würde ich in einem mehrere Tage langen, verzögerten Todeskampf erfrieren – und verhungern noch dazu. Es war also eine Überlebensfrage, das Eis loszuwerden.

Am 1. September morgens schlief ich fast im Stehen ein. Ich war auf 76° 10′ Nord. Die Bismarck-Station war nur noch lächerliche dreißig Meilen entfernt. Vielleicht lag voraus gerade noch soviel offenes Wasser, daß ich bis Kap Bismarck kommen und in Sicherheit schlafen konnte. Vielleicht schon hinter dem nächsten Eiskap, vielleicht schon um die Ecke jenes Eisbergs, löste sich das Eis weit genug auf, daß ich die dreißig Meilen schaffen konnte. Dreißig Meilen mit einer Hochseeyacht – das waren unter normalen Bedingungen gerade sechs Stunden Segelzeit, eine halbe Stunde im Wagen bei guter Straße. Dreißig Meilen – das bedeutete den Unterschied zwischen Sicherheit während des bitterkalten Winters und unbeschreiblichem Ungemach, Gefahr und möglicherweise sogar dem Tod, einem kalten, einsamen Tod im Eis. Ich knüppelte vorwärts, nur noch vom Willen getrieben, meine Körperkraft verebbte durch den Schlafmangel. Ich war jetzt dreihundert Meilen näher am Nordpol als sich die nördlichste Spitze Alaskas erstreckt.

Doch plötzlich entschied sich mein Schicksal, obwohl ich es noch nicht gleich erkannte. Die Wasserrinne, der ich den ganzen Tag kalter Tortur hindurch gefolgt war, endete an einer massiven Eismauer. Ich kam um eine Ecke und lag plötzlich wie in einem Hafen. Mein Treibstoffvorrat war jetzt so gering, die Maschine auch so kalt, daß es nicht in Frage kam, mit dem Motor aus dieser Sackgasse herauszukommen. Ich nahm die Gelegenheit wahr, vertäute das Schiff nur mit einer Bugleine am Eis und ging schlafen. Vier Stunden lang schlief ich wie ein Toter.

Als ich aufwachte, fühlte ich mich schon viel stärker und zuversichtlicher. Ich kletterte auf das Packeis. Früher war es schwieriger gewesen, hochzukommen, um den Pflock einzuschlagen. Ich hatte sogar mit der Axt Stufen ins Eis schlagen müssen, um auf die Scholle zu kommen, denn ich war zu schwach gewesen, einfach hochzuspringen. Nun war es viel leichter. Der Himmel hatte sich zu einer grauen Dämmerung erhellt. Der Wind jedoch kreischte immer noch von Norden her über die Schollen, und es war schwierig, oben auf dem Eis zu stehen.

Ich sah sofort nach Norden. Es war der bitterste, enttäuschendste Anblick meines Lebens!

Dort, nur vierzig Meter von mir entfernt, auf der anderen Seite einer Brücke, die zwei riesige, zusammengeschobene Packeisfelder verband, die sich, soweit das Auge reichte, nach Osten, Westen, Nordost und Nordwest erstreckten, führte eine Fahrrinne nach Norden, an deren Ende sich ein breiter Streifen offenen Wassers direkt über den nördlichen Horizont ausdehnte!

„Verflucht und zugenäht, verdammte Scheiße!" Ich beschimpfte mich selbst, das Eis, die vierzig Meter, alles. Ich stiefelte zurück an Bord, griff die große Holzfälleraxt und hackte wie rasend auf das Eis ein. Nach einigen Minuten wurde mir klar, wie aussichtslos es war, durch eine 40 Meter breite und drei Meter hohe Eismauer eine Bresche schlagen zu wollen. Ich setzte mich aufs Eis. Tränen waren bei diesen Temperaturen zwecklos, sie würden sofort gefrieren. Dann malte ich mir aus, was geschehen würde, wenn die beiden Eisfelder, von denen jedes höher war als das Schiff, zusammenstießen.

Es gab nur eine Lösung! Zurück nach Süden zu segeln war unmöglich. Es würde Tage dauern, die viele Meilen langen Eisfelder zu überholen, und inzwischen konnten sie jederzeit zusammenkrachen, besonders, wenn das westliche Feld auf das feste Küsteneis trieb. Ich hätte dann keine Chance mehr. Wenn ich aber hier blieb, war ich erst recht ein toter

Mann. Wenn ich nach Süden segelte, war ich wahrscheinlich auch ein toter Mann. Die dritte Möglichkeit, so schwierig sie auch schien, bedeutete die einzige Lösung: Ich mußte das Schiff auf die Eisscholle schaffen, zwei Meter hoch aus dem Wasser. Bloß wie?

Da war nur ein Weg: Ich mußte eine Rampe in das Eis schlagen, die breit genug für CRESSWELLS Rumpf war, dann mußte ich ihren Bug erleichtern und das Schiff mit dem Bug auf das Eis bugsieren, während das Heck noch beladen und schwer im Wasser lag. Anschließend mußte ich sie vollständig entladen und den leeren Rumpf den Slip hochziehen.

Also machte ich mich sofort an die Arbeit. Ich hackte Tonnen von Eis mit der Axt los, festes, hartes Eis, bis nach neun Tagen verbissener Plackerei eine Rampe entstanden war. Sie begann unterhalb der Wasserlinie und führte in einer Steigung von ungefähr 25° die Eisscholle hoch und fast bis zur anderen Seite dieser Eisbrücke hinüber. Ich arbeitete, solange es hell war, hackte, schaufelte, schlug auf das Eis ein, bis eine einigermaßen glatte Ebene geschaffen war.

Am 9. September entlud ich sämtlichen Proviant, alle Segel, alles Werkzeug, über eine „Leiter“, die ich aus Ersatzholz zurechtgezimmert hatte, damit ich von Deck direkt auf das Eis hochklettern konnte.

Als der Vorfuß über der Wasserlinie lag, bugsierte ich den Schiffsbug auf die Rampe und zog die CRESSWELL darauf hoch, bis der Kiel gerade einige Zentimeter auf dem Eis ruhte. Danach entlud ich die Mittelsektion des Schiffes, wobei sich der Vorfuß sogar noch höher über dem unteren Ende des Slips in die Luft hob.

Mit viel Mühe grub ich anschließend ein anderhalb Meter tiefes Loch für den sechzig Pfund schweren Hurrikan-Anker am Ende der Rampe ins Eis. An der Ankerkette war eine Nylontrosse von zweieinhalb Zentimeter Durchmesser und knapp zweihundert Meter Länge befestigt. Ich füllte das Loch mit dem Anker mit Salzwasser auf und legte mich nach einem anständigen Essen aus Corned beef, Reis und Porridge kurz schlafen.

Als ich aufwachte, war das Salzwasser im Loch steinhart gefroren. So hatte ich einen guten Angelpunkt, gegen den ich das Schiff hochziehen konnte. Es gab keine Winschen auf der CRESSWELL, deshalb mußte ich sie mit fünf Blöcken und Taljen (jede mit drei Scheiben) hochziehen. Ich hackte „Startlöcher“ ins Eis oben auf der Scholle, schor die Sturmtrosse durch die Blöcke und machte mich daran, viereinhalb Tonnen eine schiefe Ebene von 25° hochzuziehen. Es dauerte fünf Tage, das Vorschiff bis zur Kette hochzuziehen, eine Sache von knapp dreißig Metern oder so. Der Kiel saß nur ungefähr dreißig Zentimeter unterhalb der oberen Eiskante. Die Cresswell war nicht mehr in Gefahr! Sie saß fast oben auf dem Eis, dem entsetzlich kalten Wind ausgesetzt, bedeckt mit Reif und Eis, doch sie war in Sicherheit. Das war die Hauptsache. Müde staute ich die Vorräte außer einigen Kisten mit Corned beef, die in der Kajüte wertvollen Platz fortnehmen würden, wieder an Bord. Das Corned beef deckte ich mit einem alten Segel zu, das ich auf dem Eis festnagelte. Dann bemerkte ich, daß auch der Nordausgang von der Scholle fort dicht mit Eis verstopft war.

„Etwas Gutes hat die Lage, alter Junge“, meinte ich zu Nelson, als ich zu einer langen Ruhepause unter Deck stieg, „wenigstens brauchen wir jetzt keine Angst zu haben, daß das Rigg einfriert.“ Dennoch würde ich das Eis mindestens zweimal täglich abschlagen müssen, damit die Masten unter dem Gewicht nicht brachen.

Ich kochte einen großen Topf Burgoo, damit ich mich die nächsten ein, zwei Tage gründlich erholen konnte, und nagelte alle meine Schaffelle innen über die Kajütenverkleidung. Bullaugen und Deckslicht vernagelte ich mit Filz. Inzwischen erwärmte sich die winzige Kajüte durch den Kocher. Ich ging noch einmal zu einem letzten Rundumblick an Deck.

Der Wind war endlich eingeschlafen, und außer dem fernen Krachen und Mahlen des Eises gab es kaum ein Geräusch. Die Sonne war hinter den Südwest-Horizont gefallen und verwandelte den Himmel von blassem Blau zu Türkis, Preußisch-Blau, dann herrschte Rabenschwärze. Im Norden und Osten leuchteten die Sterne so hell, daß es war, als hingen sie um meine Schultern. Die trockene Atmosphäre ließ die Strahlen der Sterne miteinander verschwimmen. Es war, als stünde ich unter einem enormen Kristalleuchter mit Billionen, Trillionen von funkelnden Kerzen.

Ich fand, es war zu kalt, um draußen zu schiffen. Ich würde es in die große Korbflasche für Wein erledigen, die fest zu verschließen war, und die ich bei Schlechtwetter benutzte. Ich berührte die Besanwanten mit meinen behandschuhten Händen. Kleine glitzernde Eisstücke fielen vom Drahtrigg. Ich mußte daran denken, meine Schneebrille später zu reinigen. Ich hatte sie in der sich vertiefenden Dämmerung abgenommen. Essensduft wehte appetitlich den Niedergang hoch.

Obwohl es mir nicht gelungen war, Nansens Breite von 84° Nord zu erreichen, war ich doch sehr dicht herangekommen – bis auf 8°. Ich war nur 850 Meilen vom Nordpol selbst entfernt, und trotz der denkbar gefährlichen Lage, in der CRESSWELL sich noch vor nur zwei Wochen befunden hatte, war sie jetzt verhältnismäßig sicher. Zumindest solange, bis das Eis unter ihr aufbrach.

Als ich mich umdrehte, um unter Deck zu klettern, sah ich den Bär. Vier Meter lang! Er trabte leise und schnell über das schneebedeckte Eis. Nur noch fünfzig Meter war er entfernt und kam genau auf uns zu!

15

Einsam im Eis

„Großer Gott!" flüsterte ich Nelson zu, der ebenfalls an Deck war und gerade sein Geschäft außenbords verrichtete. Er war stocksteif geworden, die Ohren zitterten, sein Auge starrte das nahende Ungeheuer an. Ohne zu denken schnappte ich mir Nelson und war schon den Niedergang runter.

Während ich die Leiter hinunterschlitterte, war ich sekundenlang geschockt. Instinktiv griff ich nach meiner Harpune, einem zweieinhalb Meter langen Eschenschaft mit einer guten, gefetteten, nadelscharf geschliffenen Eisenspitze und drehte mich wieder zum Niedergang um. Dann setzte rasend schnell mein Verstand wieder ein. „Los, Bewegung", schrie ich Nelson an, „raus mit deinem fetten Arsch, du Saukerl! Der Bastard muß denken, du bist ein Wolf!" Nelson schüttelte mit einem Ruck seine Starre ab, sprang die Leiter hoch und rannte, so schnell ihn seine drei Beine tragen konnten, zum Vorschiff, wo er sich knurrend postierte.

Der Bär stellte sich gerade auf die Hinterbeine und fetzte mit seinen Riesentatzen auf die Reling. Als sein Kopf mit den grausamen Fängen und glitzernden, drohenden Augen über dem Dollbord erschien, stach ich mit der Harpune aus dem Niedergang nach ihm. Ich wollte ihn von dort aus der Deckung heraus vertreiben. Mein Unterkörper war geschützt und ich konnte mich ducken, wenn er nach mir langte.

Der Bär zuckte mit Kopf und Körper erstaunt zurück. Seine enormen Tatzen zerrissen den obersten Draht der Reling und knickten die zweieinhalb Zentimeter dicken Relingstützen aus galvanisiertem Eisen, als wären sie aus Wachs. Da begriff ich, daß diese gigantische Kreatur, wenn sie wollte, die Kraft hatte, das Schiff buchstäblich in Stücke zu reißen. Gleichzeitig wagte Nelson kläffend, knurrend und bellend einen ritterlichen Ausfall auf dem Seitendeck gegen ihn. Die Hölle brach los. Der Bär erholte sich von seinem Schreck und warf sich mit seinem vollen Gewicht dumpf gegen den Rumpf, der mit quietschendem Kiel seitlich auf der Rampe wegrutschte. Ich reagierte schnell und zielte auf seine rechte Pranke, die durch die Segeltuchbespannung des Deckshauses direkt in das darunterliegende Holz fetzte. Die Harpune traf ihn voll durch die Pfote und blieb im Holz darunter stecken. Der Bär röhrte wütend auf, riß Tatze samt Harpune los und ließ sich auf alle viere aufs Eis fallen. Die Harpune schlitterte scheppernd über das Eis. Sein heißer und traniger Atem keuchte wie eine Dampflokomotive. Einen Augenblick erstarrten Nelson und ich vor Schreck und Angst. Der Bär kroch auf allen vieren ums Schiff und stieß mit dem Rücken dagegen. Da erinnerte ich mich an die Leuchtpistole!

Als ich vor Shannon den ersten Bären gesichtet hatte, hatte ich die Pistole für solche Notfälle geladen. Ich sauste unter Deck und suchte mit zitternden Händen im Karton mit der Signalmunition nach der Pistole. Der Bär war inzwischen über die Rampe auf der anderen Seite hochgeklettert, hieb mit einer Pranke auf das Dollbord ein und versuchte gleichzeitig, Nelson zu erwischen, der alles tat, um ihn von mir fort nach vorn zu locken. Ich kletterte den Niedergang hoch und drehte mich zum Bären um. Die Pistole hielt ich in einer klammen Hand und schlug mit der anderen geballten Faust, so hart es ging, aufs Deckshaus.

Der Bär drehte sich zu mir um und entblößte seine mörderischen Fänge. Die hungrigen, bösartigen Augen sprühten vor Ärger. Ich drückte ab und schoß die Leuchtrakete genau in den aufgerissenen Rachen. Sie verschwand mit einem Strom roter Funken darin. Grunzend warf der Bär sich rückwärts aufs Eis und wälzte sich vor Schmerzen, denn der Phosphor aus der Rakete brannte höllisch in seiner Kehle. Dann sprang er mit ungeheurer Kraft herum, hieb mit seinen Pranken auf das Eis ein und wiegte dabei die ganze Zeit seinen Oberkörper von einer Seite zur anderen, während Nelson auf das Eis gerutscht war und nach seinem Hinterteil schnappte. Nach einigen weiteren mächtigen Schlägen auf das Eis, die das ganze Schiff erschütterten, sauste der Bär über die Scholle und tauchte auf der anderen Seite ins Wasser. Doch das rettete ihn nicht, denn Phosphor brennt auch im Wasser. In der Ferne gab es noch ein mächtiges Platschen, und dann war er verschwunden.

Zitternd vor Angst und Kälte kroch ich unter Deck. Ich hielt immer noch die Pistole fest und konnte sie nicht loslassen. Meine Finger waren daran festgefroren! Ich grapschte einen Scheuerlappen, warf ihn in das noch immer siedende Stew, fischte ihn mit einer Gabel heraus und klatschte das dampfende Tuch über die Hand. Eine halbe Minute lang fühlte ich überhaupt nichts, doch dann begann die Blutzirkulation wieder, und das heiße Essen verbrannte mir die Haut. Daran merkte ich, daß noch mal alles gut gegangen war. Die Hand war nicht erfroren. Ich untersuchte mein Gesicht, das der Kälte in einem schmalen Streifen über dem vereisten Schal gerade unterhalb der Augen ausgesetzt gewesen war. Auf jeder Wange hatte ich zwei Flecken, weiß wie Fischbäuche. Ich wiederholte die Burgoo-Behandlung und spritzte mir in meiner Hast das heiße, schmierige Zeug auf die Lider. In Sekundenschnelle war die Behandlung erfolgreich, doch der Schmerz trieb mich fast durch die Decke.

Mittlerweile war auch ein immer noch vor Kampflust zitternder Nelson zurück in der Kajüte.

Er bekam zur Belohnung einen Knochen und etwas Zwieback. Ich schloß die Tür des Niedergangs und auch das Luk, um das Schiff wieder aufzuwärmen und sank mit dem Gedanken in die Koje: „Großer Gott, ich hoffe nur, daß nicht noch mehr von diesen Burschen hier 'rumschwirren!“

Zerschlagen nahm ich mir etwas Stew, aber ich konnte nicht viel herunterbekommen. Mir war schlecht vor Angst und Erleichterung.

Ich schlief endlich ein, hatte jedoch unruhige Träume. Vor dem Einschlafen aber hatte ich zwei Dinge beschlossen: Erstens würde ich, solange ich auf dem Eis war, nie länger als zwei Stunden hintereinander schlafen, und Nelson mußte während dieser Zeit in einer vor dem Wind geschützten Kiste im Cockpit Wache halten. Zweitens wollte ich vor dem Schlafen, wenn die Bedingungen es erlaubten, das Packeis auf tausend Meter im Umkreis auf Bärenspuren untersuchen.

Die Dänen hatten mir erzählt, daß Bären gewöhnlich auf treibenden Schollen und in Gegenden jagen, in denen es viele Robben gibt. Und wenn ein Bär in der Nähe ist, ist auch meist der Weißfuchs nicht weit, der sich mit den Resten der Robben bedient, die der Bär übriggelassen hat.

Nicht nur Bärenspuren auf dem Eis würden mich also warnen, sondern auch die viel kleineren Fuchsspuren.

Robben sind die ausschließliche Nahrung der Bären. Angeblich sollen sie auch Fische fangen, doch keiner der Dänen, die ich in Scoresby Sund getroffen habe, hatte je einen fischenden Bären gesehen, ebensowenig die Eskimos, denen ich später begegnete. Das ist ein Rätsel. Denn wenn, wie die Ernährungswissenschaftler uns immer wieder erzählen, Fett nur Treibstoff ist und das Protein den Körper aufbaut, wie kann der Bär, der sich offenbar nur von Robbenfleisch ernährt, das praktisch nur aus Fett besteht, einen derart großen, starken Körper aufbauen?

Während der kurzen Tage, die folgten, erinnerte ich mich an alles, was mir die Dänen über Bären erzählt hatten. Wie sie sich an die Robben heranpirschen, ihre großen, mächtigen Körper dabei auf das Eis gepreßt, so daß sie überraschend flach und unverdächtig von der Nase bis zum Schwanz wirken. Wenn es eine Bartrobbe ist, ein großes, schweres, bis zu sechshundert Pfund wiegendes Tier, befriedigt der Bär zunächst seinen Hunger, verläßt dann den Kadaver und trollt sich schlafen. Nach zwei oder drei Ruhetagen kehrt er zu den gefrorenen Überresten zurück, einem großen Berg steifgefrorenen Specks und Knochen, zermahlt und zerkaut die steinharte Masse zwischen seinen Zähnen, bis nichts mehr übrig ist – falls die Füchse nicht darüber hergefallen sind, während der Bär schlief.

Die Bären haben gewöhnlich den Fuchs im Gefolge, so wie der Löwe die Hyäne und den Schakal. Der Bär weiß, daß er den behenden Fuchs nicht erwischen kann, der Fuchs weiß, daß der Bär zu langsam für ihn ist. Wenn er also dem Bären folgt, rennt der Fuchs um den Bären herum und ärgert verspielt den großen, massigen König der Arktis. An Land behandelt der Weißfuchs den Menschen genauso wie den Bären: Er läuft völlig sorglos um ihn herum. Der Fuchs verwechselt den Menschen mit dem Bären. Der Bär verwechselt auf dem Eis schlafende oder liegende Hunde mit Robben. Der Bär hält auch einen bewegungslos sitzenden oder liegenden Menschen für eine Robbe. Er hält einen stehenden oder laufenden Hund für einen Fuchs. Wie er einen sich bewegenden Menschen sieht, ist nicht ganz klar. Entweder auch als Bären oder als ein anderes jagendes Tier. Was auch immer, draußen auf den Eisschollen wird der Bär angreifen, denn er kann sich keine Konkurrenten im Kampf ums Überleben leisten.

Während der wenigen Stunden mit Tageslicht bekam ich gute Sonnenstandslinien. Es stellte sich bald heraus, daß das Packeis mit einer Geschwindigkeit von einem halben Knoten ungefähr nach Süden trieb. Das sind circa zwölf Meilen pro Tag, doch als die Tage vergingen, verlangsamte sich die Drift. Ende September waren es nur noch sechs Meilen täglich. Das große Eisfeld bewegte sich stetig und sicher; ich war zu jener Zeit auf der Breite von 73°, irgendwo in der Nähe der Funkstation auf Myggbukta und Ella Island. Ich hielt das Schiff, so gut es ging, frei von Eis und Schnee, damit der Rumpf sich gegen das weiße Eis abzeichnete, falls ein Flugzeug vorüberkam. Einmal entdeckte ich tatsächlich im Dämmerlicht weit am Südhorizont ein Wasserflugzeug mit Kurs auf Nordwest, doch wegen der drohenden Bärengefahr wagte ich nicht, meine Leuchtraketen zu verschwenden und ihm damit ein Zeichen zu geben. Ich hatte nämlich nur acht Raketen dabei und wußte nicht, wieviele Bären noch auftauchen würden. Zum Glück aber kam nie wieder einer, obwohl ich sie bei zwei Gelegenheiten durch das Fernglas über entfernte Eisschollen wandern sah.

Anfang Oktober fing meine Scholle, die ich „Königliche Arche" getauft hatte, mit lautem Krachen, Stöhnen und Seufzen an, hier und da abzubröckeln. Die Wasserrinne im Norden der CRESSWELL verbreiterte sich wieder. Die „Königliche Arche" war wie eine Sanduhr geformt. Die beiden Gläser zeigten nach Osten und Westen, und die CRESSWELL saß oben auf dem schmalen Stiel. Wenn die westliche Ecke gegen das feste Küsteneis prallte, würden die beiden Teile sich trennen. Die Scholle würde genau dort, wo die CRESSWELL stand, auseinanderbrechen.

Ich überlegte, wie ich die CRESSWELL wieder ins Wasser bekäme. Es war sinnlos, sie über die Eisrampe nach Süden hinunterzulassen, denn dort gab es kein Fahrwasser mehr. Da war nur noch eine etwa zwei Meilen lange Linie hochgepreßter Eiskuchen und Eisstücke, die sich hoch in die Luft türmten.

Das einzig vernünftige Verfahren war, noch eine Rampe durch das Eis zur nördlichen Rinne zu graben, die CRESSWELL dort hinunterrutschen zu lassen und zu versuchen, nach Norden aus dem Eisfeld herauszukommen, das ziemlich lose zu sein schien und aus niedrigem, neugeformtem, „jungem" Eis bestand. Wenn ich es schaffte, sie ins Wasser zu bringen, hatte ich eine Chance, herauszukommen.

Ich kauerte in meinem Eskimoanzug draußen auf dem Eis. Ein

kreischender Sturm kam aus Süden und trieb Eisteilchen mit solcher Gewalt gegen meine Rentierjacke, daß ich es selbst durch die Innenschicht des dichten Fells spürte. Nelson umkreiste mich langsam und hielt in Sichtweite von 50 Metern Wache. Ich untersuchte das Eis mit der Harpune und plante den Verlauf der neuen Rampe. Da sah ich für einen kurzen Augenblick einen schwarzen Kloß auf der Scholle voraus ausgestreckt, nur fünfzig Meter entfernt. Eine Robbe! Ich warf mich flach aufs Eis.

Nelson war hinter mir, außer Sichtweite der Robbe. Ich hob den Kopf, sah mich um und versuchte, wie eine Robbe dabei auszusehen. Ich ruckte mit schnellen schnüffelnden Bewegungen meinen Kopf mit der Kapuze herum. Nelson hatte sich im Schneetreiben hingesetzt. Er roch, daß etwas vor uns war, obwohl der Wind schräg von uns zur Robbe wehte. Ich winkte mit der Hand, und Nelson warf sich flach auf den Bauch. Nur seine Nase zuckte.

Dort vor mir befand sich ein hochsensibles Tier mit eingebautem Alarmsystem. Ein Tier, das nie mehr als drei Minuten hintereinander schläft, das ständig auf der Hut vor Feinden ist und das mit überraschender Geschwindigkeit über das Eis in das sichere Wasser flüchten kann. Hinter mir ein weiteres Tier, hochintelligent bei der Pirsch, der Jagd und dem Aufstöbern, tapfer und kühn, doch verkrüppelt. Sein blindes Auge schien seine Sicht nicht besonders einzuengen. Sein Nachteil war das fehlende Bein, so daß er ein wenig langsamer als ein Jagdhund war. Und dazwischen ich, ein Mensch, klug genug, um Waffen zu entwickeln, die eine Robbe auf eine Meile Entfernung töten können, doch nun darauf beschränkt, selbst zur Robbe zu werden, um nahe genug zum Zuschlagen heranzukommen.

Bald war ich bis auf vierzig Meter an die Robbe heran. Sie hob ihren glatten Kopf, stützte den Oberkörper auf die Flossen und sah sich langsam um. Dann ließ sie sich wieder aufs Eis fallen. Ich beobachtete sie einige Sekunden und kroch dann wieder vorwärts. Ungefähr alle fünf Minuten hob ich genau wie die Robbe den Kopf und sah mich um. Nelson schob sich ebenfalls platt auf dem Bauch direkt hinter mir langsam vorwärts, so daß mein Körper zwischen ihm und der Robbe blieb. Eine Stunde später war ich bis auf zwanzig Meter an die Robbe heran. Sie hatte mich mehrfach minutenlang angestarrt und sah jetzt nicht mehr zu mir herüber, sondern erhob sich immer noch auf ihre

Flossen und hielt Ausschau, sparte aber meine Richtung aus. Ich erkannte daran, daß sie mich jetzt ebenfalls für eine Robbe hielt.

Ich schlängelte mich leise vorwärts und drückte mich dabei so dicht wie möglich auf das Eis. Mittlerweile fingen meine dunklen Brillengläser an zu beschlagen, und ich hätte sie liebend gern abgenommen und gereinigt, doch das hätte die Robbe natürlich gewarnt. Ich rutschte wieder vorwärts, richtete mich auf, sah mich um. Nelson kam nicht mehr mit mir vorwärts. Er war zu gerissen, so nahe an die Robbe heranzugehen, daß sie ihn sehen und für einen Fuchs halten konnte, der einem Bären folgt. Noch eine Stunde, weitere zehn Meter, dann ein langsames Gleiten über das glatte, vom Zwielicht erhellte Eis. Für die nächsten fünf Meter brauchte ich ungefähr zwanzig Minuten, weil ich mich etwas schneller bewegte, denn die Robbe wurde unruhig und ich hatte Angst, sie könnte plötzlich ausreißen.

Jetzt konnte ich sie aus der Nähe betrachten. Sie war an die drei Meter lang und muß ungefähr vierhundert Pfund gewogen haben. Es war eine Bartrobbe, die die Eskimos „ugrug" nennen. Ab und zu stemmte sie sich schläfrig wie ein riesiger Faulpelz hoch und suchte die von mir abgewandten Seiten ab. Manchmal schlug ihre Schwanzflosse träge auf das Eis. Sie sah dick und zufrieden aus. Es war genug Essen an ihr dran, um mir die Kraft zum Bau von zehn Rampen zu geben! Ich rückte näher und versuchte, dieselben Atemgeräusche wie sie, ein schweres Schnaufen und Schnarchen zu produzieren.

Fünfzehn Meter entfernt nahm ich meine Füße hoch und schlug, genau wie sie es mit der Schwanzflosse tat, damit aufs Eis. Als sie wieder hochkam, um Ausschau zu halten, hob ich langsam die Harpune und warf sie ihr, so hart ich konnte, direkt ins Genick. Die Harpune ging glatt durch. Die Robbe fiel wie ein Stein, ohne sich zu rühren, ohne Zucken, nichts. Ihr riesiger Körper sackte einfach auf dem Eis zusammen.

„Los, Junge!" Ich sprang auf, stürzte mich auf den Harpunenschaft und drehte ihn heraus. Nelson stand blitzschnell mit zurückgezogenen Lefzen gerade außerhalb der Reichweite des Kopfes und der Kehle, schnappte und knurrte, bereit, zuzubeißen. Ich stieß die Harpune noch einmal, so weit es ging, in den Rücken. Es gab einen leichten Widerstand, als der Stahlwiderhaken in das harte Fell drang, doch danach glitt er wie ein Pfeil durch eine Speckseite.

Nun war ich sicher, daß die Robbe wirklich tot war. Ich sah mich nach Bären um und stapfte dann zum Schiff zurück, um einen Eimer und eine Kiste zu holen. Zwei Stunden später lag genügend Speck am Schiff, um eine kleine Schiffsmannschaft zwei Wochen oder länger zu ernähren.

Nach dem Essen und einer Patrouille in unserem Umkreis legte ich mich schlafen, während Nelson auf Wache an einem riesigen Fetzen rohen Robbenfetts kaute.

Nach dem Aufwachen fing ich mit der neuen Rampe an. Ein mühsamer Knochenjob. Bei der ersten Rampe hatte ich große Schwierigkeiten gehabt, die riesigen Eisstücke mit meinen behandschuhten Händen fortzubewegen. Ich hatte mir aus einem großen Angelhaken für die Haijagd, an dem ich einen Holzgriff befestigte, einen „Stauerhaken" gebaut, mit dem ich in das Eis einpicken und es wegziehen konnte. Es dauerte bis zum 15. Oktober. Dann war die Rampe fertig. Zwei Tage lang konnte ich nichts tun und mußte vor einem wütenden Blizzard unter Deck flüchten. Als nächste Aufgabe mußte ich das Schiff bewegen.

Also zuerst den Hurrikan-Anker wieder ausgraben, ihn dann in einem neuen Loch achtern vom Schiff einsetzen. Danach den fünfzig Pfund schweren Stockanker in ein weiteres, eineinhalb Meter tiefes Loch genau oberhalb der Rampe zehn Meter weiter unten eingraben. Ich wollte die CRESSWELL mit dem Stockanker vorwärtsziehen, bis sie, Bug voran, oben auf der neuen Rampe saß, und ihren Weg den Slip hinunter ins Wasser mit der Sturmtrosse, die am Hurrikan-Haken angesteckt war, abbremsen.

Leichter gesagt als getan, doch am 16. Oktober war schließlich alles fertig, und ich begann, das Schiff mit Hilfe der großen Blöcke oder Flaschenzüge, wie Landratten sie nennen, zentimeterweise über das Eis zu ziehen, nachdem ich zweieinhalb Tonnen an beweglicher Ausrüstung und Proviant ausgeladen hatte. Am 17. schwankte das Schiff oben auf der Rampe nach vielen Stunden harter Arbeit in schneidender Kälte, unterbrochen nur von herzhaften Mahlzeiten aus gekochtem Robbencurry, Keksen, Porridge und großen Klecksen Erdbeermarmelade, die ich großzügig über das Ganze schmierte. Ich knüpfte die Bremstrosse an den Hurrikan-Haken, gab dem Heck einen mächtigen Schubs, griff die Bremstrosse, und schon rutschte die CRESSWELL wie bei einem richtigen Stapellauf hinunter, nur ging sie mit dem Bug voran. Ich hatte eine Menge Gewicht im Heck gelassen, so daß der leere Bug hoch in die Luft tanzte, als sie aufs Wasser klatschte. Das Heck schwang seitlich herum, und da schwamm sie schon, durch die schwere Trosse kontrolliert und davor bewahrt, mit den kleinen Eisschollen im Wasser zu kollidieren.

Nun belud ich das Schiff wieder mit Hilfe der Leiter, aus der ich mittels einer Planke eine Gangway gebastelt hatte. Ich zog die Vorräte mit einer Art Schlitten übers Eis, den ich in den verhältnismäßig ruhigen Tagen auf der Scholle zusammengenagelt hatte. Die Arbeit war schnell getan, denn Nelson half mir beim Ziehen und nahm das zweite Seil zwischen die Zähne. Das Stauen war in dem sehr dunklen Schiff, in dem nur zwei kleine Petroleumlampen flackerten, nicht leicht.

Nach kurzem Schlaf und noch einer Mahlzeit ging ich hinaus, um die Maschine auszuprobieren. Sie war trotz aller Versuche, sie warmzuhalten, eingefroren. Ich hatte sogar von der Kombüse einen Abzug in den Maschinenraum gelegt, um die warme Luft hineinzuleiten. Doch ohne Erfolg. Der Lötkolben weigerte sich, zu funktionieren, obwohl ich eine Stunde lang mit klammen Fingern herumprobierte. Es gab nur einen Ausweg: mühsam nahm ich den Kajütofen und Abzug auseinander und baute ihn in mehreren Stunden im Maschinenraum ein. Der Rauch zog nun durch den Motorauspuff ab. Der Trick half. Am 18. Oktober frühmorgens lief die Maschine wieder, und wir schoben uns langsam durch dünnes, neues Eis hinaus nach Nordwesten. Da wir in Lee der „Königlichen Arche" schwammen, war die See spiegelglatt. Ich drehte die Maschine voll auf und fuhr durch die dünnen Eiskuchen, die wie leuchtende Wasserlilien auf der Oberfläche der gefrierenden See schwammen.

Die Sonne ging am 18. gegen elf Uhr morgens auf, und wir hatten bis gegen ein Uhr mittags Tageslicht, die Dämmerung dauerte bis vier. Wir kamen gut voran, denn CRESSWELLS Rumpf war bärenstark, und sie rammte sich ihren Weg durch das dünne Eis. Allmählich erweiterte sich die Fahrrinne. Wenn ich erst einmal aus dem Packeis heraus in verhältnismäßig freiem Wasser war, wollte ich nach Süden halten bis zu einem Punkt, an dem ich Ost nach Island drehen oder mich sogar in einen grönländischen Fjord hineintasten wollte, um dort zu überwintern.

Doch plötzlich entschied wieder das Schicksal für mich. Am westlichen Horizont entdeckte ich einen sich nähernden Rauchfleck. Ich feuerte eines meiner Notsignale ab und beobachtete den Schiffsrumpf, der jetzt mit seiner hellen Kabinenbeleuchtung deutlich zu erkennen war. Ein helleres Licht blitzte aus der Richtung der Brücke. Sie hatten mein Signal gesehen!

Ich klopfte Nelson auf den Kopf: „Jetzt benimm dich, Kumpel, wir kriegen Gesellschaft!"

Das Schiff war bald sehr nahe. Es hatte einen breiten Pfad direkt durch das dünne Eis gebrochen, trug die dänische Flagge, hieß GUSTAV HOLM und war in Kopenhagen registriert. Als man meine zerfetzte, kaum zu erkennende rote Nationale enträtselt hatte, rief mich einer der Offiziere durchs Megaphon auf englisch an:

„Woher kommen Sie?"

„Reykjavik. Ich wollte nach Jan Mayen, bin aber steckengeblieben."

„Das sehen wir. Wie war die Reise?"

„Mal so, mal so."

Er lachte. Als das Schiff näher heranmanövrierte, hörte ich ihn deutlich zu den anderen, die sich auf der Brücke drängten, sagen: „Verdammte Engländer. Verdammte, verrückte Kerle!"

„Hallo da oben!" rief ich hinauf, „hallo Brücke!"

„Ja?" fragte er, neigte sich tief herunter und legte die behandschuhte Hand hinter das Ohr. Ich sah deutlich sein sauber rasiertes Gesicht unter der sauberen Kapuze seines Parkas.

„Ja?" rief er wieder.

„*Waliser,* wenn ich bitten darf!"

16

Gefangen!

Unbeholfen und behindert durch die Seehundstiefel und Arktisbekleidung hangelte ich die Strickleiter hoch, die man über die wettergegerbte Seite der GUSTAV HOLM heruntergelassen hatte. Die Seile begannen schon, in der Kälte zu gefrieren. Doch eine Anstrengung war es nicht, denn meine Armmuskeln waren nach sechs Wochen Ziehens und Grabens im festen Eis wie Stahl. Bald polterte ich auf Deck, von der erstaunten Crew und den Passagieren beäugt.

Ich wurde von Kapitän Svensson begrüßt, der mir herzlich die behandschuhte Faust schüttelte und mich zu seiner Kabine unter Deck führte. Bald streifte ich meine Rentierjacke in der warmen Kabine ab. Das Hemd darunter war schmutzig und steif vor Schweiß. Mein Bart war 20 Zentimeter lang.

„Nehmen Sie erst einmal ein Bad, und inzwischen lasse ich Ihre Sachen reinigen“, schlug der Kapitän, der überraschend jung, um die 30, war, mir vor. Doch dann erkannte ich, daß es ein Zeichen für mein herannahendes Alter war, wenn mir der Kapitän jung vorkam.

Der Steward brachte mich ins Bad, und ich blickte mich staunend darin um. Das erste Bad, das ich seit Monaten, seit dem Auslaufen aus Island, betrat! Das Wunder heißen Wassers, das durch Drehen eines Hahnes floß, entzückte mich. Ich weichte eine halbe Stunde im heißen Schaumbad. Das erste Mal seit Wochen war mir richtig warm. Hinterher begutachtete ich mich im Spiegel. Das Auge hatte sich vollständig von dem Schlag erholt, den ich auf der Reise von St. Kilda her erwischt hatte. Obwohl ich müde war, fühlte ich mich aber insgesamt so fit wie seit Jahren nicht mehr.

„Wie war das Bad?“ fragte der Kapitän, als ich fertig war.

„Für einen bescheidenen Yachty gibt es keine bessere Begrüßung, keinen größeren Luxus“, meinte ich.

Das Abendessen mit Mannschaft und Passagieren war dänische Küche. An jenem Abend gab es gekochten Schinken. Wie bei Nordeuropäern üblich, häufte man mir viel zu viel auf meinen Teller, und wie gewöhnlich mußte ich mich für mein geringes Fassungsvermögen entschuldigen. Doch der Aquavit lief gut hinunter, obwohl ich beim Trinken bremste.

Während des Essens sagte der Kapitän: „Sie wissen, daß ich Ihr Schiff leicht aus dem Wasser heben und Sie an Deck nach Reykjavik bringen kann.“

Doch nichts wollte ich weniger. Die Hafenbehörden dort hatten mir ungefähr zehn Dollar pro Tag an Liegegebühren abgeknöpft, die Rate für Fischerboote, eine astronomische Summe. Das war offener Raub, denn ich befand mich weder aus kommerziellen Gründen in isländischen Gewässern, noch hatte ich ihre Fischgründe ausgebeutet, zudem hatte ich die ganze Zeit draußen geankert und die Hafenanlagen nur dazu benutzt, 160 Liter Wasser zu tanken. Außerdem war ich jetzt 360 Meilen nördlich von Reykjavik, und wenn es mir gelang, an Grönlands Küste zu überwintern, war ich für den nächsten Versuch im Frühsommer 1960 dort in einer sehr günstigen Ausgangsposition. So großzügig auch das Angebot des Kapitäns war, wäre es bei Schlechtwetter nicht möglich, die CRESSWELL rechtzeitig wieder ins Wasser zu setzen, bevor die GUSTAV HOLM Reykjavik erreichte, und dann hätte ich unter den aufmerksamen Augen der Schiffahrtsgesellschaft noch eine gesalzene Frachtrechnung zu zahlen, meine Mittel aber waren knapp.

„Herzlichen Dank für Ihr Angebot, Kapitän Svensson, es ist sehr freundlich, doch ich denke, ich will versuchen, in einen der grönländischen Fjorde zu kommen. Sie sagten, unsere Position sei jetzt 60 Meilen südöstlich vom King-Oscar-Fjord. Wie wäre es, wenn ich mich nach dort durchschlagen und den Fjord bis zur Insel Ella hochliefe? Ich könnte in der Funkstation überwintern.“

Er schüttelte den Kopf: „Ausgeschlossen! Wir kommen soeben daher und haben es gerade noch durch das aufgetürmte Küsteneis im Fjord geschafft. Wir hatten sehr viel Glück, nicht selber dort einzufrieren. Sie hätten keine Chance.“ Nach dem Essen führte er mich zur Brücke hoch und zeigte mir eine Karte von Ostgrönland.

„Sehen Sie, wenn Sie dazu entschlossen sind, ist Ihre beste Chance vermutlich, in den Scoresby-Sund einzulaufen. Es kommen zwar sehr viele Berge von den Inlandgletschern herunter, aber der letzten Meldung zufolge ist das Küsteneis noch ziemlich lose. Das Packeis bewegt sich noch, so daß Sie eine gute Chance haben, sich ihren Weg dort hinein zur Funkstation zu bahnen. Ich werde sie auf jeden Fall anfunken und davon informieren, daß Sie auf dem Weg sind. Wenn Sie dort innerhalb der nächsten Tage nicht ankommen, kann man das Catalina-Wasserflugzeug in Angmagssalik alarmieren und nach Ihnen suchen.“

„Das klingt sehr gut, Kapitän. Hören Sie, ich möchte Sie auch nicht weiter aufhalten. Sie waren außerordentlich hilfreich und freundlich, und ich bin Ihnen aufrichtig dankbar. Mange tak!“

Ich kletterte auf mein Bootsdeck zurück, klopfte Nelson auf den Rücken, löste die Leinen und machte mich wieder auf den Weg. Die Gustav Holm verschwand im Südosten, ihre Crew und die Passagiere standen an Deck und winkten, als sie sich durch das dünne Packeis schob. Ich folgte dem Pfad, den sie gebahnt hatte, bevor sie mich traf, auf die grönländische Küste zu.

Es war kalt, ein eisiger Wind wehte mit 15 Knoten vom Nordosten. Ich hatte bald die Arbeitsbesegelung oben und war in zwei Stunden in verhältnismäßig eisfreiem Wasser. Nach weiteren zwölf Stunden in eisiger Kälte am Ruder, hinter den Leinwandschutz geduckt, den ich gegen den Fahrtwind geriggt hatte, sichtete ich im Südwesten das rote Topplicht der Scoresby-Funkstation. Ich tastete mich um den Rand eines Trümmerfeldes aus Küsteneis herum und lief in den großen Sund ein. Jetzt war ich nur noch wenige Meilen von einem guten Winterhafen entfernt mit Gesellschaft und Wärme während der kommenden dunklen Monate.

Doch sooft ich es auch versuchte, ich fand keinen Weg durch das Eis an die Küste heran. Im fahlen Zwielicht des Tages schätzte ich, daß ich bestenfalls nur bis auf 8 Meilen an die Station herankäme. Und dort, am Rande des Küsteneises, wäre ich den Winterstürmen und den enormen, ungeheuren Eisbergen auf ihrem Weg hinaus auf See schutzlos ausgesetzt. Da gab es nur eins: ich mußte versuchen, in den großen langen

Fjord einzudringen und einen geeigneten Platz finden, wie einsam auch immer, wo ich das Schiff vielleicht an Land setzen konnte, um es davor zu bewahren, von dem sich auftürmenden Küsteneis zerquetscht zu werden. Also machte ich mich in den Scoresby-Sund auf und beobachtete, wie das winzige rote Licht voll Wärme und Freude hinter dem Küstennebel verschwand. Ich wußte, daß die Leute in der Station mich wegen des Nebels vermutlich nicht sehen konnten, obwohl ich ein Licht fuhr. Dann erinnerte ich mich an das große Nebelhorn aus Messing. Ich tutete sechsmal: „Dah dit dah, dah dit dah – ich möchte mit Ihnen sprechen," und horchte. Keine Antwort. Nochmal probiert, und dann hörte ich sie – 8 Meilen entfernt. So weit trägt der Schall in der trockenen Arktisluft. Sie morsten langsam und deutlich zurück. Ihre Töne waren tief und melancholisch. Ich hörte gespannt zu.

„Dit dah dah, dit dit dit dit, dit, dit dah dit, dit. Dit dah dit, dit, dit dah. Dit dah dit, dah dah dit dah." (Welche Route, Frage?)

Ich drehte die Kurbel des Horns kräftig: „Genau West, fjordaufwärts, versuche Kap Syd."

Die Antwort kam nach einer kurzen Pause: „Ja, Nachricht verstanden. Ende."

Das war die letzte Verbindung, die ich, abgesehen von Eskimos, für über ein Jahr mit irgend jemandem hatte. Langsam wand ich mich unter Segeln und Maschine zwischen den Eisschollen und -bergen fjordaufwärts, fuhr hierhin und dorthin unter dem Mond und den Sternen, umgeben von glänzenden, funkelnden Eisgebirgen, die sich dreitausend Meter hoch um den weiten Fjord auftürmten. Ich kam nur langsam vorwärts, und es dauerte weitere zwei Tage, bis ich einem Umiak, einem zwölf Meter langen, aus Häuten gefertigten Boot mit fünf Eskimos darin begegnete. Sie paddelten zu mir herüber, denn sie kamen aus dem Wind, und ich hatte die Segel aus Angst, mit einer Scholle zu kollidieren, sehr stark gekürzt. Sie winkten und zeigten auf die Küste. Anfangs schien da nichts außer blankem Fels zu sein, doch dann entdeckte ich die drei Hütten auf einer kleinen Landzunge. Einige Kinder rannten über das Eis am Strand. Im Osten der Hütten zweigte ein kleinerer Fjord vom Hauptfjord ab. Ich segelte ihn drei Stunden lang hinauf. Er war völlig eisfrei, bis zum Strand hinauf!

Ich startete die Maschine und lief hinein, nahm die Segel herunter und steuerte das Schiff langsam im rechten Winkel voraus auf den Kiesstrand zu und dosierte die Geschwindigkeit dabei mit der primitiven Schnur, die ich an den Gashebel gebunden hatte. CRESSWELL berührte den Grund und rumpelte dann durch ihre Fahrt noch fünf Meter weiter auf den drei Kielen den Strand hoch. Die Gezeiten im Scoresby-Sund sind sehr gering, so daß keine Gefahr bestand, daß das Schiff wieder aufschwimmen und in der Flut abgetrieben werden könnte. Für alle Fälle sicherte ich es mit einer dicken Muringleine an einem Felsblock in der Nähe. Dann schlief ich erst einmal.

Als ich aufwachte, tobte ein ausgewachsener Sturm von Nordosten herein. Doch an Deck bestätigte sich, daß ich wirklich an einer sehr guten Stelle saß, geschützt durch hohe Berge rund um mich herum außer im Süden. Dort waren es ungefähr dreißig Meilen von der Bergkette, die sich vom Westen nach Osten über das Knud-Rasmussen-Land erstreckt, bis zu mir herüber. Wenn es überhaupt Gefahren gab, dann von Süden. Während ich mir zum Frühstück dank der Großzügigkeit des Kapitäns der GUSTAV HOLM Eier und Speck in die Pfanne haute, dachte ich über dieses Problem nach.

Die Lösung war bald klar. Der Strand, auf dem ich saß, stieg ungefähr im selben Winkel zum Land hoch wie die Rampe der „Königlichen Arche". Ungefähr zwanzig Meter vor uns lag eine ziemlich hohe Felskette, im Durchschnitt wohl zehn Meter hoch, und in einem Winkel von 45° nach Norden in einer Entfernung von fünfundzwanzig Metern war eine Lücke zwischen den Felsen. Als ich hochstieg, fand ich dahinter Sand. Noch weiter oben schloß sich ein glatter Felshang an, mit moosbewachsenen Felsbrocken gesprenkelt. Kein Anzeichen für einen Gletscher über dem Felshang. Als ich im kalten Mondlicht hinaufkletterte, wurde ich an die großen Wasser-Auffangflächen erinnert, die die Südseite des Gibraltar-Felsens bedecken.

Ich würde das Schiff durch den Felsspalt hochziehen und es hinter den Felsen, die parallel zur Küstenlinie verliefen, parken. Dort war es geschützt vor Stürmen, möglichem hohen Seegang von Süden und vor dem Eis, das mit dem Südwind an Land treiben konnte.

Dennoch gab es hier ein Problem, denn diesmal mußte ich das Schiff nicht über eine eisglatte Scholle hochziehen, was es verhältnismäßig einfach gemacht hätte, sondern über Kiesel und Sand. Ich brauchte zunächst zwei lange Holzbalken, um sie als Schienen den Strand hochzulegen, dann drei schwere Balken, um das Schiff darauf hochzuziehen. Die Befestigung der Blöcke war diesmal einfach: ich mußte die Trossen nur einmal unten um einen Felsen schlingen.

Auch nachdem der Sturm sich ausgeweht hatte, ließen sich die Eskimos nicht blicken, obwohl der Wind das Geräusch von Schlagen und Hämmern von Westen herübertrieb. Ich schätzte, daß die Eskimosiedlung ungefähr 20 Kilometer entfernt lag. Ich wagte es aber nicht, das Schiff in seiner derzeitigen Lage, halb im Wasser und halb an Land, zu lassen, deshalb bereitete ich alles vor, um es den Strand hochzuziehen. Wieder entlud ich alle bewegliche Ausrüstung, zweieinhalb Tonnen, über den Bug an Land. Während ich damit beschäftigt war, kam mir die Idee, daß ich vielleicht die Spieren, die Masten, die Gaffeln und die Bäume, benutzen könnte, um die CRESSWELL den Strand hochzurollen. Der Großmast war zwar bis auf halbe Länge hohl, doch sehr dick, der Besanmast war ganz massiv.

Es dauerte drei Stunden, den Groß- und Besanmast zu legen. Nachdem ich ein langes Tau durch einen Block hoch oben am Strand und zurück zu den Masttopps geschoben hatte, mußte ich die Mastbolzen aus den Mastbacken ziehen und den Großmast langsam legen. Die Schwierigkeit bestand darin, den Mast nicht hinunterkrachen zu lassen, nachdem er einen Neigungswinkel von 45° überschritten hatte, deshalb riggte ich eine weitere Leine vom Besantopp zum Topp des Großmasts. Während ich die Landleine langsam fierte, holte ich die dritte Leine gleichzeitig ein. So übernahm der Besan, nachdem der Großmast den kritischen Neigungswinkel überschritten hatte, das Gewicht. Ich gab langsam Lose, und bald lag der Mast an Deck. Anschließend verband ich die Landtrosse mit dem Mastfuß, der jetzt mit dem unteren Ende voran an Deck lag, zog ihn hoch und über den Bug auf Land.

Der Besanmast war verhältnismäßig einfach zu legen, da er nur zwei Drittel der Höhe und die Hälfte des Durchmessers des Großmastes hatte. Er lag ebenfalls bald an Land. Ich polsterte die Unterseite der Masten mit Segeln und Decken aus. Nun hatte ich meinen Slip! Bäume und Gaffeln lagen bald im rechten Winkel quer über den Masten, und fertig waren die „Räder" für mein Schiff. Ich fing an, die CRESSWELL auf den Bäumen hochzuziehen. Sie bewegte sich langsam, aber stetig, als ich sie mit derselben Talje aus fünf Blöcken hochzog, die ich auch auf dem Eis benutzt hatte. Nach ungefähr sechs Stunden lag sie sicher und trocken hoch auf dem Strand nahe an der Felslücke. Ich bereitete alles vor, um sie um die Ecke des äußeren Felsens herumzuschwenken und sie auf den Sand zu bugsieren. Doch vorher aß ich eine anständige Portion Corned beef mit Reis und schlief ungefähr vier Stunden. Als ich die nächsten vier Mahlzeiten verdrückt hatte, lag sie gemütlich und niedrig hinter der Felsbarriere versteckt, mit dem Bug nach Nordosten. Masten und Bäume waren an Deck als Gerüst für ein Zelt gestaut, das ich aus alten Ersatzsegeln und Persenningen riggte. Zwischen den Bäumen lagerte ich Proviant als Unterstützung und Halt für das Zelt, das bald mit Schnee und Eis bedeckt sein würde. Das dauerte noch einen Tag.

Nach einer weiteren Mahlzeit und einer Mütze voll Schlaf baute ich den Kanonenofen aus dem Maschinenraum wieder aus, während draußen erneut der Wind heulte, und installierte ihn in der Kajüte. Mittlerweile hatten wir den 26. Oktober. Die Sonne war völlig verschwunden, und es gab nur zwei Stunden fahlen, geisterhaften Zwielichts. Abgesehen davon war Nacht. Bei klarem Himmel, der durch die Reflexion des Mondes und der Sterne vom Eis und Schnee der großen Felsmassive über uns erhellt wurde, war es ein wunderschönes Bild. Doch wenn es bedeckt oder neblig war, rabenschwarz und kalt, wenn die eisigen Arktiswinde dichte Schneeblizzards und gefrorenen Regen vor sich hertrieben, war es unbeschreiblich miserabel. Doch ich war bereit. Meine Winterhöhle war fertig. Ich machte mich auf den Weg, den gefrorenen felsigen Strand nach Südwesten hinunter, um die Eskimos zu besuchen.

Es war viel schwieriger, als ich mir vorgestellt hatte, zu Fuß die Küste entlangzulaufen. Oft waren Felslawinen niedergegangen, oder Eistrümmer schoben sich den Strand hoch, was einen langen Umweg über schlüpfrige, fast senkrechte Felswände bedeutete. Ich hatte Nelson an einer langen Leine an Bord zurückgelassen. Der Wind war schwach, und ich kam gut voran. Wenn ich das vereiste und felsige Terrain einkalkulierte, würde ich in vierzehn Stunden in Kap Syd sein. Ich hatte meinen Schlafsack und einen kleinen Seesack mit ein paar Büchsen Baked beans, Corned beef und etwas Zucker mitgenommen, falls ich in einem Schneesturm steckenblieb – oder auch, um einige frische Lebensmittel dagegen einzutauschen, falls die Eskimos freundlich und gastlich waren.

Das Zeitgefühl verwirrt sich, wenn die „Tage“ so kurz sind, und man kommt nur zurecht, wenn man wie Seeleute und Piloten nach der Uhr den 24-Stunden-Rhythmus beibehält. Die normalen Tage und Nächte verschwimmen im arktischen Winter ineinander, und häufig ist die Sicht während der „Nacht“ besser als am „Tage“. Ich verließ das Schiff um vier Uhr nachmittags und stapfte zwei Stunden lang über den fast völlig vereisten Kiesstrand. Dann kam ich an einen Steinfall, der viel zu glatt und rutschig war, um ihn zu überklettern. Ich suchte mir einen Weg den steilen Moränenhang hoch, um die Felsen zu umgehen. Als ich hinüberkletterte, legte der Wind von Norden zu, und der Himmel verdüsterte sich mit schwarzen Wolken. In Minutenschnelle raste ein Schneesturm von den Bergen in den kleinen Fjord unter mir hinunter. Ein wenig später, als ich mich wieder orientierte, da ich Angst hatte, in einer Schneewehe steckenzubleiben, fiel die Sicht fast auf Null. Alles war schwarz, und weißer Schnee wirbelte um mich herum. Ich erkannte meine Richtung nur an der Neigung des Geländes und der Windrichtung, deshalb kämpfte ich mich langsam zum oberen Rand des Steinbruchs vor. Eine halbe Stunde vor Mitternacht fand ich einen Spalt zwischen zwei Felsen, die aufeinander lagen, und kroch trotz des extra Pullovers unter dem Parka frierend und zitternd hinein. Zwischen den Felsen war ein ungefähr zwei Meter langer Spalt, schmal wie ein Sarg. Dort rollte ich den Schlafsack aus, kroch hinein und verdrückte noch eine Büchse Bohnen mit Zucker. Dann schlief ich ein, während Schnee und Eis am Ende der riesigen Felsen vorüberpfiffen.

Ich machte mir keine allzu großen Gedanken um Tiere, denn ich hatte gehört, daß Bären an Land scheu waren und Menschen aus dem Wege gingen, sogar einem Schlafenden, Füchse und Wölfe aber streiften meist einzeln herum. Ich stopfte hereingetriebenen Schnee um den Schlafsack fest und schlief erschöpft ein.

Als ich aufwachte, war die Szenerie draußen wunderschön. Der Wind war völlig eingeschlafen, und überall um mich herum erkannte ich im Mondlicht große Schneeberge. Es war am 1. November um vier Uhr morgens. Ich aß eine Büchse Corned beef und kletterte auf den Felsbrocken, unter dem ich geschlafen hatte. Ich sah mich in der bitterkalten Nacht um. Der Schock traf mich mit voller Wucht: Ich war gefangen! Der Felshaufen stand völlig isoliert ungefähr eine Meile über der Küste, vollständig umgeben von mehr als sechs Meter hohen Schneewehen! Ich krabbelte wieder in meine Felsspalte, zündete mir eine Zigarette an und dachte nach. Die Hände zitterten, als ich meine äußeren Fausthandschuhe dazu auszog.

Ich hatte fünf Büchsen Corned beef und drei Büchsen Bohnen dabei, dazu vier Päckchen Zigaretten und zwei Pfund Zucker. Das hatte ich bei den Eskimos gegen nützliche Dinge wie Robbentran eintauschen wollen. Dazu eine Harpune, einen Büchsenöffner, eine Taschenlampe, ein Takelmesser und sechs Schachteln Streichhölzer. Und das war's auch schon. Die Chance, daß Eskimos innerhalb der nächsten Monate in Sichtweite kämen, war gleich Null. Es gab nur eins: Ich mußte mir einen Weg durch den Schnee hinausgraben!

Deshalb kletterte ich wieder auf den Felsen und sah mich um. So weit ich es in der Dunkelheit erkennen konnte, standen die nächsten schneefreien Felsen unten zur Küste hin ungefähr knapp einen Kilometer unter mir.

Zurück in der Felsspalte öffnete ich zwei Büchsen Corned beef, legte das Fleisch sorgfältig auf dem eisigen Stein beiseite und schnitt die Büchsen völlig auf. Ich klopfte sie glatt, bis sie zwei dünne Metallbleche waren. Danach bohrte ich mit dem Marlspieker Löcher ins Blech. Der nächste Schritt war trickreich, denn dazu mußte ich mich völlig ausziehen, aus meinen langen Kalbfellunterhosen dünne Streifen schneiden und mich schnell wieder anziehen. Die Kälte verbrannte mich während des Ausziehens am ganzen Körper.

Mit den dünnen Lederstreifen befestigte ich die Metallbleche am Harpunengriff. Jetzt hatte ich so etwas wie eine Schaufel. Anschließend legte ich den orangefarbenen Schlafsack auf den Schnee und pflockte ihn mit Holzspänen vom Harpunengriff fest als Zeichen für einen zufälligen Beobachter aus der Luft oder von See. Ich fing an zu graben. Dabei wollte ich mich an eine strenge Einteilung halten: sechs Stunden graben, zurück zur „Höhle", 30 Gramm braunen Zucker, eine Viertel Büchse Bohnen, einen Löffel Corned beef, zwei Stunden Schlaf, zurück an die Schaufel. Ich hatte mir ausgerechnet, daß ich, wenn ich diesen Plan befolgte, eine gute Chance hatte, die untere Felsgruppe innerhalb einer Woche zu erreichen. Wenn die Schneeverwehungen weiter unten nicht tiefer waren!

Um sechs Uhr morgens am 1. November fing ich mit dem Graben an. Es war schwere Arbeit, denn ich mußte einen Weg graben, der oben etwa einen Meter zwanzig breit war und unten dreißig Zentimeter, damit ich dort auf dem festgetretenen Schnee laufen konnte. Anfangs schaffte ich pro Schicht ungefähr fünfzig Meter. Dann nahm die Tiefe der Schneewehen auf drei Meter ab und ich kam in einer Schicht hundert Meter vorwärts. Das war um zwölf Uhr am 3. November. Doch ich war nicht sehr glücklich darüber, denn langsam machten sich die schwere Arbeit und der Energieverbrauch bei unzureichender Ernährung bemerkbar. Wenn ich in meiner Felsspalte schlief, war mir verhältnismäßig warm, solange ich ruhig lag. Doch wenn ich mich bewegte, schmolz die Körperwärme die Eisschicht innen im Schlafsack und alles wurde feucht. Diese Feuchtigkeit wiederum verdunstete mit der Wärme und bildete neues Eis in den Teilen des Schlafsacks, gegen die ich nicht lag.

Am 5. November wurde ich langsamer. Meine Entschlossenheit, aus dem Schneegefängnis herauszukommen, hatte zwar nicht abgenommen, doch an meinem Vorankommen war abzulesen, daß ich länger schlief und weniger grub. Einmal fiel ich volle fünf Stunden aus. Sehr ungewöhnlich für mich und ein deutliches Zeichen dafür, daß etwas nicht in Ordnung war. Ich saß in tiefster Stille auf dem Felsbett, als ich etwas hörte: ein Flugzeug!

Ich griff die Papiertüte, in der der Zucker gewesen war, und hastete zum Anfang meines Wegs. Die braune Papiertüte war ziemlich groß; ich hatte sie mit Fett vom Corned beef eingeschmiert und Zuckerkörner darauf gestreut. Als das Flugzeug niedrig über das Wasser über den Schuchert Elv von Ost nach West flog, zündete ich die Papiertüte an und band sie am Ende der Schaufel fest. Eine Minute lang brannte sie hell in der windstillen Nacht. Nachdem meine Augen sich vom Schein meines Signals erholt hatten, sah ich dem Flugzeug hinterher. Es flog eine volle Minute auf seinem Kurs weiter. Erschöpft und bitter enttäuscht saß ich auf dem Schnee, entschlossen, weiterzugraben. Es waren jetzt vielleicht noch 700 Meter bis zu der Felsgruppe am Strand vor mir. Ich streckte mich über den Schnee, balancierte dabei auf einem Felsvorsprung, der vom „Heimat"-Felsen vorstand, und starrte dem Flugzeug nach. Es hatte den Kurs geändert!

Es kam direkt auf mich zu! Ich richtete die Taschenlampe darauf, und als es über die Küste kam, antwortete sein großes Landelicht und schien auf mich, dann auf den Weg, den ich so mühevoll durch den Schnee gegraben hatte. Der Flieger feuerte eine weiße Rakete ab, die fünf Minuten lang alles wie in Tageslicht tauchte. Er wackelte mit den Flügeln, drehte dann nach Südwesten und beleuchtete immer noch meine Felsen.

Sie hatten mich gesehen! Zur Feier aß ich eine ganze Büchse Corned beef auf einmal auf und rauchte eine Zigarette. Ich überlegte, ob ich jetzt sitzenbleiben und warten sollte. Die Antwort kam laut und deutlich: „Nein! Bleib in Bewegung, grab' weiter! Das hat dich wahrscheinlich gesund und bei Verstand gehalten, also mach weiter!"

Drei Stunden später kamen die Eskimos. Ich sah ihr langes Umiak durch das Küsteneis kommen. Sie kletterten über das Eis und die Felsen. Vier von ihnen, schwarze Punkte auf dem weißen Schnee, machten sich auf den Weg und watschelten auf Schneeschuhen zum unteren Ende meines Grabens. Sie stapften grinsend den Pfad herauf. Zwei von ihnen sprachen dänisch: „Goddag, Goddag!" riefen sie und strahlten übers ganze Gesicht.

Ich umklammerte den Fausthandschuh des ersten und schüttelte ihn. Ich war zu aufgeregt, etwas anderes als Englisch zu sprechen:

„Jesus Christus, Leute, bin ich froh, euch zu sehen!"

Alle vier grinsten, als sie meine Ausrüstung einsammelten und mir Schneeschuhe anpaßten. Dann marschierten wir den Pfad hinunter. Ich klopfte an die steinharten Seiten des Wegs, als wir ans Ende kamen und sagte leise: „Es ist ein langer Weg nach Tipperary." Der Anführer, Untuk, sah mich fragend an. Ich bot ihm Zucker aus meiner Jackentasche an. Er nahm ihn lächelnd, roch und leckte daran, schluckte dann alles auf einmal und klopfte mir auf die Schulter.

Ich machte mir keine großen Sorgen um Nelson. Er würde nicht verhungern. Er wußte, wo der Topf mit dem Burgoo war, außerdem lagerte im Maschinenraum, dessen Luk ich nur angelehnt hatte, damit er hineinkonnte, falls ich zu lange wegblieb, ein großer Sack Erdnüsse. Doch ich dachte darüber nach, was für ein Idiot ich gewesen war, daß ich nicht die Signalpistole und Schneeschuhe mitgenommen hatte, und ich überlegte auch, daß es diesmal knapp gewesen war.

17

In Sicherheit

Meine vier Eskimo-Retter und ich kletterten über die Felsbrocken und das aufgetürmte Küsteneis, stapften dann noch einen Kilometer über glattes, dünnes Eis am Rande des Wassers, bis wir die anderen sechs Eskimos trafen, die auf uns warteten. Es waren drei Männer und drei Frauen, obwohl ich, um ehrlich zu sein, keinen Unterschied zwischen ihnen erkannte, bis sie anfingen, zu sprechen. Sie hatten alle so ziemlich dasselbe an, waren alle verhältnismäßig klein mit denselben runden Gesichtern. Vorsichtig halfen sie mir ins Boot, in dem drei weitere Frauen saßen. Ich wurde zwischen zwei Frauen gesetzt, die dicht an mich heranrückten, bekam Decken übergelegt, und dann paddelten die Frauen das Umiak hinaus auf See, bis genügend Platz zum Segelsetzen war.

Der Eskimochef, der auch der Älteste zu sein schien (obwohl das Alter bei Eskimos schwierig zu schätzen ist, da sie erst, wenn sie über fünfzig sind, Altersspuren zeigen) fragte mich auf dänisch, wie viele Monddurchgänge ich im Schnee eingeschlossen war. Ich zählte nach und kam auf acht. Acht Tage! Als ich darüber nachdachte, begriff ich, daß ich vermutlich nicht überlebt hätte, wenn ich dort nur trübselig herumgesessen und auf Rettung gehofft hätte, statt zu versuchen, mich durchzugraben. Allein die Kälte nach den zwei Stunden Schlaf war so schlimm, daß ich jedesmal sterben wollte. Das Graben aber war anstrengend und erzeugte Wärme. Außerdem verhinderte es, daß ich mir selber zu leid tat, und Selbstmitleid ist sehr gefährlich.

Der Eskimo tätschelte mir den Kopf und fühlte dann unter meinen

Mundschutz aus dünner Seide, der mit einer Eisschicht bedeckt war. Er tastete mir im ganzen Gesicht herum, und stieß einen Schrei aus, als er meinen Bart spürte. Er fing an zu lachen. Ich band den Schal los, und der Bart wurde in seiner ganzen Länge von zwanzig Zentimetern sichtbar. Die Eskimos lachten und redeten, bis ich mir wegen der Kälte wieder das Gesicht bedeckte.

Während wir uns zwischen Eisbergen und Schollen unseren Weg den Schuchert-Elv-Fjord hinunter suchten, beobachtete ich das Umiak und wie es gehandhabt wurde. Die Frauen rechts und links von mir paddelten und wärmten meine nackten Hände gleichzeitig auf ihrem Bauch. Vielleicht lenkte eine Bootsinspektion meine Gedanken davon ab, wo meine Hände gerade ruhten.

Die Eskimoboote, das Umiak und das Kajak, sind nicht nur dazu gemacht, sich nur eben gerade über Wasser zu halten. Es sind ausgeklügelte Produkte. Sie bestehen aus derselben Haut- und Spantenstruktur wie die alten irischen Curraghs und die britischen Coracles, die ebenfalls sehr tüchtige, hochseegängige Schiffe sind.

Die Curraghs ähneln in Linienführung und Aussehen ungefähr den irokesischen Rindenkanus, doch das Umiak hat die Eigenschaften einer Dory, eines der seetüchtigsten Boote überhaupt. Daraus folgert, wenn die Dory besonders in rauher See besser als das Rindenkanu ist, daß das Umiak seetüchtiger als die alte Curragh sein muß.

Das Umiak ist wie die Dory ein Doppelender. Der Kiel ist glatt aus einem Stück Treibholz geschnitzt, ebenso die Holzbohlen, die von achtern bis vorn am Dollbord entlang festgelascht sind, um die Spanten in Position zu halten. Die Eskimos erzählten mir, daß einige Laschungen aus langen Streifen von Walknochen bestehen, doch bei dem Boot, in dem ich saß, bestanden sie aus sehr gut erhaltenen und geknoteten Lederstreifen.

Mir fiel auf, daß die Männer nicht paddelten, sondern nur steuerten oder die Segel bedienten. Ich fand später heraus, daß bei den Eskimos das Paddeln Frauenarbeit ist, und die Umiaks selber „Frauenboote“ genannt werden. Die Kajaks hingegen, kleiner, zerbrechlicher und viel schwerer zu handhaben, hießen „Männerboote“, obwohl auf Kap Syd gelegentlich auch Frauen damit fuhren.

Die Umiaks auf Kap Syd luden erstaunlich viel Fracht, manchmal bis zu vier Tonnen. Die zehneinhalb Meter langen Boote können bis zu zwanzig Passagiere befördern. Das ermöglichen die hochgezogenen Bootsseiten. Wegen ihres flachen Kiels können sie direkt an Land fahren und wegen ihres Gewichts von einer halben Tonne auf das Eis hochgezogen werden, nachdem sie entladen sind. Ich erkannte, daß ich unwissentlich bei der Wahl der CRESSWELL für meine Arktisreise das Modell des Umiak gewählt hatte, denn auch die CRESSWELL zeigte, bis auf ihr Gewicht, da sie aus Holz gebaut war, alle oben erwähnten Eigenschaften.

Auf unserem Weg nach Kap Syd wurden wir durch aufgetürmtes Packeis zu einem Umweg durch eine Wasserrinne gezwungen, die sehr dicht am Ufer verlief. Das Umiak streifte einen scharfen Felsen, der den Steuerbordbug aufriß. Zu meiner Überraschung holte eine der Frauen eine Nähnadel aus Walknochen, Robbensehne als Faden und einen kleinen Flicken aus Robbenhaut hervor, lehnte sich über den Bug und nähte den Flicken an!

Sie fuhren ein Rahsegel, und ich fragte mich, ob die Eskimos das von den Nordmännern gelernt oder es schon vor der Ankunft der Skandinavier ausgetüftelt hatten. Die Eskimos erzählten, daß sie es mit Schratsegeln versucht hatten, doch sie waren bei den schnellen Böen der Fjorde gefährlich für ein Umiak. Einige Boote mit Schratsegeln waren verlorengegangen, doch fast nie ein Rahsegler.

Als wir in den großen, offenen Halls-Bredning-Fjord mit seiner ziemlich rauhen See hinauskamen, bliesen die Frauen acht Säcke aus Robbenfell auf und befestigten sie außen am Boot, vier ein wenig achtern des Bugs, die übrigen etwas vor dem Heck, um das Boot vor dem Vollschlagen zu bewahren. Es hatte so wenig Holz in seinem Gerüst, daß es wie ein Stein absaufen würde, wenn es vollschlug. Die Luftsäcke verliehen ihm jeder einen zusätzlichen Auftrieb von 250 Pfund. Ich beobachtete alles genau und speicherte es im Gedächtnis. Als die See noch rauher wurde, banden sie einen Fellstreifen, der ringsherum innen vom Freibord herunterhing, an der hölzernen Reling über dem Dollbord fest. Sie hatten auf diese Weise sogar eine Persenning gegen Spritzwasser!

Zusätzlich befestigten die Frauen die Persenning mit Stöcken, die sie zwischen Dollbord und Reling festklemmten. Alles sehr seemännisch und einfach.

Doch das Außergewöhnlichste an diesen Schiffen ist, daß man sie aufessen kann, wenn man mit ihnen strandet oder an einem der vielen Felsen oder dem Eis schiffbrüchig wird! Ein Umiak besteht aus soviel ungegerbter Haut, daß sich zehn Mann einen Monat lang davon ernähren können. Natürlich ist es sehr zäh und schmeckt wie alte Schuhsohle, aber der Hunger zwingt's hinein.

Im Eskimodorf standen nur drei Hütten, die fast völlig von Wällen aus Torfziegeln umgeben waren, die mit ihren eineinhalb Metern Höhe als Windschutz dienten. Nach unserer Ankunft wurden die beiden großen Dorsche zubereitet, die während der Fahrt gefangen worden waren. Als Ehrengast erhielt ich gemäß Eskimositte den Kopf und aß ihn mit Genuß. Es war das erste warme Essen, das ich seit mehr als zehn Tagen bekam.

Der richtige Name für das Volk der ostgrönländischen Arktis ist Kalatdlit, und so nennen sie sich auch selber. Die Bedeutung von Kalatdlit ist nicht bekannt, aber der Sinn des Wortes Eskimo. Es heißt „Esser rohen Fleisches" und ist für die Kalatdlit eine Beleidigung.

Nach dem Fischkopf, den ich samt Augen und allem verschlang, servierten die Frauen gekochten Lachs, doch ich hielt es nicht für klug, nach meiner sparsamen Diät der letzten Tage zu viel zu essen. Ich bat deshalb um eine kleine Portion. Die Kalatdlit verstanden den Grund dafür, und auch, daß ich den mir angebotenen rohen Narwalspeck gleichfalls ablehnte.

An den Wänden der Holzhütte hingen Fotos aus dänischen Zeitschriften und Zeitungen. In drei kleinen Steinlampen verbrannte Robbenöl mit einer schmalen schwarzen Rauchspirale, die sich in den Dachsparren verlor. Ein dickbäuchiger Eisenofen stand im Raum, der, abgesehen von den Zeitungsbildern, den einzigen Einfluß des weißen Mannes auf Kap Syd bezeugte, den ich bemerkte. Alles andere war selbstgemacht, selbst gefangen, getötet oder dort angebaut.

Untuk, der Chef, erklärte mir, daß Rentier- und Fischköpfe das beste Essen sind, Kaninchen das schlechteste. Er sagte, daß jemand, der sechs Wochen lang nur Kaninchenfleisch äße, stürbe. Natürlich hat er recht, denn an Kaninchen ist kein Fett. Er zeigte mir einen Renkopf, der schon für das morgige Essen vorbereitet war. Er war gehäutet, und zwei Sehnen, an denen er über ein offenes Feuer im Freien gehängt werden konnte, waren durch die Nüstern gezogen.

Es war sehr interessant, die Kalatdlit beim Fischtrocknen in einer der anderen Hütten zu beobachten. Sie fingen hauptsächlich Dorsche und Lachse, die sie ausnahmen und dann den Kopf samt der Rückengräte entfernten. Der Fisch wurde durchgeschnitten und die zwei Hälften am Schwanz mit einer Sehne zusammengebunden. Kopf und Rückengräten wurden extra gehängt. Die kleinen bekamen die Hunde, die großen waren für die alten Leute. Sie salzten den Fisch nicht, denn jedes Fleisch, auch vom Fisch oder Geflügel, das gesalzen wird, verliert seine Anti-Skorbut-Wirkung.

Skorbut resultiert teilweise daher, daß man nicht genug Essen mit den Beigaben, die gegen Skorbut wirken, zu sich nimmt. Salz tötet sie. Das ist vermutlich auch die Ursache für den Skorbut-Tod ganzer Schiffsbesatzungen in den alten Tagen. Ihre Hauptnahrung bestand aus gesalzenem Rind- und Schweinefleisch. Ihr Allheilmittel gegen Skorbut war Zitronensaft, der fast nutzlos für irgend etwas ist, außer um den Durst zu löschen! Um Skorbut zu bekämpfen, darf man Essen nur so lange kochen, bis es verdaulich ist oder angenehm schmeckt, und nur soviel Salz essen, wie man beim Schwitzen verloren hat. Es gibt viele Heilmittel gegen Skorbut. Wenn frisches Obst und Gemüse vorhanden sind, wird es helfen (doch nur, wenn nicht alle Vitamine darin totgekocht sind). Doch wenn, wie in der Arktis, Obst und Gemüse nicht leicht zu bekommen sind, wird rohes Fleisch (außer Kaninchen) und Knochenmark dieselbe Wirkung haben.

Wenn man an Skorbut stirbt, ist das kein unangenehmer Tod, zumindest, was den Schmerz angeht. Man fühlt in der Tat bis auf die letzten Stunden überhaupt keinen Schmerz, vielleicht leichtes Zahnweh. Doch die letzten Stunden sind furchtbar, denn gewöhnlich stirbt man an inneren Blutungen, hervorgerufen durch das Platzen großer Blutgefäße, die Magen und Lunge überfluten. Man ertrinkt gleichsam im eigenen Blut. Die ersten Symptome sind rotes Zahnfleisch, lose Zähne und Muskelschmerzen. Es gibt wenig andere Zeichen bis kurz vorm Tode, denn Stuhlgang und sogar Verdauung bleiben während der ganzen Krankheit normal.

In den vier Tagen, die ich bei den Kalatdlit von Kap Syd blieb, lernte ich viel: wie man eine Robbe unter dem Eis aufspürt und harpuniert; meinen Hund nicht auf einen Bären zu hetzen, denn ein lebender Hund ist viel nützlicher als ein toter Bär; wie man arktische Füchse fängt und tötet; wo es die meisten Fische in der Nähe meines Bootsverstecks gab;

wo man im Frühling Blaubeeren fand und noch viele Ratschläge darüber, wie man in bitterer Kälte ohne Schußwaffen überlebt.

Wie interessiert an ihrer Kultur ich auch immer war, so wurde es doch langsam ermüdend, unter Menschen zu sein, deren Sprache ich nicht verstand. Außerdem machte ich mir um die CRESSWELL Sorgen und wollte zu Nelson zurück. Deshalb stellte Untuk am vierten „Tage" eine Paddelmannschaft aus acht Frauen und vier Männern zusammen, um mich zum Schiff zurückzubringen. Er versprach, bei gutem Wetter jeden Monat ein Boot vorbeizuschicken.

Ich verabschiedete mich von Untuk und seiner Familie, was ziemlich viel Zeit dauerte, denn er hatte acht Kinder und sechs Enkel, und kehrte im Umiak zum Cresswell-Strand zurück. Dort rutschte ich in der Dunkelheit über Meereseis und Eisbrei, schnallte mir dann die Schneeschuhe an, die Untuk mir geschenkt hatte, und schlurfte zum Boot hoch. Der Wind war auflandig, und während ich mich von den Frauen, die im Boot blieben, verabschiedete, hörte ich Nelson fast zwei Kilometer entfernt bellen. Er hatte mich schon gewittert und wußte nun, daß ich zurückkam.

Als ich mit den vier Männern durch den Felsenspalt kletterte, bekam ich erst einen Schreck, denn ich sah das Boot nicht! Dann entdeckte ich ein Stückchen Segeltuch. Es war vollständig in einer Schneewehe vergraben. Nur eine kleine Erhöhung im Schnee zeigte an, wo es stand. Ich kletterte oben am Schneehügel entlang zum flatternden Segeltuch. Dort drinnen auf Deck hüpfte Nelson vor Freude und Erleichterung herum.

Ich brühte den Kalatdlit Tee auf, schenkte ihnen zehn Büchsen Corned beef und etwas Zucker und sagte ihnen auf Wiedersehen. Sie banden sich lächelnd die Schneeschuhe fest und verschwanden winkend um den Felsen.

Ich prüfte die Lage. Meine Winterhöhle war gut gewählt, denn auf der Seeseite der Felsen waren durch den Druck der vom Elv-Gletscher im Osten kalbenden Eisberge große Eishügel den Strand hochgeschoben worden. Doch das Schiff lag friedlich und unbeschädigt unter einem Meter Schnee. Ich grub ein Loch für das Ofenrohr hindurch und stieg dann unter Deck. Es war Mitte November.

Den ganzen arktischen Winter hindurch verließ ich nur selten das Schiff. Bei Windstille tappte ich mit meinen Schneeschuhen zur Übung auf der Schneewehe herum, bei ruhigem Wetter verrichtete ich auch mein Geschäft draußen. Die übrige Zeit verbrachte ich mit Arbeiten unter Deck in der Wärme, aß wenig, schlief und las sehr viel (ich ackerte mich zweimal durch den gesamten Shakespeare). Jeden Tag hörte ich einige Stunden Radio, mußte aber wegen der Batterie sparsam sein. Ich strickte zwei Paar Socken und einen Pullover. Von Kap Syd hatte ich mir eine Steinlampe und etwas Öl mitgebracht, stellte sie unter Deck auf und bohrte ein Abzugsrohr durch die hölzerne Abdeckung eines Bulleyes. Mit ihr hatte ich mehr helle Stunden unter Deck, denn mein Petroleumvorrat erlaubte mir nur, vier Stunden von vierundzwanzig Licht zu machen!

Manchmal sah ich den furchterregenden Schein der Aurora Borealis, des Nordlichts, dessen lange, farbige Lichtstreifen durch die Dunkelheit des arktischen Himmels schossen, und ich lernte, daß hohe Cirruswolken nach dem Nordlicht immer einen heraufziehenden Sturm ankündigen. Dann las ich gemütlich in meinem warmen Wollzeug beim Schein der Öllampe, durch die Schaffelle und den meterhohen Schnee draußen an Deck zusätzlich geschützt. Alle paar Wochen schauten – wie versprochen – die Kalatdlit mit ihrem Umiak vorbei. Manchmal waren es nur zwei oder drei, manchmal sechs oder sieben. Wir unterhielten uns dann für einige Stunden in unseren kärglichen dänischen Brocken oder durch Zeichensprache. Aber ich lernte, sie zum Lachen zu bringen, und sie schienen ihre Besuche genauso zu genießen wie ich.

Der Dezember verging, Januar, Februar, März. Ende Februar tauchte die Sonne wieder auf: nach vier Monaten völliger Nacht waren die ersten Lichtstrahlen am Südosthimmel ein wunderbarer Anblick. Das Eis im Fjord begann aufzubrechen. Anfang April war der Schnee um die CRESSWELL fast vollständig fortgeweht. Es wurde Zeit, sich Gedanken zu machen, wie ich das Schiff wieder ins Wasser bekam.

Doch vorher studierte ich sämtliche Arktiskarten. Ich hatte es an der Grönlandküste entlang nicht geschafft, Nansens Rekord zu brechen. Diesmal wollte ich es aber auf derselben Route versuchen, die er damals gewählt hatte.

Der Golfstrom schickt auf seinem Nordwestweg über den Nordatlantik einen Zweig zwischen Island und England in die Arktis. Dieses warme Wasser, das den weiten Weg aus der Karibik kommt, ist verantwortlich für wesentlich weniger Eis vor Norwegen als vor Grönlands Küste. Die Treibeisgrenze liegt viel weiter nördlich, und es gibt erheblich weniger Eisberge.

Der warme Strom kühlt nördlich von Norwegen allmählich ab, fließt um die Inseln Spitzbergens herum, geht nach Norden, dann Nordwesten bis zu sehr hohen Breitengraden am Nordpol und nimmt ausgedehnte Eisfelder mit sich. Wenn ich CRESSWELL auf dieses Packeis bekäme, hatte ich eine Chance, daß das Eis uns noch höher als Nansens FRAM mitnehmen würde. Der Strom macht schätzungsweise fünfundzwanzig Seemeilen am Tag, doch mit der Eisdrift erheblich weniger, ungefähr sechs Meilen. Wenn ich also den Winter 60/61 auf dem Eis blieb, hatte ich sehr gute Aussichten, weiter als bis zum 84. Breitengrad zu treiben. Die Strömung auf der norwegischen Seite des Pols dreht irgendwo nördlich von Island nach Südwesten und vereinigt sich mit dem südwärts fließenden Grönlandstrom, auf dessen Packeis ich schon eine Freifahrt gemacht hatte.

Ich beschloß, so früh wie möglich im Mai aus dem Scoresby-Sund herauszukommen und nach Spitzbergen zu segeln. Der Weg durch die ostgrönländischen Eisfelder würde etwas gefährlich sein, doch wenn ich erst durch und in Höhe der Ostecke Islands war, würde der Ableger des Golfstroms mich schnell nach Spitzbergen bringen. Von dort konnte ich die Arktis von einem nördlicheren Punkt noch einmal angehen.

Ich sah den auf dem Boden liegenden Nelson an. Er war tödlich gelangweilt, denn seine einzige Abwechslung waren Spaziergänge rund ums Deck unter dem Zelt gewesen. Er konnte noch nicht hinaus in den Schnee, in dem er einsinken würde. Ich tätschelte ihn: „Ein Gutes hat es, daß du nicht ‚an Land‘ gehen kannst: so holst du dir wenigstens keinen verdammten Bandwurm!“

Nelson stand langsam auf, ging zu seinem Lieblingsplatz zwischen Tisch und vorderem Querschott, legte sich seufzend wieder hin und schnarchte weiter.

Am nächsten Tag begann ich mit Hilfe zweier Kalatdlit, die mich gerade besuchten, einen Weg durch den nun nur noch einen Meter tiefen Schnee zu graben und bereitete alles vor, um das Schiff aus seinem Nest herauszuholen. Wir tauten die Blöcke auf, legten Masten und Spieren aus und wiederholten die frühere Prozedur. Am 15. April hackten wir die kleinen Eishügel an der Küste fort und am 18. eine Passage durch das Eis vor dem Strand. Als die CRESSWELL mit dem Bug über den Rand des Fjords hinausragte, banden wir die lange Sturmtrosse um einen Eisberg von der Größe eines kleinen Hauses. Da er auf Grund saß, hatten wir das ideale Gegengewicht, um das Schiff vorwärts zu ziehen. Am 20. April schwamm die CRESSWELL wieder, am 21. setzten wir die Masten und riggten sie auf.

Nachdem ich den Ofen wieder in den Maschinenraum verfrachtet hatte, ruhte ich mich erstmal drei Tage aus, bevor ich versuchen wollte, die Funkstation im Scoresby-Sund zu erreichen. Doch vorher lief ich Kap Syd an, wo alle Kalatdlit, Männer, Frauen und Kinder, an Bord kamen und uns einen großen Abschied gaben. Ihr Umiak eskortierte mich noch zehn Meilen den Fjord hinaus, dann drehten sie um und winkten mir ein letztes Mal durch das blasse Zwielicht der wochenlangen Arktisdämmerung zu.

Sie waren die letzten menschlichen Wesen, die ich für weitere fünfzehn Monate sehen sollte.

18

Über das Nordpolarmeer

Man schätzt, daß aus dem Scoresby-Sund mehr Eisberge als aus jedem anderen Küstenstreifen der Welt fließen. Doch Ende April, als die Frühjahrsschmelze noch nicht eingesetzt hatte, gab es nur wenige, die sich langsam auf See hinausschoben, und diese waren noch ziemlich klein, nicht länger als eine halbe Meile und ungefähr hundertzwanzig Meter hoch. Das Küsten- und Packeis aber war bis zu einer Breite von zehn Meilen fest auf die Küste gepreßt. Weiter draußen bewegten sich große, flache Schollen und mächtige Berge über den Horizont. Es war jetzt fast vierundzwanzig Stunden am Tag hell, ein graues Begräbnislicht der schwachen Sonne, die versuchte, die dicke Wolkendecke zu durchdringen. Niedrige Wolken kauerten auf halber Höhe der gigantischen Felsklippen und verhüllten die Gipfel in dreitausend Meter Höhe über dem grauen Wasser und stumpfen Eis.

Als ich zum Ausgang des Sunds kam, stellte ich fest, daß sich das Eis jetzt sogar noch weiter seewärts erstreckte als im Oktober – so weit, daß ein Besuch bei den Dänen unmöglich war. Ich machte mir aber keine großen Gedanken, da ich ihnen durch die Kalatdlit die Nachricht geschickt hatte, daß ich versuchen wolle, aus dem Sund herauszukommen und Ende April nach Jan Mayen segeln wolle. Sie hatten mir einen Brief zurückgeschickt, in dem sie mich vor einem zu frühen Start warnten, da der große Fjord fast vollständig durch Eis blockiert sei. Doch ich merkte, daß sie an viel größere Schiffe gewöhnt waren, und da sie erwähnt hatten, daß es Rinnen durch die Barriere gäbe, beschloß ich, einen Ausbruch aus dem Grönlandfjord zu wagen. Falls ich weit genug nach Osten jenseits der Treibeisgrenze kam, waren meine Aussichten gut, mit dem Abzweiger des Golfstroms viel weiter nach Norden, bis nach Spitzbergen zu kommen. Dort könnte ich eine Weile abwarten und erst im Spätsommer, wenn die Eisgrenze sich bis zu ihrem nördlichsten Punkt hochgeschoben hatte, aus dem Versteck auftauchen und für den kommenden Winter ins Packeis segeln.

Ich ruhte mich „nachts" in Lee des aufgetürmten Eises von Kap Brewster aus. Es war viel zu tief, um dort zu ankern, deshalb sprang ich vom Schiff in meinen rutschigen Seehundstiefeln auf eine Scholle, einen Vorschlaghammer unter der Jacke und einen Eispickel an einem Seil um die Schulter gebunden. Ich rutschte in dem breiigen Schnee herum, schlug den Pickel einen halben Meter ins Eis und vertäute das Schiff daran. Der Wind hielt die CRESSWELL von der Scholle ab. Wenn eine andere Scholle sie anstieß, schwang sie aus dem Weg, das allerdings manchmal recht heftig, manchmal sehr sanft. Mit schneidend kaltem Südwestwind, der aufbriste, als CRESSWELL aus der Abdeckung der Berge des Knud-Rasmussen-Lands kam, suchte ich einen Weg durch die immer zahlreicher werdenden schwimmenden Riesenschollen, die langsam herumschwangen, wenn der Grönlandstrom sie erfaßte und nach Süden schob.

Weit draußen am Nordhorizont hatte ich eine große Lücke in dem südwärts heranmarschierenden Feld entdeckt und steuerte deshalb am 2. Mai hinaus auf See. Ein guter, starker Südwest von 30 Knoten wehte draußen. Mit voller Beseglung kam ich schnell voran. In der Ferne, im Norden, erkannte ich durch die graue Dämmerung mächtige Eismassen, wie Gebirge, unter den niedrigen schwarzen, aufgetürmten Wolken. Doch wenn die Sonne durchkam, war es herrliches, freies Segeln.

Mein Plan war einfach. Falls ich im Eis steckenblieb, würde die Strömung mich nach Süden bringen. Wenn der Grönlandstrom dann auf den Golfstrom traf, würde das Eis aufbrechen, und ich konnte entkommen. Falls ich zu weit im Süden landete, wollte ich über Island nach Norden gehen. Doch wenn ich es vermeiden konnte, eingeschlossen zu werden, würde ich weiter nach Osten halten und auf den wärmeren Golfstrom in den Gewässern nordöstlich von Island treffen.

Das Schiff war nach all den Arbeiten, die ich in der Zeit, während sie im Schuchert-Elv an Land stand, ausgeführt hatte, in gutem Zustand. Ich selber ebenfalls. Die Kalatdlit hatten mir in der Funkstation Vorräte gekauft, so daß ich nun Proviant für viele Monate an Bord fuhr, dazu fünfzig Pfund Robbenspeck und ungefähr hundert Pfund getrockneten Fisch: Dorsch, Heilbutt und andere Sorten. Mein Frischwasservorrat war kein Problem, da die Oberfläche der Schollen fast salzfrei war. Ich war gut ausgeruht, fast schon zu gut, denn im letzten Monat vor dem ‚Stapellauf' des Schiffs hatte ich kaum noch Arbeit gefunden, um mich in meinen wachen Stunden zu beschäftigen.

Am 4. Mai schwenkte die breite, bislang ostwärts verlaufende Wasserrinne nach Norden. Sie war ungefähr acht Meilen breit. Ich wurde gezwungen, eine Entscheidung zu fällen. Sollte ich nach Norden oder nach Süden gehen? Ich war jetzt schätzungsweise hundertfünfzig Meilen östlich vom Liverpool-Land. Alles Eis, all die Schollen, Berge und Eistrümmer trieben mit einer Geschwindigkeit von einem Knoten nach Süden. Der eisfreie Fleck Wasser, in dem ich mich befand, bewegte sich ebenfalls nach Süden oder Südosten. Im Osten war der Horizont eine feste Eislinie. Vielleicht gab es dort eine Lücke, die nach Osten führte, vielleicht auch nicht. Das war völlig offen.

Ich entschied mich. Ich barg alle Segel außer dem Besan und drehte den Schiffsbug in die Mitte des Wasserkanals nach Südosten. Die CRESSWELL trieb mit fast derselben Geschwindigkeit auf dem Strom wie das uns umgebende Eis. Mit Besan und Sturmfock probierte ich solange, bis ich das Ruder festlaschen konnte und sie einigermaßen auf Kurs blieb. Danach konnte ich nur abwarten.

Am 8. Mai feierte ich meinen 36. Geburtstag mit einem kleinen Kuchen, den ich mit Nelson teilte. Da der Ofen im Maschinenraum stand, schlief und wärmte ich mich auch dort auf. Mit seinen 1,80 Metern mal 1,50 war er nicht annähernd so geräumig und behaglich wie die Kajüte, doch es gelang mir, eine verhältnismäßig gemütliche Koje mit den Bodenbrettern aus der Kajüte zu schaffen, die ich quer über die Breite des Maschinenraumes legte. In der Kajüte, die nur durch den Petroleumkocher geheizt wurde, schlug sich Wasserdampf an den Wänden und am Himmel nieder. Sobald der Kocher ausgedreht war, gefror das Wasser. Wenn ich mir dann die nächste Mahlzeit kochte und die Kajüte sich erwärmte, schmolz das Eis an den Wänden und durchfeuchtete alles. Sobald das Essen fertig war, gefror es wieder. Es war, als lebe man abwechselnd in einem Gefrierraum und einem türkischen Bad. In meiner normalen Kaltwetterkleidung konnte ich höchstens fünfzehn Minuten hintereinander an Deck bleiben. Sonst mußte ich meine Eskimosachen anziehen, die ich aber unter Deck im Maschinenraum sofort wieder ausziehen mußte, damit ich nicht schwitzte. Das war gefährlich, denn der Schweiß würde schon nach wenigen Minuten an Deck gefrieren.

Während das Schiff im ruhigen Wasser zwischen den fernen Eisfeldern trieb, riggte ich ein Rohr vom Kanonenofen durch das Cockpit. Jetzt konnte ich wenigstens einen Teil meines Körpers wärmen, wenn ich an Deck war. Die Verlängerung des Ofenrohrs hatte ich aus zusammengedrahteten und aneinandergeklebten Konservendosen gebastelt. Im Winter hatte ich einen großen Stoß Treibholz gesammelt und es als Notvorrat unten im Maschinenraum trocken gelagert. Ich hatte mir ausgerechnet, daß der Vorrat ein Jahr, vielleicht sogar länger, reichen würde, wenn ich den Ofen den Winter über zweimal drei Stunden pro Tag heizte.

Die folgenden Tage waren trotz des Schnees recht angenehm. Innerhalb der schwimmenden Eisfelder war nicht viel Bewegung, und die See blieb trotz des starken Windes ruhig.

Ich trieb acht Tage im Grönlandstrom und hielt ein Auge achtern auf Schollen und Berge, die vielleicht schneller als die CRESSWELL waren und mit uns kollidieren konnten. Die meiste Zeit angelte ich, fing aber nur zwei kleine Heilbutts. Auch meine Versuche mit der Krabbenfischerei waren nicht erfolgreicher – so weit draußen vor der Küste leben die Krabben in viel tieferem Wasser – dennoch fing ich jede Woche etwa einen Teller voll.

Große Aufmerksamkeit mußte ich auf die Vereisung der Masten und des Riggs richten, besonders bei Wind. Wenn Graupel und Schnee fielen, bildete sich das Eis mit einer Geschwindigkeit von einem halben Zentimeter pro Minute um die Drähte des Riggs. Ungefähr jede Stunde mußte ich dann mit einer kleinen Axt Großmast und Besan hochklettern, um das Eis loszuschlagen, damit sich nicht zuviel Gewicht im Rigg ansammelte. Denn das Gewicht des Eises würde allmählich größer sein als das Gewicht des Kiels samt Ballast und das Schiff zum Kentern bringen. Und kein Mensch lebt länger als wenige Sekunden in den eisigen Wassern des Grönlandstroms.

Ich band einen kleinen Hammer an eine lange Stange und schlug so das „schwarze Eis“ vom Rigg ab. Doch bei starkem Wind konnte ich es nicht mehr so schaffen, mußte mich vielmehr langsam und mühevoll selber mit dem Großfall im Bootsmannsstuhl hochhieven und schlug dabei das Eis ab. Ich wagte nicht, mich erst bis zum Topp hochzuziehen, um von dort nach unten anzufangen, weil ich Angst hatte, das zusätzliche Gewicht meines Körpers am Mastkopf könnte zusammen mit dem Eis das Schiff zum Kentern bringen. Einen vereisten, wild herumschwingenden Mast bei Sturm hochzuklettern ist eine artistische Leistung.

Während der oft schweren Schneefälle mußte ich den an Deck landenden Schnee sofort herunterschaffen, bevor er sich in Eis verwandelte. Es war eine immerwährende Mühe. Doch überwiegend erlebte ich leichte Winde, so daß ich das Rigg immer nur zweimal innerhalb von vierundzwanzig Stunden zu säubern brauchte.

Ungefähr am 18. Mai zeigte eine Sonnenstandlinie, daß ich zweihundertfünfzig Meilen südöstlich des Scoreby-Sunds war. Das Eis im Osten lockerte sich. Ich beschloß, einen Versuch zu wagen und einem langen, östlichen Wasserstreifen zu folgen. Der Wind kam aus Nordwest, und ich setzte wieder Segel. Am folgenden Tag um vier Uhr früh entdeckte ich im Licht der Mitternachtssonne nur noch im Westen von uns Eis. Nach weiteren vierundzwanzig Stunden, in denen wir nur auf kleinere Schollen trafen, erkannte ich, daß wir draußen im offenen Meer waren! Ich war durch den zweihundert Meilen dicken, massiven, sich bewegenden Eisgürtel hindurch! Sofort änderte ich den Kurs nach Nordost, nach Jan Mayen.

Mittlerweile hatten wir vierundzwanzig Stunden hintereinander Tageslicht. Der Himmel hatte aufgeklart, der Wind kam aus Südwesten. Ich blieb im Cockpit, an das Ofenrohr gekuschelt, wenn es warm war, mit zwei Decken über meinem Eskimoanzug, wenn es kalt war. Abgesehen von der Kälte war das Segeln gut. Es war sogar so gut, daß ich, als ich den Punkt erreichte, an dem ich auf dem Meridian von Jan Mayen nach Norden gemußt hätte, nach Nordosten weitersegelte. Eine Ruhepause und menschliche Gesellschaft auf Jan Mayen hätten mir zwar gutgetan, doch ich wollte Spitzbergen erreichen, solange dieses außergewöhnlich gute Wetter anhielt, um an den Rand des Eisfeldes zu kommen, bevor der sommerliche Rückzug nach Norden begann. Ich rechnete mir gute Aussichten aus, auf diese Weise über den 84. Breitengrad hinauszukommen.

Außerhalb des geschützten Wasserbereichs der Eisfelder war die See wieder rauh, und CRESSWELL mit ihrem geringen Tiefgang und schmalen Breite rollte und stampfte. Es war aber warm genug im Maschinenraum, und wenn der Horizont völlig eisfrei war, trimmte ich die Segel, so daß sie allein auf Kurs blieb, und ging mit Nelson unter Deck. Er lag dann am Ende der Bretterkoje, und ich zog die Stiefel aus und wärmte mir die Füße an seinem Bauch. Er war eine großartige Wärmflasche!

Am 18. Mai stand ich hundertdreißig Meilen östlich von Jan Mayen. Fern über dem grauen Horizont entdeckte ich die Rauchfahne eines Schiffes, hörte aber nichts über Funk. Es war zu weit entfernt, um mich zu sehen, doch ich merkte, daß es nach Osten fuhr. Ich starrte zwei Stunden lang der dünnen Verfärbung des Himmels nach und dachte dabei an all die unsagbaren Mühen und Anstrengungen, die es ermöglicht hatten, es dorthin zu bekommen. Ich wünschte, es wäre näher, so daß ich jemanden sehen und vielleicht mit ihm sprechen könnte. Doch sie dampften auf ihrem Kurs weiter, nichts ahnend von meiner Existenz, und ich schickte mich drein und hielt weiter nach Norden.

Am 25. Mai sichtete ich quer über dem nördlichen Horizont eine lange Linie, wie eine niedrige Küste. Anfangs war sie grau, doch als die Sonne im Süden hochstieg, verfärbte sie sich zu tiefem Blau, zu Aquamarin, dann Weiß, und blinkte schließlich silbern – der Rand des Packeises! Bald war ich von losen Schollen umgeben, doch sie schienen sich nicht zu bewegen. Das überraschte mich anfangs, bis ich es mir damit erklärte, daß der Südwestwind sie daran hinderte, im Strom nach Südwesten zu treiben. Doch dann tauchte eine brennende Frage auf: War das wirklich der Fall, oder trieb das Eis vielleicht nach Norden?

Ich nahm die Segel herunter und drehte mit Besan bei, um ein paar Stunden abzuwarten und herauszufinden, was genau geschah. Mittags wußte ich es: Das Eis trieb tatsächlich nach Norden, wenn auch sehr langsam, und der Rand des Eisfelds fiel nach Nordosten zurück. Ich beschloß, so weit entfernt hinterherzusegeln, daß ich es gerade noch niedrig am Horizont sah.

Am 30. Mai übersegelte ich 76° 10′ Nord, den nördlichsten Punkt, den ich im vergangenen Jahr erreicht hatte. Ich war in Hochstimmung. Erst Ende Mai, ich hatte immer noch offenes Wasser im Norden vor mir und noch die Monate Juni, Juli, und August, bis das Eis schmelzen und aufbrechen würde, bevor es im September wieder zusammenfror.

In dieser „Nacht“ legte der Wind zu, und ich mußte bald Segel kürzen.

Unter Sturmfock, Stagsegel und Besan steuerte ich genau Ost, denn ich wollte weit weg vom Eis sein, falls Sturm aufzog.

Ich stellte das Radio an, bekam aber nichts auf englisch herein. Oben an Deck sah es ganz so aus, als wenn Kattun im Anmarsch war. Ich steuerte, so gut es in den immer steiler werdenden Seen ging, um frei vom Eis zu kommen. Um Mitternacht hatten wir es mit einem ausgewachsenen Bastard von Sturm zu tun mit heulendem Wind, schwarzen, über den Himmel rasenden Wolken und einer See, die sich in kurzer, steiler Wut aufbaute. Ich hielt weiter nach Osten und blieb ununterbrochen für volle fünfzehn Stunden am Ruder, ohne es länger als wenige Sekunden hintereinander loszulassen.

Endlich drehte ich bei: Der Sturm machte keine Anstalten, sich abzuschwächen, doch ich hatte während der vergangenen zwölf Stunden kein Eis mehr gesichtet. Ich barg Sturmfock und Stagsegel und kletterte unter Deck, um mich aufzuwärmen und mich ein paar Stunden auszuruhen. An Schlaf war bei dieser See in dem ruckenden und rollenden Boot nicht zu denken, doch ich nickte immer wieder für wenige Minuten ein. Der Gestank des Diesels und Schmieröls im Maschinenraum war aber so überwältigend, daß ich meine Decken in die Kajüte hinüberschaffte und dabei einen großen Guß eiskalten Nordpolarmeers übergeschüttet bekam. Doch sie gefroren bald, und mir war unter den vereisten Decken wärmer als mir draußen gewesen war. Während des Sturms war es so kalt, daß selbst Nelson, der oben Wache schob, während ich mich ausruhte, alle paar Minuten herunterkam, um sich aufzuwärmen.

Der Sturm wütete sechs Tage lang. Er schlug, er heulte, er schrie und hetzte die Seen wie rasende Monster vor sich her. Bald war die Meeresoberfläche so weiß von windgepeitschtem Gischt, daß es unmöglich war, irgendwo in der Nähe des Schiffs treibende Eisschollen zu erkennen. Eine Woche lebte ich mit dem Tod, der mir ins Gesicht grinste. Wenn ich in diesen Seen mit einer Scholle kollidierte, war es das Ende. Schnell und sehr, sehr endgültig. Die großen, sechs Meter hohen Wasserberge würden das Schiff hochheben und es gegen das Eis schmettern. Es würde wie eine Streichholzschachtel zersplittern. Das einzige, was mir als mögliche Rettung einfiel, war, die Geschwindigkeit des Schiffs auf die geschätzte Geschwindigkeit des Eises zu verringern. Da die Schollen niedrig im Wasser liegen, treiben sie wesentlich langsamer als ein Schiff vor dem Wind. Wenn es mir gelang, die

Geschwindigkeit der Durchschnittsscholle beizubehalten, würde ich vielleicht keine überholen oder in ihre Nähe treiben.

Das Schiff tanzte wie ein verrücktes Jo-Jo auf und nieder, während ich in der Achterplicht nach der zweihundert Meter langen Sturmtrosse wühlte. Ich schob die Trosse durch Blöcke an den Püttings und befestigte die Tampen am Mastfuß. Dann warf ich die Bucht über den Bug in die kochende See. Die Nylontrosse schwamm auf, und die Bucht entwickelte genug Widerstand, um das Schiff am Driften zu hindern. Doch der Zug, der sich bei jeder Welle, die das Schiff hob und dann zwölf Meter hinunter schmetterte, auf den Rumpf übertrug, war grauenhaft! Es ritt jedesmal langsam hoch, verharrte zehn Sekunden wackelig auf dem Kamm, während eine lange, graue, eisige See unter ihr durchrauschte, und schlug dann mit einer derartigen Gewalt im Wellental auf, daß es mich glatt in die Luft schleuderte, wenn ich mich nicht an der Steuersäule festgebunden hätte. Durch die Blöcke an den Püttingeisen wurde der Zug der Trosse auf den Rumpf übertragen, und der plötzliche Ruck war so gewalttätig, daß ich mich fragte, wie lange die Cresswell trotz ihrer Stärke noch durchhalten konnte. Doch ich mußte es riskieren, das Schiff in Stücke reißen zu lassen, um nicht auf eine Scholle geschmettert zu werden!

Während des Sturms hatte ich weder Sonne, Sterne noch den Mond gesehen und konnte meine Position daher nicht exakt bestimmen, doch ich hatte durch ein gegißtes Besteck (d. h. ich brachte Kurs, Abdrift und Strom mit meiner eigenen Geschwindigkeit in Verbindung) eine ungefähre Vorstellung. Ich war nach meiner Schätzung etwa zweihundert Meilen West-Süd-West vom Prins Karls Vorland, einer Insel der Spitzbergen-Gruppe, auf annähernd 77° 30′ Nord. Nur dreihundertneunzig Meilen vom magischen 84. Breitengrad entfernt!

Der Sturm flaute ab, der Wind drehte nach Südosten. Ich machte mich wieder auf den Weg nach Nordosten. Am 5. Juni sichtete ich in einer Wolkenlücke weit entfernt die schwarzen Berge von Barentsburg auf Spitzbergen. Ich schoß eine Standlinie und arbeitete meine wahre Position auf der Karte aus. Mein gegißter Standort hatte weit danebengelegen, denn jetzt erst war ich auf 77° 40′ Nord. Als der Horizont aufklarte, erkannte ich die Linie des Eisfeldes, das sich bis zur Küste Spitzbergens erstreckte. Durch das Fernglas sah ich deutlich den Rauch, der von der Siedlung in King's Bay aufstieg. Die Einfahrt war vielleicht eisfrei. Ich setzte wieder Segel und hielt auf den Rauch zu. Der Wind drehte weiter nach Osten, und bald segelte ich mit langen Zickzack-Schlägen gegenan. Innerhalb von sechs Stunden brach wieder die Hölle los: 50 Knoten Wind direkt von vorn aus der King's Bay heraus. Bevor Hagel- und Graupelschauer erneut lospeitschten, sah ich die Küste noch ein letztes Mal ungefähr zwanzig Meilen entfernt. Der 10-PS-Motor war bei derartigem Wind und gegen diese See machtlos. Deshalb kreuzte ich geduldig und zerschlagen den ganzen Tag hindurch weiter. Doch der Sturm legte sogar noch zu, und schließlich mußte ich mich geschlagen geben, so nah an King's Bay und Sicherheit! Ich drehte bei. Wieder. Den 6., 7., 8. und 9. Juni hindurch. Trotz der Sturmtrosse, die unsere Fahrt bremste, trieb der Sturm uns von Spitzbergen fort auf das Eisfeld zu. Bange hielt ich nach achtern Ausschau, Stunde um Stunde in Hagel- und Schneeschauern. Ich hatte keine Ahnung, was ich machen würde, wenn das Eisfeld auftauchte, vielleicht das Trysegel setzen und versuchen, nach Süden zu fliehen. Doch selbst mit dieser Segelfläche würde der Sturm das Schiff immer noch seitwärts auf das Eis drücken, und es war sehr wahrscheinlich, daß es am Ende auf das furchtbare Eis geschmettert wurde. Meine einzige Hoffnung war, daß ich achtern im Westen genügend Seeraum hatte.

Dann sah ich es. Nach vielen langen, bangen Stunden in bitterer Kälte. Ich entdeckte es durch eine kurze Atempause im Schneetreiben: ein riesiger, aufgetürmter Berg gefrorener Schollen, kreuz und quer in die Luft geworfen, zwei Kilometer lang und wohl dreihundert Meter hoch glühte es über den sturmgepeitschten, grauen Arktiswassern. Und zu jeder Seite erstreckte sich die gefrorene Wand des Eisfeldes quer über den Gipfel der Welt, bis nach Alaska und zur Beringstraße. Genau achteraus, direkt hinter uns!

„Heiliger Strohsack, Nelson! Sieht aus, als hätte es uns diesmal erwischt, alter Freund", murmelte ich und kroch über das vereiste Deck nach vorn, um bei 60 Knoten Sturm das Trysegel zu hissen.

Stück um Stück rückte das Segel hoch, während der Wind hineinfetzte. Danach kämpfte ich wie ein Verrückter, um den Sturmklüver mit Klauen und Zähnen zu setzen, während ich mich mit der anderen klammen Hand am vereisten Schiff festkrallte. Dann zurück ins Cockpit, Ruder los und herum!

In Sekunden griff der Sturm in die Segel, und die CRESSWELL krachte über die ungeheuren wandernden Berge aus weißer Gischt und graugrün wogendem Wasser direkt auf das Eis zu! Nach den ersten Schockminuten blinzelte ich durch das Schneetreiben wieder zum Eisfeld hinüber. Sah noch einmal hin und wischte mir gefrorene Tränen und Eis von Augenbrauen und Lidern. Starrte nach vorn. Da war ein Einschnitt hinter dem Berg aus aufgetürmten Schollen! Da war ein Spalt zwischen Berg und Eisfeld! Es war meine einzige Chance. Ich gab hart Ruder, um das Schiff durch den Wind zu prügeln. Vergebens! Ich halste. Das Trysegel peitschte hinüber, der Sturmklüver folgte mit einer Explosion von Eisstücken und Eiswasser. Sie lag auf anderem Bug und preschte auf die Lücke zu!

19

In der arktischen Eiskappe

Die wilde Fahrt durch die Lücke im Eiswall möchte ich nie wieder machen, solange ich lebe. Um das Schiff in den breitseits heranpolternden Seen nach Nordwesten zu prügeln, mußte es soviel Zeug wie möglich tragen. Dabei war der Ausgang dieses Kampfes völlig offen, denn es gab unendliche Risiken. Ich wußte nicht, ob vor mir überspültes Eis schwamm oder Eiskanten unter Wasser aus dem Eisfeld herausragten. Ich wußte nur eines: dies war eine von Gott gesandte Überlebenschance! Ich hetzte vorwärts. Gefrierende Gischt von den Wellenkämmen peitschte über das Schiff. Der Klüver tauchte in die Wellen, schaufelte das Wasser eimerweise hoch und schleuderte es mir in gefrierenden Hagelkörnern, die wie tausend Dolche stachen, nach achtern direkt ins Gesicht.

Als die Sicht besser wurde, sah ich, daß der Berg erstens nicht so weit weg war, wie angenommen und zweitens auch nicht so groß, wie er anfangs gewirkt hatte. Zweihundert Meter vor dem Spalt warf ich die Fockschoten los, um die Geschwindigkeit zu bremsen, und peilte von oben aus den Besanwanten die Lage. Unglaublich! Ich entdeckte eine gute, völlig freie Wasserader von ungefähr vierzig Metern Breite zwischen dem sechzig Meter hohen „Hügel“ und dem aufgeschichteten Packeis auf der anderen Seite. Im Wasser schien es kein Hindernis zu geben. Hinter der Einfahrt lag eine ruhige Bucht. Ich holte die Fockschot dicht, steuerte genau auf die Mitte der Einfahrt zu und prügelte die Cresswell über die angreifenden, wilden, wütenden grünen Seen.

CRESSWELL schoß wie eine Ratte ins Abflußrohr in die Einfahrt hinein. Eben noch hatte sie sich in entsetzlich hoher, steiler See durch gefrorene Gischt vorwärtsgekämpft, nun schwamm sie friedlich in der Windabdeckung des Eishügels in ruhigem Wasser. Voraus erstreckte sich eine vielleicht zweihundert Meter tiefe Bucht zwischen Berg und Eisfeld von ungefähr hundert Metern Breite.

Ich fierte wieder die Schoten und kletterte unter Deck, um die Maschine zu starten. Sie war aus ihrer Verankerung geschlagen und lag auf der Seite in der Bilge. Die Propellerwelle war dabei verbogen worden, als sei sie aus Butter. Ein Blick genügte, und ich kletterte wieder nach oben. Ich prüfte die Wassertiefe mit dem Lot und ließ alle zweihundertfünfzig Meter aus. Bodenlos! Ich konnte nicht ankern (was sowieso nutzlos gewesen wäre bei einem Eisfeld, das über den Gipfel der Welt treibt). Ich mußte das Schiff also am Eis sichern.

Ich pumpte das Schlauchboot auf (versuchen Sie mal, Gummistöpsel in die Ventile zu stopfen, während Sie zwei Paar Fausthandschuhe tragen!) und ließ es ins Wasser. Dann sprang ich mit einer langen Brechstange, einem Hammer, der Muringleine, einem kleinen Block und den Paddeln hinterher. Es war eine elende Schinderei, die CRESSWELL hundert Meter in die Mitte der Bucht zu ziehen, und ich verbrauchte meine letzten Kraftreserven, bis ich sie dort hatte, wo die „Küste" des Bergs abfiel. Ich ruderte an „Land", schlug bis in drei Meter Höhe Stufen in die Eisflanke, schlug die Brechstange hinein und befestigte die Leine daran. Dann zurück zum Schiff, Lose einholen und an der Stütze des Bugspriets sichern. Wieder mit einer zweiten Leine ins Dingi, zu den Eisschollen an der Westseite der Bucht hinüber, zweieinhalb Meter hochklettern, Eisenhäring einschlagen, Leine festmachen, zurück zum Schiff. Achterleine einholen, und das war's: das Schiff lag sicher vertäut in ruhigem Wasser. Ich kroch so erschöpft unter Deck, daß ich nicht mehr die Kraft fand, Tee oder etwas Burgoo zu wärmen. Ich brach in voller Montur in der Kajüte zusammen und schlief ein. Draußen das Toben des Sturms, das Mahlen und Reiben der Eisschollen am Feld, das Donnern der Wellen auf die Schollen, und Nelsons tapsende Pfoten auf Wache an Deck. Es war der 10. Juni. In England blühten die Blumen, das Gras war grün, so grün, es gab Bäume und Städte mit hellen Lichtern und Busse. Ich dämmerte ein. Draußen war helles Tageslicht. Unter Deck war es durch die Filzflecken über den

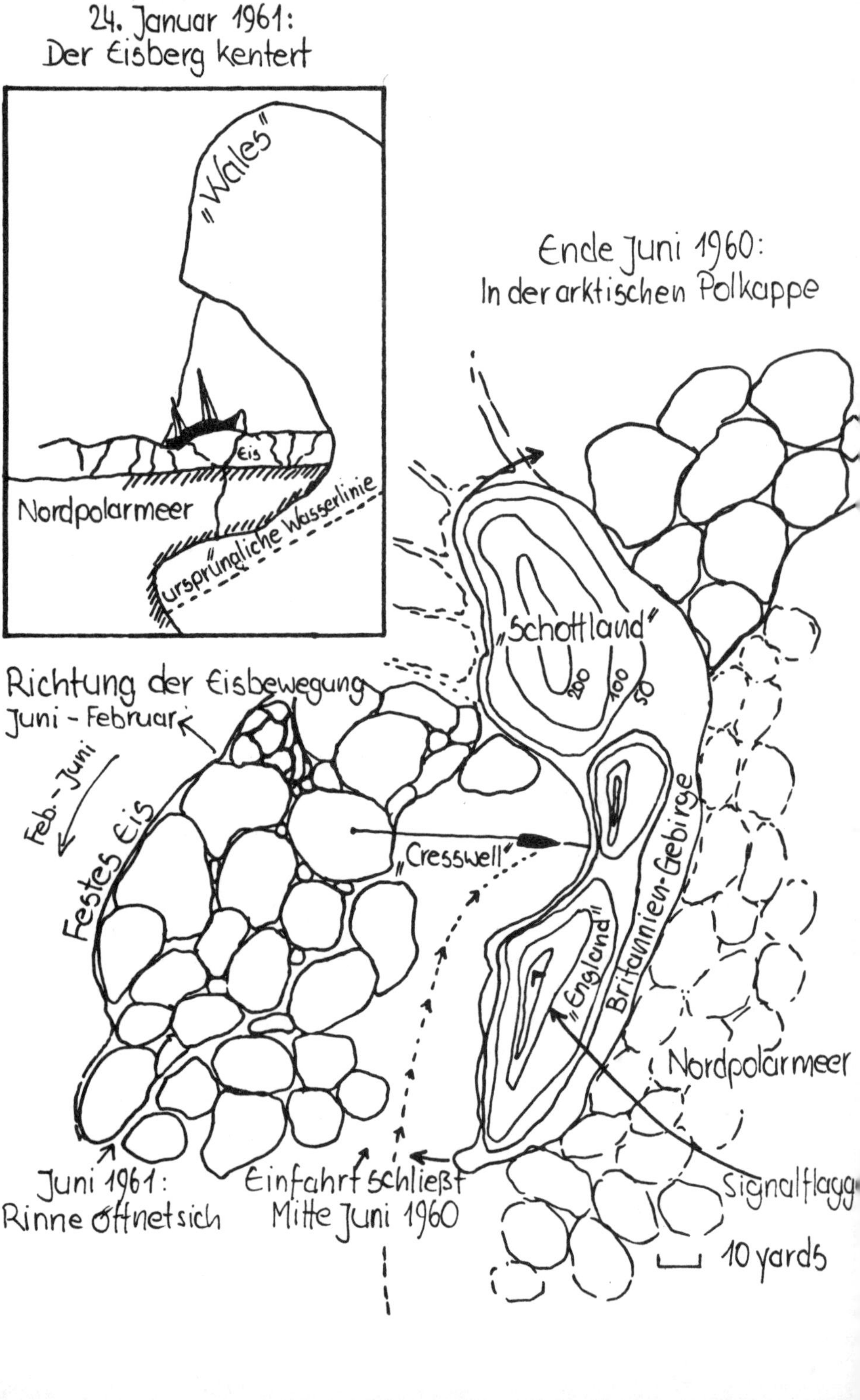
24. Januar 1961:
Der Eisberg kentert
„Wales"
Eis
Nordpolarmeer
ursprüngliche Wasserlinie
Ende Juni 1960:
In der arktischen Polkappe
„Schottland"
200
100
50
Richtung der Eisbewegung
Juni - Februar
Feb. - Juni
Festes Eis
„Cresswell"
„England"
Britannien-Gebirge
Nordpolarmeer
Signalflagge
Juni 1961:
Rinne öffnet sich
Einfahrt schließt
Mitte Juni 1960
10 yards

Bullaugen und Oberlichtern bei geschlossenem Niedergang dunkel. Dunkel und kalt, obwohl es unter den vor Eis knisternden Decken warm genug war. Ich war so fertig, daß ich auch auf einem Nagelbrett eingeschlafen wäre.

Als ich fröstelnd aufwachte, war es sechs Uhr früh. Ich machte Feuer im Kocher, trug ihn an Deck und briet mir ein köstliches Frühstück aus durchgedrehtem Corned beef und Kakao. Nelson bekam den Rest des aufgewärmten Burgoos. Der Sturm schlief ein, doch die See außerhalb der kleinen Bucht schlug immer noch schwer an die Schollen. Ich heizte den Kanonenofen im Maschinenraum und überdachte bei einer meiner sechs täglich erlaubten Zigaretten die Lage.

Es gab viel zu tun. Als erstes mußte ich mich vergewissern, daß das Schiff wirklich in Sicherheit war. Das ist für einen Skipper oberstes Gebot. Ich bereitete mich auf den Landgang vor und kletterte in der Nähe des Schiffs aufs Eis, um die Lage zu peilen. Ich entdeckte, daß der Eisschollenhügel in Wirklichkeit aus drei Teilen bestand. Diese Eistrümmer sahen nicht so aus wie die Eisberge vor Grönland. Ich hielt sie für große Eisbrocken, die von Sibiriens Küste kamen, nicht aber von einem kalbenden Gletscher herrührten.

Ich suchte wieder Axt, Hammer, zwei Eispickel, Leine und Paddel zusammen und ruderte zum Berg hinüber. Eine viereinhalb Meter hohe, überhängende Eiswand erwartete mich. Es dauerte vier Stunden, bis ich diesen Überhang hochgeklettert war und einen Eisenpflock oben in das Eis hämmerte, an dem ich einen Block befestigte. Mittlerweile war ich halb erfroren, plumpste ins Beiboot und paddelte zum Schiff zurück, um mich für eine halbe Stunde aufzuwärmen. Dann packte ich ein paar Büchsen mit Corned beef und Bohnen in einen kleinen Rucksack, dazu einen Würfel Frischwasser und machte mich wieder auf den Weg.

Von der überhängenden Seite des Eisberges, auf deren Oberkante ich den Block befestigt hatte, ragte der Berg über eine Plattform vor, die sich zwanzig Meter in ihn hinein erstreckte. An einer Seite gab es einen Eishang, der sich fünfzehn Meter hoch zu einem Kamm zwischen zwei kleinen Gipfeln erhob. Der Hang hatte eine Neigung von 30°. Kaltes, glitzerndes, helles Eis ohne Unebenheiten. Es war die Hölle, diesen Hang hochzukriechen, einen Eispickel einzuhämmern, während ich auf dem zweiten stand. Es dauerte drei Stunden. Als ich endlich auf dem Kamm war, stand ich wieder im Wind, obwohl er mittlerweile auf 10

Knoten abgeflaut war. Im Osten, zur „See“ hin, gab es nur Eis. Im Norden, Westen, Osten und – soweit ich es beurteilen konnte – auch im Südosten nichts als Eis. Im Süden türmten sich zerschellte Schollen am Fuß des Berges. Genau im Südwesten stieg der Hang mit zwanzig Prozent Neigung ungefähr sechzig Meter hoch. Ich begann mit dem Aufstieg und schaute hin und wieder hinunter. Eine dünne Eisschicht bedeckte inzwischen mit stumpfgrauem Schimmer die ganze Bucht. Ich brauchte noch einmal vier Stunden, um auf den Gipfel des Hügels, den südlichsten der drei Berge, zu kommen. Natürlich gab ich ihnen sofort Namen! Von Süden nach Norden nannte ich sie „England“, „Wales“ und „Schottland“. Die drei Eishügel zusammen taufte ich „Britannien-Gebirge“.

Der Rundblick von „Englands“ Spitze war erstaunlich. Im Norden, von Osten nach Westen herüber, gab es nur Eis. Das meiste davon war flach, doch hin und wieder ragten andere große Hügel daraus auf, ähnlich demjenigen, auf dem ich stand. Sie waren alle – bis auf einen weit weg im dunstigen Nordosten – kleiner, der allerdings war ein Riese. Auf der gegenüberliegenden Seite der Bucht wogte ein großes Durcheinander von Eisschollen krachend, stöhnend, keuchend und seufzend in der gigantischen Meeresdünung, die von Osten hereinrollte. Der Eingang zur Bucht schien nicht mehr so breit wie am Vortag zu sein. Ich nahm mir vor, das in einigen Tagen zu überprüfen. Oben auf dem Hügel rammte ich tief einen Besenstiel ein, an den ich die rote Nationale als Zeichen für etwaige Suchtrupps genagelt hatte.

Es dauerte viel kürzer „England“ wieder hinunterzuklettern, denn ich hatte Stufen in das Eis gehackt. Trotzdem war ich sehr vorsichtig dabei, denn ein Ausrutscher bedeutete den Tod im eisigen Wasser. Ich beschloß, bei meinem nächsten Aufstieg über die ganze Länge ein Seil von unten nach oben zu spannen. Ich schlug etwas Eis ab und lutschte daran. Ganz oben auf dem Hügel war es Süßwasser, doch weiter unten auf dem Kamm wurde es salzig. Das bestätigte meine Vermutung über die Herkunft des Bergs.

Endlich wieder unten beim Beiboot war ich völlig durchgeschwitzt. Ich hing an einer vereisten Leine über mörderisch kaltem Wasser und strampelte mit den Beinen, um das wie wild tanzende Boot unter mich zu bringen, damit ich mich hineinfallen lassen konnte. Während ich über die Bucht zurückruderte, kollidierte ich mit Eis. Es war dick genug, um das Gewicht eines Mannes zu tragen. Als ich das Schiff verlassen hatte, war es noch sehr dünn gewesen. Ich wog die Risiken gegeneinander ab: sich wieder hinaus auf See zu wagen mit einem neuerlichen Oststurm im Anzug oder sich hier an einem anscheinend sicheren Ort einfrieren zu lassen. Da gab es nur eine Antwort: ich würde bleiben. Als ich einige Stunden später auf einer Erkundigungsfahrt zum Eingang der Bucht paddelte, war sie durch hereingetriebenes Packeis fest verrammelt.

Zurück an Bord begann ich damit, das Schiff für die kommenden Monate herzurichten. Ich konnte den Mast nicht legen, da ich nichts hatte, woran ich eine Leine zum Absenken befestigen konnte. Ich baute die Bäume ab und lockerte das stehende Rigg, damit ich, wenn ich kräftig daran rüttelte, das daran angesammelte Eis abschütteln konnte. Aus den Bäumen, dem alten Großsegel und der großen Segeltuchpersenning baute ich ein Zelt, dessen Seiten ich in steilem Winkel festzurrte, so daß Schnee daran abgleiten und außenbords fallen würde. Ich sorgte dafür, daß das Cockpit gut geschützt war, damit kein Schnee hineinkam, taute und dann in die Bilgen lief. Danach schaffte ich den Kanonenofen wieder zurück in die Kajüte und heizte ordentlich ein, um endlich alle Feuchtigkeit in dem Raum auszutrocknen.

Jetzt konnte ich wieder gemütlich in der Kajüte leben. Meinen Petroleumkocher stellte ich ins Cockpit, damit die Feuchtigkeit des verbrannten Petroleums im Freien verdunstete.

Als ich das „Zelt“ oben hatte, stürmte es wieder wie verrückt. Wieder peitschten Hagel und Schnee herunter. Ich ruhte mich unter Deck in der trockenen Kajüte aus und ließ es sich draußen austoben. Hier bin ich viel besser aufgehoben als draußen auf See, dachte ich bei mir und machte mich daran, in behaglicher Wärme die zerfetzten Segel zu nähen.

Der Sturm dauerte drei Tage. Als er vorüber war, maß das Eis um das Schiff dreißig Zentimeter. Ich nahm mir vor, die CRESSWELL, sobald das Eis dick genug war, um Vorräte zu tragen, zu erleichtern. Inzwischen setzte ich die Maschine wieder auf ihr Fundament – harte Arbeit, denn sie wog über hundertachtzig Pfund. Mitte Juli wurden die Tage kürzer. Ich hatte sehr wenig Anzeichen für Lebewesen entdeckt: einen Seehund weit weg auf einer Eisscholle; ein oder zwei Vögel hoch oben; und ein paar Fische, während ich „an Land“ die Schollen im Westen begutachtete. Weiter nichts. Hier war es bei weitem nicht so belebt wie auf der Grönlandseite.

Bei ruhigem Wetter tastete ich mich vorsichtig über das Eis der Bucht zur Westseite hinüber, skizzierte die Eisschollen und gab den größeren Namen, meist in alphabetischer Folge nach dem Morsecode. Wenn auch nur der leiseste Wind wehte oder die See sich bewegte, war das zu gefährlich, denn das gesamte Eisbett arbeitete dann heftig wie ein verwundetes Tier. Breite, lange Risse taten sich ständig im Eis auf und verschwanden wieder. Ende Juli war das Eis in der Bucht über einen halben Meter dick. Durch Sonnen- und Mondlinien wußte ich, daß die Eisdrift nach Nordwesten ging und es war offensichtlich, daß wir uns in einem Teil des Nordpolarmeers befanden, in dem der Grönlandstrom entgegen dem Uhrzeigersinn in sich selbst zurückfließt. Daher auch ging die Eisbildung so schnell vor sich.

Ich begann, das Schiff zu entladen und zur selben Zeit einen schmalen Graben um seinen Rumpf auszuheben, damit es sich aus dem Wasser hob, während es leichter wurde. Als ich es um etwa drei Tonnen erleichtert hatte und Bug und Heck fast aus dem Wasser ragten, ließ ich das Wasser wieder zufrieren. Sobald das Schiff wieder eingefroren war, nur diesmal zwanzig Zentimeter weiter draußen als vorher, belud ich es wieder mit den Sachen, die ich täglich und für Routinearbeiten brauchte. Den Rest ließ ich draußen, mit dem Ersatzgroßsegel abgedeckt und gut gesichert.

Cresswells sechzig Zentimeter tiefer Kiel aus fast massivem Holz saß nun im Eis. Da ihr Boden rund war, würde sie hochgeschoben werden, wenn das Eis sie allmählich fester in die Zange nahm.

Nachdem das Schiff innen von der Ausrüstung befreit war, machte ich Klarschiff. Es war allerdings unmöglich, gutes Süßwasser zu bekommen, außer wenn es schneite, was bis Ende September nicht häufig war. Deshalb schmirgelte und malte ich statt dessen alle Blöcke, machte Wetterbeobachtungen und Standortbestimmungen. Durch die Persenning über dem Schiff kam nicht viel Licht, doch ich benutzte meine Robbenöllampe, deren Rohr wieder durch das Bulleye ging, so daß ich einige Stunden täglich lesen konnte.

Ende September waren die „Tage“ viel kürzer, und es zeigte sich, daß sich die Lücke zum Eingang der Bucht schnell schloß. Jedesmal bei Wind, gleich woher, außer genau von Norden, begannen die Eisschollen, sich zu bewegen und zu drehen und sich gegenseitig zu zermalmen. Der „Schottland“-Berg brach langsam vom Haupteisfeld ab, während

„England“ stetig und zuverlässig nach Westen trieb. Mit anderen Worten: Der Eisberg drehte sich sehr langsam entgegen dem Uhrzeigersinn und machte dabei einen Höllenlärm.

Am 30. September war ich auf 78° 50′ Nord, nur noch 300 Meilen von FRAMS Rekord entfernt! Ich war in Hochstimmung, denn bei dieser Geschwindigkeit würde ich den 84. Breitengrad sicher überqueren, bevor das Eis mit der Strömung wieder nach Südwesten umbog.

Bei ruhigem Wetter wanderte ich in den länger werdenden dunklen Stunden hinaus aufs Eis und beobachtete, wie die Nordlichter durch die aufgetürmten Schollen schienen. Ein märchenhafter Anblick! Die breiten Streifen reiner Kraft und Energie, die quer über den sternbesäten, blauschwarzen Samthimmel der Arktisnacht fließen, sind eine Vision, die immer wieder in mir aufsteigt, wenn jemand von Wundern spricht. Doch gewöhnlich waren die Nächte viel zu kalt, um länger als kurze Zeit hinauszugehen, deshalb blieb ich die meiste Zeit in der Kajüte und verrichtete die täglichen Arbeiten. Wenn man allein ist und nicht die leiseste Idee hat, ob man überleben wird oder nicht, dann ist die Hauptsache, nicht zuviel darüber nachzudenken. Denn alles Grübeln wird die Umstände nicht ändern. Selbstmitleid gebiert Verzweiflung, die wiederum Panik und Furcht zur Folge hat. Es gibt unter solchen Umständen nur eines: denke und mache nur das Naheliegende! Wenn sich etwas, das ich las, zu heftig mit den tieferen Aspekten des Lebens befaßte, legte ich das Buch hin und backte Brot oder reparierte noch ein Segel oder versuchte erneut, die Propellerwelle geradezuklopfen. Eine feste Routine ließ die Zeit besser vergehen. Ich stand jeden „Tag“ um neun Uhr auf. Frühstück vor zehn, dann bei klarem Wetter Reparaturen und Instandsetzungsarbeiten bis mittags. Dann die Mittagsbreite schießen, anschließend um ein Uhr Mittagessen. Ungefähr ein Stündchen lesen. Nachher mit Nelson einen Spaziergang auf dem Eis, oder, wenn es geschneit hatte, den Weg freischaufeln. Später im Winter wurde der Schnee natürlich zu dick für Nelson, um weit zu laufen, ich stampfte aber immer noch in einem weiten Bogen auf Schneeschuhen da draußen herum und achtete auf Spuren oder anderes.

Als es kälter wurde, erschwerte sich selbst die einfachste Tätigkeit. Bei sehr niedrigen Temperaturen konnte ich nicht länger aufs Eis scheißen. Statt dessen mußte ich das unter Deck auf dem Eimer erledigen und ihn anschließend hinaus aufs Eis tragen. Denn selbst eine

Minute mit nacktem Hintern im Freien bedeutete unweigerlich Erfrierungen.

Allein zu sein heißt nicht automatisch, einsam zu sein. Wenn man weiß, daß es im Umkreis von einigen hundert Meilen keine andere Menschenseele gibt, ist das einfacher zu akzeptieren, als wenn man unter Millionen Menschen lebt und keinen kennt. Sex wird sehr nebensächlich. Ich persönlich habe nach den langen Perioden ohne sexuelle Betätigung nicht gefunden, daß die Entbehrung mein Sexualleben in irgendeiner Weise geschmälert hatte, wenn ich erst wieder auf grünen Weiden graste. Tatsächlich war es genau umgekehrt, wenigstens wurde mir dies von auf diesem Gebiet unangreifbaren Experten bestätigt.

So scheint es auch bei den meisten Einhandseglern, die ich kenne, zu sein, und alle stimmen überein, daß Sex immer unbedeutender wird, je weiter entfernt man von möglichen Partnern ist.

Mitte Oktober war der Eingang zur Bucht völlig verschlossen, und zwar gleichermaßen durch die stetige Bewegung des südlichen Eisbergs nach Westen und auch durch die durcheinandergewürfelte Menge aufgetürmten Meereises, das sich fünf Meilen nach See erstreckte. Ende Oktober kroch ich endgültig in mein Winterlager unter Deck und tauchte nur bei klaren Nächten auf, um Stern- und Mondbestimmungen zu machen.

So vergingen die Wochen. Nelson und ich aßen beide sparsam von unseren schwindenden Vorräten. Mitte November war alles rabenschwarz draußen. Ich war auf 79° 15′ Nord. Nur 285 Meilen vom Ziel entfernt. Und immer wieder beobachtete ich in klaren Nächten minutenlang die Nordlichter, die den ganzen Himmel mit einer Wunderschau erfüllten. Ich machte mir Notizen darüber, wie oft dieses Phänomen von Sturm und Schlechtwetter gefolgt wurde. Das war ungefähr in neunzig Prozent nach dem Auftauchen der Aurora Borealis der Fall. Es mußte eine Verbindung zwischen dem Nordlicht und dem Wetter vor allem in arktischen Regionen geben. Das arktische Wind- und Drucksystem hat großen Einfluß auf das Wetter der gesamten Welt. Wenn jemand die Beziehung und den Grund dafür herausfinden könnte, wäre das vielleicht ein neuer, genauerer Weg, die Wetterveränderungen über einen längeren Zeitraum vorauszusagen.

Das Schiff war jetzt völlig eingefroren. Überall nur Eis und Dunkelheit um uns herum. Einmal, lange zurück im Juli, hatte ich weit entfernt ein Flugzeug gehört, doch ich hatte keine Zeit für ein Rauchzeichen gehabt, denn das Eis war damals noch nicht fest genug zum Begehen. Es war herangeflogen, hatte einige Minuten in der kalten, klaren Luft gebrummt und war wieder verschwunden. Das war das einzige Zeichen von Lebewesen, das ich in zehn Monaten erlebte: Nur ein leises Geräusch, über vierzig Meilen entfernt.

1. Dezember: 79° 35′
18. Dezember: 79° 42′
25. Dezember: 79° 32′
31. Dezember: 79° 16′

Die Drift des Eises hatte sich gewendet! Ich trieb jetzt nach Südwesten! Am 10. Januar 1961 wußte ich es endgültig: 78° 55′ Nord. Ich war gescheitert. Ich hatte den Rekord der FRAM um 285 Meilen verfehlt! Ich hatte es nicht geschafft, dem Pol mit einem Segelschiff näher als Nansen zu kommen. Ich hatte ihn nicht geschlagen! Ich war nur auf 618 Meilen an den Pol herangekommen.

Ich saß über meinen Berechnungen. Tränen der Niederlage verschleierten die gekritzelten Zahlen auf der schmuddeligen Logbuchseite. Ich starrte halbblind auf meine schmutzige Faust, die sich über dem Bleistift schloß und ihn in drei Stücke zerbrach – zerbrochen wie meine Träume. Ich öffnete die Hand und stierte stumm, verbittert auf die Fragmente. Ich warf die Stummel auf den Tisch. Als ich nach meinem Teebecher griff, blickte ich auf die zerbrochenen Stückchen aus Holz und Blei. Ich glotzte wie ein Idiot von einem zum anderen und wieder zurück. Ich rieb mir die Augen, sah wieder hin. Nach einer Weile hob ich eines der Holzstückchen auf.

Der Bleistift, das *Werkzeug,* das *Ergebnis* eines träumenden Menschen irgendwo, war zerstört, in Stücke zerbrochen. Doch der Traum des Menschen überlebte! Ich studierte die Holzsplitter näher und drehte sie herum und herum. Die Holzatome, die Moleküle des Bleis waren noch da, ich konnte sie anfassen. Ich sah sie ... nur den Traum des Menschen, seine Ideen sah ich nicht. Dennoch lagen die Ergebnisse dieser Träume zerbrochen vor mir. Aber der Traum selber war nicht zerstört, und *darauf kommt es an!*

Langsam begriff ich, daß nicht die Verwirklichung eines Traumes, eines Vorhabens an sich *wesentlich* ist. Die *Planung,* das *Überleben* des

Traums, die Idee, der Ehrgeiz sind wichtig. Aber Träume und Ideen können, anders als Atome, nicht aus sich selbst überleben. Der Träumer selbst muß überleben, um seinen Traum weiterzugeben! Dann, im Überleben meines Traums, *in meinem Überleben,* würde mein Sieg liegen!

Ich sammelte die Holz- und Bleistückchen ein und legte sie sorgfältig, ehrfürchtig in meinen Bleistiftkasten. Ich würde diesen verdammten Bleistift reparieren!

Ich trank meinen Tee und legte mich schlafen.

Nelson zuckte im Schlaf und träumte von einer Hündin, weit weg.

20

Schach dem Eisberg

Während der ewigen Dunkelheit der tiefen Wintermonate am Rande der Polkappe – obwohl CRESSWELL mittlerweile zehn Meilen tief im „Inland-Eis“ steckte – war das Wetter gewöhnlich an vier von zehn Tagen ruhig. Dann klarte der Himmel auf, Millionen Sterne leuchteten und streuten Lichtreflexe über die öde, kalte, tote Eiswelt. Hoch über mir standen als große strahlende Punkte Benetnasch, Alkor, Alioth, Megrez und Dubhe und zeichneten das Rückgrat des Großen Bären nach. An seiner Seite sein Junges, der Kleine Bär, der unsicher auf seinen Hinterpfoten Kochab und Pherkab balancierte und mit einer Kralle seiner Tatze auf den unbeweglichen Punkt zeigte, um den sich der ganze Himmel dreht: Polarstern, das Zentrum des Universums, das fast direkt über mir stand.

Im Osten wurde der tiefe Horizont von den drei Hügeln des Britannien-„Gebirges“ verdeckt, die ihre glitzernden, fahlweißen Zuckerhüte in den schwarzen Samthimmel reckten. Doch in den anderen drei Richtungen, nach Norden, Westen und Südwesten, standen die Sterne so tief am Firmament, daß sie wie ferne vorübergleitende Schiffe auf silbriger See wirkten. Langsam umrundeten sie den Saum der Eiswelt: Wega, die einsame, scheue Jungfrau mit ihrer Leier, immer begleitet von ihren Zofen Scheliak und Sulaphat, tänzelte leicht die dunklen Flure der Unendlichkeit entlang, um dem muskelbepackten Herkules zu entkommen. Cygnus, der Schwan, das königliche Haupt geschmückt mit Deneb, die Schwingen mit den Juwelen Gienah und Delta verziert, führte Wega zum Hof der Königin Cassiopeia, die in all ihrer Pracht auf ihrem Himmelsthron saß. Vom eisigen Horizont flog Perseus, der Bote, zu ihr auf und trug in der Rechten die große, flammende Fackel von Algol, dem Stern der Weisheit. Die Ankunft des Lichts der Erleuchtung zu Füßen der Himmelskönigin wurde froh von ihrer Kammerdame Capella und von Beteigeuze und Bellatrix beobachtet, den zwei herrlichen Trägern des diamantbesetzten Gürtels des Orion. Vor den Palasttoren bahnten die tapferen Gladiatoren Kastor und Pollux einen Weg für die schöne Athene durch die bevölkerten Himmelsstraßen. Vor ihrer stolzen Bahn hastete der Kleine Löwe an den unbeholfenen Tatzen des Großen Bären vorbei.

Wenn ich dort stand, gebannt von dem wunderbaren Anblick, die Arme dabei aus den Jackenärmeln herausgezogen, um sie am Körper zu wärmen, war es manchmal schwierig, die vertrauten Sternbilder auf dem sternbesäten Vorhang herauszufinden, der sich zur anderen Seite hinüber in die Unendlichkeit erstreckte. Draco, der Drache, der den Kleinen Bären bewachte, den verspielten Liebling der Himmelskönigin, war fast nicht auszumachen. Doch dort war er, treu wie eh und je, und sein langer Schwanz peitschte von Alsafi durch Eta Draconis und Thuban über Abermillionen von Meilen durch den Weltraum zu seiner Schwanzspitze Gianfar. Seine feurigen Augen Etamin und Alwaid starrten dabei in kecker Herausforderung Herkules an, der von Liebe verzehrt seiner Jungfrau Wega unermüdlich durch die Unendlichkeit nachfolgt.

Alle Themen menschlicher Gefühle sind am Himmel abzulesen. Wenn ein Mensch nur ein Tausendstel soviel erzählen könnte wie das schwächste Lichtfünkchen, das uns die Reflektion des Lebens, der Liebe und Hoffnung noch aus dem entferntesten Winkel der Sternensysteme zeigt, dann hat er mehr zu vermitteln als alle großen Männer, die je auf unserer Erde lebten.

Die meisten Mondaufgänge konnte ich nicht sehen, da sie durch das Britannien-Gebirge verdeckt wurden. Doch zweimal sah ich den Vollmond leise in der ruhigen Arktisnacht aufsteigen. Nur schwach war von ferne das Nagen des Meereises am Rande des toten weißen Eisfeldes zu hören. Ich war auf der Westseite der Bucht und zeichnete die Schollen, die sich dort aufgestapelt hatten, auf meiner Skizze ein und suchte nach Rissen im Eis. Diese Arbeit dauerte jedesmal zwölf Stunden, denn der Weg über die aufgetürmten Schollen war außerordentlich schwierig und riskant. Einige Schollen ragten in einem Winkel von 60° aus der Horizontalen heraus. Oft gab es keinen Weg, um diese gekenterten, glatten Oberflächen herum, und es war Schwerstarbeit, gläserne Hänge von der Größe eines Fußballfeldes hochzuklettern. Wenn ich endlich oben war, mußte ich eine Leine durch einen Block scheren und mich auf die andere Seite der Scholle abseilen, die manchmal wiederum über die nächste Scholle ragte. Ich hatte immer den kleinen Kompaß aus dem Beiboot dabei, denn wenn ich erst jenseits der Schollen am Rande der Bucht war, verlor ich das eingefrorene Schiff vollkommen aus dem Blick. Häufig beschränkten auch plötzliche Schneestürme die Sicht auf wenige Meter.

Eines Nachts erreichte ich die Südecke des Britannien-Gebirges, das ich Gibraltar getauft hatte. Ich versuchte, den England-Berg von Süden zu besteigen, doch das stellte sich als unmöglich heraus. Er war viel zu steil und vollkommen glatt. Ich ruhte mich vor dem vierstündigen Rückmarsch zum Schiff aus, und als ich nach Südosten sah, erhellte sich dort sehr langsam der Himmel. Der Horizont verfärbte sich zu Kobaltblau, einem pudrigen Blau mit Silberstrahlen, die durch die Sterne zuckten. Wenig später, als der ganze Osthimmel silbern leuchtete, nahm das Eis die Farbe des Mondlichtes an. Es war, als besticke man einen blauen Brokat mit Silberfäden. Der obere Rand des Mondes schien durch zehn Meilen aufgetürmten Eises hindurch! Die Lichtstrahlen glitzerten, zersplitterten und glitten in gebrochenen Bahnen leuchtend über den Horizont. Diese Bündel reinen Silbers wurden von der Unterseite der sehr niedrigen, langsamen Wolken über dem Meer zurückgeworfen, als wenn die ganze Welt in kalter Schönheit auseinanderbräche. Dann zeigte sich langsam der Mond. Sein Licht schien waagerecht über die zerklüfteten Eismassen und warf lange Schatten. Die Oberfläche der Welt war, soweit das Auge reichte, silber und schwarz gesprenkelt und der schwarze Himmel darüber gesprenkelt mit dem Silber funkelnder Sterne. Der Mond schien doppelt so groß wie in gemäßigten Breiten, und die Luft war so klar, daß ich jede Sommersprosse seines pockennarbigen Gesichts erkannte. Während er höher und höher stieg, verschwanden die Schatten der Eishügel, und bald war alles wieder fahlweiß und schwarz, das Gesicht des Mondes kalt, geisterhaft und tödlich einsam, als er kleiner und kleiner wie eine kristallene Eiskugel unter dem kalten Sternenvorhang am Himmel hing.

Ich fröstelte, streckte die Arme wieder in die Jackenärmel und machte mich auf den Rückweg. Stunden später, nachdem ich die Eisbarrieren überwunden hatte und müde durch den frischgefallenen Pulverschnee auf der glatten Oberfläche der Cresswell-Bucht stapfte, sah ich einen schwarzen Schatten auf mich zukommen: Nelson. Als er bei mir war, sprang er erleichtert hoch, um diese meine Erscheinung zu begrüßen. „Ich weiß, alter Junge, ist ja gut! Ich weiß ja! In diesem Licht sehe ich wie ein verdammter Weihnachtsbaum aus!"

Ich hastete zurück in die Wärme. Ich hatte einige weiße Flecken im Gesicht, die meine Tränen nicht fühlten, als ich an frühere Weihnachtsfeste und die fröhliche Gesellschaft der Sailors und der Mädels, die wir geliebt hatten, dachte.

In der Kombüse machte ich Feuer im Ofen, nahm die Schneebrille ab und taute mein Gesicht auf. Ich sah mich im kleinen Spiegel an: Miserabel sah ich aus. Dann guckte ich zu Nelson hinunter. In den Spiegel starrend sagte ich: „Gut, du Arsch, Schluß mit der Scheiße! Hast 'ne Menge zu tun."

„Was denn?" fragte ich mich.

„Na, zum Beispiel den blöden Köter füttern!"

„Zu Befehl!" Ich kannte mich mittlerweile und versuchte, mich wieder in die Gewalt zu bekommen. Aber es war hart. Es war sehr schwer, die Schleusentore zu Selbstmitleid und entsetzlicher, seelenschrumpfender Einsamkeit geschlossen zu halten, und ich gewöhnte mir an, immer häufiger die Sterne zu beobachten und ihrer Botschaft in der Stille zwischen den rasenden Stürmen zu lauschen.

Nach heißem Tee, gemahlenen Erdnüssen und Porridge haute ich mich in die Koje. Mein Kopf schlug auf die geladene und gesicherte Signalpistole unter dem Kopfkissen. Seit das Schiff im Eis eingeschlossen war, fürchtete ich mich vor Eisbären. Wenn schon der Bär in Grönland so aggressiv gewesen war, obwohl es doch jede Menge Nahrung wie Fische und Robben gab, wie zum Teufel würden sie erst hier draußen sein, wo anscheinend überhaupt nichts lebte.

Die ganze Zeit im Eis entfernte ich mich nie weit von meiner Axt, dem Hammer, einem Seil und der Pistole. Jedesmal, wenn ich das Schiff verließ, und sei es auch nur, um in ruhigen, klaren Nächten mein Geschäft draußen zu verrichten, hatte ich Axt, Kompaß, Pistole, Schneeschuhe und Essen für zwei Tage dabei. Dichte Vorhänge aus

Schnee und Eis konnten so schnell herunterpeitschen, daß man sogar nur wenige Meter vom Schiff entfernt, leicht überrascht werden konnte und den Weg nicht mehr zurückfand. Dann mußte man unter einem Eisvorsprung Schutz suchen und das Abflauen des Sturmes abwarten. Doch jede Bewegung, die mich mehr als zwei Meter vom Schiff fortführte, war genau eingeplant, und jede Richtungsänderung notiert. Ich konnte im Schiff kein Licht brennen lassen. Erstens hatte ich nur noch wenig Brennstoff, zum anderen würde es bei Sturm kaum zehn Meter weit scheinen. Außerdem wollte ich keine Herumtreiber anziehen, besonders wenn ich nicht an Bord war. Das Schiff – meine Zuflucht, meine Nahrung, meine Wärme, mein Leben. Das Schiff – der Mittelpunkt dieser meiner eiskalten Welt! Jedesmal beim Verlassen der CRESSWELL wickelte ich eine lange Schnur ab, um mir den Weg zurück zu zeigen.

So vergingen die langen, langen, dunklen Stunden, Woche um Woche. Ich machte es mir zur Regel, bei ruhigem Wetter zum westlichen Eisschollenfeld hinüberzugehen. Es war jetzt eine ziemlich festgefrorene Masse, und ich versuchte, die Drift des Eises zu verfolgen. Es bewegte sich ständig, nicht nur im Ganzen, sondern auch die einzelnen Teile und Stücke, manche so groß wie ganze Häuserblocks, verschoben sich gegeneinander. Das Britannien-Gebirge drehte sich im Uhrzeigersinn und drückte in die westlichen Schollen, die wiederum den ungeheuren Druck des Berges auf die flache Eissteppe jenseits übertrugen. Im Westen des Schiffs änderten sich die Risse und Sprünge im Eis ständig, und dort war auch meine ganze Aufmerksamkeit konzentriert, denn ich hoffte, die schweren Schollen würden beim Aufbruch des Eises (falls das je geschah!) gelockert werden und eine Passage nach Südwesten öffnen.

In neun Fällen von zehn wurden Stürme und Orkane durch eine unvorstellbare Show aus Macht und Licht angekündigt. Die Nordlichter zuckten dann wie ein Feuerwerk der Götter durch den Himmel und schickten Fontänen fließender, strömender Funken über den schwarzen Bogen des Arktishimmels. Stunden später setzte der Wind ein: Zuerst als leises Klagen im Rigg, dann schwoll es zu einem Pfeifton an. Dies war für mich das Zeichen, alles festzulaschen. Dann baute sich das Brüllen zu einem Schreien satanischer Wut auf. Das Schiff schwankte, wenn der Wind an den Masten riß und versuchte, sie aus dem eingeschneiten Rumpf zu zerren. Hin und wieder lüftete ich die dicken Filzschablonen vor den Bulleyes und lugte hinaus. Draußen zischte eine blendend weiße Höllenwand über das Eisfeld. Die oberste Eiskante brach unter der Wucht des mächtigen Sturmes ab. Ganz selten wagte ich mich in dieses Inferno hinaus, durch zwei zusätzliche Decken über meinem Rentieranzug geschützt. Durch winzige Schlitze beobachtete ich, wie das Eis die Gipfel der Britannien-Berge wie Wasserdampf hinunterpeitschte, über das Schiff hinweg zur Westseite der Cresswell-Bucht, dort die kürzlich aufgerissenen Spalten wieder füllte und das ganze Gesicht des Schollenfeldes abermals veränderte.

Dann zündete ich die Robbenöllampe an, fütterte den Ofen mit meiner sich rapide verringernden Holzkohle und las. Die Bücher waren mein einziger Trost vor der arktischen Kälte, Furcht, Einsamkeit und auch vor der durch das Wetter bedingten Untätigkeit. Das Radio hatte kurz nach Weihnachten seinen Geist aufgegeben, und obwohl ich stundenlang daran herumprobierte, weigerte es sich einfach, länger mit mir zu sprechen. Ich nahm an, daß die starke Feuchtigkeit unter Deck die Transistoren außer Gefecht gesetzt hatte. Doch nachdem meine Bücher wieder getrocknet waren, hatte ich genügend Lesestoff und machte es mir bei der kleinen Steinlampe gemütlich, die ihre langsame, dünne zitternde Säule schwarzen Rauches in das Rohr aus Corned beef-Büchsen schickte. Nelson lag unter dem Tisch auf meinen Füßen, einen Knochen zwischen guter Pfote und Beinstumpf.

Wenn ich vom Lesen beim Schein der launenhaften Lampe müde wurde, schmiedete ich Pläne für die lange Dämmerung, die Ende Februar einsetzen würde. Ich bereitete eine lange Trosse und einen Block vor, um oben am steilen Nordhang von „England" einen Flaschenzug anzubringen. Ich baute eine neue Signalflagge aus einer alten Cockpitpersenning, die ich gelb anstrich und auf einen Rahmen nagelte. Ich klopfte alle leeren Konservendosen flach, drahtete und klebte sie aneinander, um einen Sonnenreflektor, eine Art Heliograph, herzustellen. Er war ungefähr einen Quadratmeter groß. Ich schnitt ein Loch hinein, damit ich ihn auf ein Flugzeug richten konnte, und polierte ihn mit Schmirgelpapier und Sand aus der Bilge spiegelglatt. Wenn die Sonne erst wieder hervorkam und es wärmer wurde, wollte ich das ganze Schiff gelb streichen und aus einer alten Persenning noch ein weiteres Signal herstellen, das ich etwas entfernt vom Schiff im Schnee ausbreiten konnte. Den Proviant und die leeren Kisten nagelte ich auf der

Westseite des Bergs in Gruppen fest, solange das Eis hielt. Sie buchstabierten S.O.S. im Morsealphabet, so daß man es schon von weitem aus der Luft sichten konnte.

Einmal im Monat backte ich bei gutem Wetter im Druckkochtopf wie in einem Ofen Brot. Ich wurde ziemlich gut darin, und der Schnee, den ich mit Kondensmilch mischte, schien das Brot besonders leicht und locker zu machen.

Ich weiß nicht genau, welches die tiefste Temperatur war, die ich erlebte, denn der Alkohol in meinem Außenthermometer war schon im Oktober verschwunden, doch später erfuhr ich von der norwegischen Luftwaffe, daß ein Flugzeug am Neujahrstag 1961 nur hundert Meilen von meiner geschätzten Position entfernt sehr niedrig über dem Meeresspiegel ungefähr minus 52° Celsius gemessen hatte! In der Kajüte konnte ich die Temperatur auf plus 3° Celsius bringen, doch nur für ungefähr fünf Stunden täglich. Die übrige Zeit durchlitten wir bei durchschnittlich minus 4° Celsius unter Deck.

Als Ergebnis von Kälte und Untätigkeit wurde ich immer langsamer. Ich bemerkte dies zunächst nicht, bis mir eines Tages auffiel, daß Nelson sich viel schneller als gewöhnlich bewegte. Er ruckte und rappelte wie in einem Stummfilm herum. Ich glotzte ihn eine Weile an, dann mich selber im neuen Sonnenreflektor. Endlich dämmerte mir, daß ich langsamer geworden war, und zwar in allem. Das war interessant: ich schlurfte zum Navigationsschapp hinüber und nahm nach kurzem Nachdenken (das in Wirklichkeit mehr als eine Stunde dauerte) den Chronometer heraus, um ihn aufzuziehen. Ich starrte ihn an: Ich sah nicht nur den Sekundenzeiger schnell herumlaufen, sondern auch die Bewegung des Minutenzeigers, sogar das Weiterrücken des *Stundenzeigers!* Die Einsamkeit hatte meine Sinne verwirrt! Ich stellte den Chronometer zurück und setzte mich hin, um darüber nachzudenken.

Machte mich die Kälte langsamer? Die Einsamkeit? Die erzwungene Untätigkeit? Die Diät? Ich grübelte eine Weile darüber nach und beschloß dann, das Problem aus einer anderen Richtung anzugehen. Machte meine Lahmheit denn etwas aus? Wenn sowieso nichts zu tun war, spielte sie doch wohl keine Rolle. Vermutlich war sie dann sogar ganz gut. Es wäre nur schlimm, wenn ich handeln mußte, und doppelt schlimm, wenn die Zeit herankam, das Schiff aus dieser Todesfalle zu befreien.

Von nun an versuchte ich bewußt, meine Bewegungen zu beschleunigen und änderte meine Diät. Ich aß jetzt täglich ein halbes Pfund des rohen, fetten gummiartigen Robbenspecks. Wenn die Kalatdlit durch ihn vor Skorbut bewahrt wurden, würde er auch mich davon verschonen. Ich aß nichts Gebratenes mehr, obwohl ich noch genügend Schweineschmalz hatte, und versuchte, soviel Dosennahrung wie möglich, nur leicht in der Pfanne angetaut, zu mir zu nehmen. Ich tat dies alles instinktiv, denn ich hatte niemals Diätpläne studiert, sondern mich nur darum kümmern müssen, genug Essen zum Leben aufzutreiben.

Eines lernte ich während der Monate im Eis: der Durchschnittsmensch der westlichen Welt ißt viel zu viel und zerkocht sein Essen. Ich lernte, nur so viel zu essen, wie der Körper wirklich verbraucht und nicht mehr, und die mir dadurch verliehene Energie bis zur nächsten Mahlzeit optimal auszunutzen.

Als Zweites lernte ich, ohne Schummeln gegen mich selber, Schach zu spielen. Ich hatte eine Partie seit August laufen, der Zeit, als ich mich im Eis einrichtete, doch sie war planlos geworden, da ich das Brett nach jedem Zug verlassen und eine Woche abwarten mußte, bis ich vergessen hatte, welche Strategie Weiß plante, um mit Schwarz' frischem Angriff dem letzten Zug von Weiß zu begegnen. Der Haken dabei war, daß Weiß seine zukünftigen Pläne vergessen hatte, wenn Schwarz zum Gegenschlag bereit war. Langsam aber verkleinerte sich über die Wochen die Verdrängungszeit beider Partner, und im Dezember konnte ich beide Taktiken völlig voneinander trennen und Weiß oder Schwarz auf Wunsch im Geiste blockieren. Anfangs erschreckte mich dies, und ich gab für ein paar Tage auf. Doch dann überlegte ich mir, daß kein Mensch nur aus einer Gedankenfolge besteht, sondern daß es viele Seiten in uns gibt, und setzte mich wieder ans Brett, um die Partie zu beenden. Dann ergab sich eine weitere Komplikation, anfangs ebenfalls beunruhigend, bis ich mich daran gewöhnte: Nicht nur waren Weiß und Schwarz in ihrem Kräfteverhältnis gleich, sondern ich selber war ihnen gegenüber völlig unparteiisch und verfolgte das Spiel wie ein unbeteiligter Beobachter, objektiv, mit bestimmten, voneinander getrennten Ideen, welche Züge als Nächstes folgen sollten, doch verriet ich weder Weiß noch Schwarz etwas von meinen Gedanken. Ich bedachte Weiß und auch Schwarz gleichermaßen mit Ermutigung oder Ablehnung, wenn sie gezogen hatten, ohne jemanden zu bevorzugen.

Eines Abends, während ich beobachtete, wie Weiß seine Strategie auf einen listigen Gegenzug von Schwarz entwarf, mußte ich an Deck, um das schwarze Eis vom gelockerten stehenden Gut zu schütteln, mein Geschäft zu verrichten und meinen geisterhaften Treck um den schauderhaften Umkreis rauchenden Eises zu machen. Ich beobachtete die Sternschnuppen, die aus den Höhen meines Geistes fielen und Sterne und Mond, die auf blitzenden... Schultern... Soldatenarmeen wie Hügel leuchteten... die Generaloffensive des dunklen Winters... über gefrorene Stufen... Schritt für Schritt über... gebleichte weiße Dekkel... hölzerne Planwagen... Schlafwagen... keine Räder rollen... aufgereihte blaue Schatten... bösartig... Straßenbahnschienen... Schlachterschürze... vorspringendes Eis unten... fünf Tage alt... erfrorene Wangen... Schädel... eisig weiß gefroren... Schädel... Eisstücke kopfunter in leeren Augenhöhlen starren auf Zylinder zylindrisch Zyklop... Ampeln... Polizistenpfeife pfeift... Südwestblizzards... Bussarde, gebratener Fisch... Chipsgeruch... roch... vom Britannien-Gebirge hinkt Nelson durch den knietiefen Schnee hinter mir her, Tier schnappt nach den Beinen meines Idols mit... Walroßzähnen und war es nicht... heiß... im... Bad... heute Nacht... denn Ulli wartet... in der Kajüte... das Spiel geht weiter, spiel weiter... Weiß bewegt seinen Springer in diese Scholle da... fang das Boot der Königin... „Cresswell"-Andromeda... zwei Eispickel... Hoppla, verlier' den Hammer nicht... Verdammt, ist das steil... man braucht sechzig... Meter... dicke Nylonleine im Frühling, tralala... „Schwarz, du verdammter Idiot, warum hast du den verfluchten Felsen gezogen, dein Springer ritt und rittlings"... kalt... kalt... und: „Großer Gott!" Ich muß mit dem Gesicht flach in die Bilge in der Kajüte gefallen sein, auf das breiige Eis der Bilge, ins Bewußtsein zurückgerufen durch herzzerreißende Furcht. Nelson winselte – das Schiff hob sich hoch und legte sich auf die Seite! Draußen schien der Himmel mit Getöse einzustürzen! Das Deck schoß hoch, schleuderte mich in die Luft.

„Verfluchte Scheiße!" Ich schwankte wie betrunken zum Luk des Niedergangs und versuchte verzweifelt, in der wild wogenden Kajüte oben zu bleiben. Ich drehte mich schreiend um, griff in Panik das Schachbrett, das über den Tisch rutschte, und schleuderte es gegen das vordere Querschott. Jetzt schoß das Schiff nach oben, *hoch* mit dem Bug und sank *hinunter,* tief hinunter mit dem Heck. Es schien Äonen zu dauern, ehe ich im Cockpit war und die Persenning beiseiteriß.

Das ganze Eisfeld um uns herum war in wilder Bewegung, soweit ich das im Schneetreiben erkennen konnte. Ich schüttelte den Kopf und sah noch eben, starr vor Schreck, wie alle Proviantkisten, zwei Drittel meiner mageren Vorräte, eine gekantete Scholle hinabrutschten und in einem sich öffnenden Schlund verschwanden, als seien sie von einem mörderischen, gierigen Ungeheuer verschluckt. Der Lärm war ohrenbetäubend. Krachen, Donnern, Explosionen, große Eismassen, die herunterfielen, ganze Lastwagen voll, die senkrecht vom Himmel auf den schleudernden Rumpf herunterfielen.

Lastwagen voll? Von oben? Wieso, warum in Gottes Namen?

Ich sah hoch. Der Anblick wird mich verfolgen, bis das letzte Flackern meines Lebenslichts meine wettergegerbte Seele verläßt. *Die Britannien-Berge kenterten!* Sie drehten sich auf die Seite, und „Wales", eine riesige Eismasse, Tausende von Tonnen von dem Zeug fiel langsam aus sechzig Meter Höhe auf das Schiff herunter. Er kenterte direkt über dem Schiff und fiel genau auf uns, während CRESSWELL durch das sich verschiebende Eis in den gierigen Schlund unter das Gebirge aus Eis gesogen wurde!

Wurde ich verrückt? Drehte ich durch? Ich schüttelte betäubt den Kopf, als das Schiff wieder vorwärts und hochgeschleudert wurde. *Nein, das war kein böser Traum, das war Wirklichkeit!*

21

Unter 3000 Tonnen eisigen Todes

Ich weiß nicht, wie lange ich dort regungslos stand und schreckerfüllt nach oben starrte. Als ich langsam wieder zu mir kam, waren meine Handschuhe an der Reling festgefroren und die Gläser der Schneebrille völlig vereist. Ich dachte, dies ist das Ende, jetzt ist es aus, das ist der Tod. Ich stand einfach da, blind, während der Bug meiner CRESSWELL sich stetig hob, und wartete darauf, daß sie sich überschlug.

Ich hoffte, es würde geschehen, bevor das Eis von oben kam und die Welt auslöschte, doch es war nur eine flüchtige Vision, ein Gedanke.

Plötzlich ruckte CRESSWELL heftig mit dem Bug nach unten und erstarrte. Das Getöse um mich herum war betäubend, als schrien alle gemarterten Seelen der Hölle zu Füßen des Allmächtigen Gottes um Gnade. Es war nicht nur die Lautstärke, es war der grauenhafte Schmerz, das Stöhnen, das Krachen, das mahlende *Leid* des Ganzen.

Ich ertappte mich dabei, eine Hand von der Reling zu befreien, was Ewigkeiten dauerte, um dann mit der Faust das Eis von den Brillengläsern zu wischen. Gerade, als mir das gelungen war und die Welt sich von schmutzigem Schwarz zu blendendem Weiß veränderte, ruckte das Schiff wieder, wieder wurde der Bug hoch in die Luft geschleudert, und wieder wurde er hinuntergeschmettert. Selbst durch das Brüllen, Dröhnen und Ächzen des Eises registrierte mein Unterbewußtsein das Splittern des Bugspriets, als er dabei abgeschlagen wurde, und das Klappern des Vorstags, das nun haltlos pendelte und gegen das Deckshaus schlug. Aber ich sah nicht zum Bug. Ich starrte auf den Berg. Er kippte plötzlich nicht mehr weiter, sondern schwang mit einem mächtigen Ruck zurück, zögerte einige Sekunden, neigte sich nochmal etwas nach vorn und blieb dann fünfzig Meter über den Masten schweben. Wackelnd und schwankend kam er dort zur Ruhe: Ein wahrhaft gigantisches Damoklesschwert!

Langsam drangen Nelsons Wimmern und Angst zu mir durch, als er vergebens versuchte, auf dem eisverkrusteten schrägen Deck die Balance zu bewahren. Ich betrachtete die Berge neben dem Boot. Sie bestanden nur noch aus Trümmern. Durch das Kentern der Berge bildete die Plattform von „Wales“ nun einen breiten Spalt unter dem überhängenden Eis. Der Druck der an der Westtreppe aufgetürmten Eisschollen hatte plötzlich nachgelassen, und die ganze Chose war nach Osten in den Hohlraum unter dem Eis gerutscht. Gleichzeitig damit war auch das Schiff gewandert, nachdem der Festmacher achtern wie ein dünner Bindfaden gerissen war. Die vordere Muringleine, die an der unteren Bergkante befestigt war, hing nun völlig schlaff von oben auf uns herunter. Durch das Schlagen und Hämmern des Eises war die Schraube, die wegen der verbogenen Welle sowieso nutzlos war, weggebrochen. Zum Glück hatte ich noch, bevor das Schiff einfror, das Ruder abmontieren können. Jetzt lag die CRESSWELL in einem Winkel von 35° auf ihrer Backbordseite. Bug und Deck ragten 40° in die Luft.

Um uns herum beruhigte sich das Eis langsam, und ich begriff, daß es sich bald wieder zu einer gefrorenen Masse zusammenschließen würde, bis zu dem Augenblick, an dem der Berg endgültig auf das Schiff stürzte.

Mein erster Entschluß, als ich wieder klar denken konnte, war dann auch, das Schiff zu verlassen, sobald das Eis fest genug war, und mich auf die flache, gefrorene Steppe im Westen zu retten, von wo aus ich Berg und Schiff beobachten konnte. Außerdem mußte ich von nun an die Essensrationen für Nelson und mich halbieren. Auf diese Weise hatte ich noch für sechs Monate Proviant. Ich sah schnell zu Nelson: „Und dann kommst du dran, alter Junge!“ Er rieb sich mit der guten Pfote über die Augen. Auch seine Tränen froren zu Eis.

Die bittere Kälte machte sich bemerkbar. Nach einem letzten Blick auf den tödlichen Eisgipfel, der genau über uns schwebte, kletterte ich unter Deck. Dort herrschte Chaos: Kleidung, Bücher, Karten, Schachfiguren, Töpfe, Besteck, alles lag naß in dem Eismatsch der Bilge.

Ich machte mich daran, die Trümmer der Zivilisation aus dem elenden Dreck herauszuklauben. Als erstes baute ich einen horizontalen Untergrund für den Ofen. Dazu verkeilte ich die Bodenbretter des Maschinenraumes mit leeren Kisten. Dann verkürzte ich das Ofenrohr und hatte bald mit etwas trockener Holzkohle ein Feuer in Gang, um alles zu trocknen. Anschließend sichtete ich meinen restlichen Proviant und klügelte ein System aus, mit dem ich acht Monate reichen konnte. Es war eine erbärmliche Bilanz: Etwas Robbenspeck, 6 Zwanzig-Pfund-Säcke Erdnüsse, 4 Pfund Zucker, 20 Pfund Reis, 30 Pfund Porridge, einen Salzblock, 18 Pfund Mehl, 20 Pfund Tee, 10 Pfund Kakao, 20 Dosen Kondensmilch, 24 kleine Sardinenbüchsen, 18 große Büchsen Bier, 22 mittelgroße Corned beef-Konserven. Ich schrieb alles auf, sah dann Nelson an und dachte „Und du!“ Er wedelte mit dem Schwanz. Und ich tat etwas, von dem ich gedacht hätte, daß ich es nie wieder könnte: Ich grinste ihn an. Sein Schwanz klopfte auf den Boden.

Ich klarte müde und erschöpft unter Deck auf: „Scheiß drauf, Kumpel“, meinte ich dabei zu Nelson, der beim Ofen lag, wo er aus dem Wege war, „wenn es denn sein soll und wir absaufen, dann verdammt noch mal nobel nach alter Marinetradition!“ Die Zuckerdose war in die Bilge unter dem Navigationsfach gefallen. Ich löffelte den Zucker auf und trocknete ihn auf einer Blechplatte.

Als die Kajüte aufgeräumt war, kroch ich den im verrückten Winkel hängenden Niedergang zu einem letzten Rundumblick hoch. Diesmal beachtete ich das Eis um das Schiff herum nicht. Das hatte sich jetzt beruhigt, und alles war still bis auf das leise Summen einer schwachen Brise im Rigg. Ich sah sofort zu den senkrecht über uns hängenden dreitausend Tonnen eisigen Todes hoch. Der Polarstern war auf seiner Bahn um den Himmelspol über den Eisberg gewandert und leuchtete nun *durch* das Eis hindurch. Gebannt blieb ich im Cockpit.

Die ersten Strahlen des Nordlichts schossen über dem hängenden Eis durch die Nacht. Wieder lähmte mich die Furcht: Würde ein Sturm den Berg umstürzen? Das Feuerwerk des Himmels zuckte in der Finsternis und schickte scharfe Lanzen, Speere und Dolche aus Licht und reiner Energie in das Britannien-Gebirge. Dort brachen sie sich und zerschellten im Herzen der Eismassen. Es war ein Wunder! Ich schrie vor Freude, daß der Geist des Universums mir dieses Zeichen schickte, dieses Leben nur für mich aus den Tiefen des Weltenraumes!

Ich weiß nicht, wie lange ich dem Schauspiel schrecklicher Macht zusah, doch schließlich kletterte ich trunken von der Poesie dieser

Kräfte hinunter. Nelson öffnete sein Auge, als ich den Niedergang hinunterrutschte. „Mein Gott, alter Junge, *das* sehen und dann sterben, verdammt, *das ist es wert!*“

Ich legte mich auf die ebenen Planken vor den warmen Ofen und schlief glücklich ein mit dem Gedanken an die Schönheit, an das Wunder des Lebens.

Der nächste „Morgen“ war der 25. Januar, und nach dem ersten Schrecken über die Seitenlage des Schiffs und der Erinnerung an den Alptraum der vergangenen Stunden kletterte ich wieder hinaus.

Der Berg war immer noch da, all das Eis hing genau über uns. Es bewegte sich nicht, auch das Eis um uns herum war von der Basis des Bergs bis zum Eisfeld im Westen festgefroren. Es war hell im Sternenlicht, und ich sah nach Südwesten hinüber. Dort hing meine Signalflagge oben auf der gekenterten Masse des „England“-Bergs sechzig Meter über dem Eis. Der ehemalige Gipfel des Bergs bildete nun die Flanke, fünfzehn Meter unterhalb des neuen Scheitels. Ich grinste grimmig beim Gedanken daran, wie ich vor so vielen Wochen, als es noch Licht in der Welt gab, beim Versuch, die Spitze zu erreichen und die Flagge dort zu hissen, mein Leben riskiert hatte. Damals, als es noch hell war. Ich sah wieder auf die Kuppe von „Wales“, dann durch die Lücke zwischen ihm und „Schottland“ im Norden.

Ich blinzelte, nahm die Brille ab.

Da war, ja da war – Licht am Himmel! Ein schwacher gelblicher Hauch, nur die Ahnung eines Glimmens! Diesmal nicht silbern – diesmal gold! Die Sonne! Zwar immer noch unter dem Horizont, aber es war Sonnenlicht! Es konnte nicht der Mond sein, denn der stand niedrig im Westen über dem Eisrand. Es war Sol, es war Licht und Wärme! Dasselbe Licht schien so weit entfernt auf Bäume und unvorstellbar grüne Dinge: Gras und Hecken, Häuser und – Menschen! Und es machte die Meere blau und grün und das wogende Korn auf den Feldern golden, und es schien auch hier in dieser eisigen Hölle des langsamen Todes, und es schien für mich! Es sagte mir, daß ich leben würde und daß ich dem Licht wieder und wieder folgen würde, so wie andere Menschen anderen Sternen folgen, bis der Saum der Zeit sich in sich selbst vollendet. Ich tanzte vor Freude auf dem verrückt geneigten eisigen Deck. Schreiend vor Freude schüttelte ich das schwarze Eis von den Wanten. Ich hastete rutschend zurück und rief Nelson. Als er den

Niedergang hochhoppelte, griff ich seinen Kopf und drehte ihn in Richtung des goldenen Schimmers im schwarzen, sternenbestückten Himmels. „Da, da ist es, alter Junge, das verdammte Licht. Wir werden rauskommen. Verdammt noch mal, jetzt weiß ich es, wir schaffen es!“ Nelson hüpfte so gut es ging, herum.

Meine Position war ungefähr auf 78° 40′ Nord und 1° 10′ Ost vom Greenwich-Meridian. Das ganze Eis trieb langsam und stetig nach Südwesten. Ich rechnete mir aus, was innerhalb der nächsten vier Monate geschehen würde, solange Richtung und Geschwindigkeit so blieben. Vermutlich würden die Eisschollen am Rande des Feldes langsam aufbrechen, dann auch das Feld selber. Doch wenn die Drift wieder nach Norden wechselte, war ich sehr wahrscheinlich ein toter Mann, es sei denn, es gelang mir, in der hellen Jahreszeit die Aufmerksamkeit eines vereinzelten Flugzeugs auf mich zu lenken. Die Chancen für meinen Tod standen im übrigen sehr hoch, denn wenn das Wetter sich verschlechterte und mehr Schnee und Eis oben auf den Wales-Berg häufte, würde er auf das Schiff fallen. Es half nicht viel, auf dem Eis ein Lager aufzuschlagen, denn wenn das Schiff unterging, würde ich nur wenige Tage auf dem Eis überleben: Ich mußte bei ihm bleiben und in seiner Nähe einen mit Öl getränkten, vor Schnee geschützten Holzstoß aufschichten, um ihn als Signal anzuzünden, falls ich ein Flugzeug hörte.

Meine beste Chance, aus diesem Schlamassel herauszukommen, bestand darin, bei der Cresswell zu bleiben, den Berg genau zu beobachten und mein Glück auf dem Eis zu versuchen, wenn er Anstalten machte, weiter zu kentern. Doch die Würfel standen gegen mich.

Ich schätzte, daß ich am 4. Februar den ersten, echten Sonnenaufgang erleben konnte, und um ihn zu beobachten, kroch ich sechzehn Stunden lang über das neuerlich aufgetürmte Eis zu einer Position nördlich des „Schottland“-Gipfels. Dort suchte ich Schutz vor dem Westwind und wartete geduldig vier Stunden lang, bis ich das blutrote Glühen, eine winzige Scheibe des Lichts, über dem öden Eisfeld im Südosten entdeckte. Anschließend kletterte und rutschte ich euphorisch in zehn Stunden zurück zum Schiff und legte mich schlafen.

Ich beschloß, die Ausrüstung des Schiffs nicht zu vernachlässigen, und so war die erste Aufgabe, sobald das Zwielicht die östliche Hälfte des schwarzen Himmelsdoms erfüllte, die Reparatur des Bugspriets, was mittels eines Bodenbretts geschah, das ich als Versteifung anklebte. Dann befestigte ich die Spiere wieder am Ohrholz. Da der Bugspriet durch die Reparatur ein wenig kürzer geworden war, mußte ich das Vorstag kürzen, was einige Tage dauerte, denn der Drahtspleiß ist sehr kompliziert, wenn man zwei Paar Fausthandschuhe dabei trägt und der Draht noch dazu gefroren ist. Ich konnte das Vorstag aber nicht unter Deck bearbeiten, da der Mast ohnehin schief stand und ich es nicht wagte, ihn wegen des sich schnell bildenden, rutschigen Eises hinaufzuklettern.

Am 1. März kam die Dämmerung über uns, und die Eismassen bewegten sich schneller. Meine Position: 78° 15′ Nord, 0° 16′ West. Nach einem Sturm, der fünf Tage lang vom 10. bis zum 15. März wütete, krabbelte ich hinaus aufs westliche Schollenfeld und blickte mit dem Fernglas von einem hohen Hügel nach Süden. Ich konnte erkennen, daß die Eismassen tatsächlich an den Rändern aufbrachen. Am 30. März, als das wärmere Wasser des Golfstrom-Ablegers unter dem Eisfeld durchfloß, begann das Eis rapide aufzubrechen. Von meinem Ausguck entdeckte ich, daß die Entfernung von meinem Standort gerade südlich des Britannien-Gebirges bis zum „offenen" Wasser (d. h. bis zum Eis mit offenen Kanälen zwischen den Schollen) sich auf ungefähr sechs Meilen verringert hatte. Am 15. April, als die Sonne höher stand und die Sonnenstandslinien mit dem Sextanten genauer wurden, war „Britannien" nur noch drei Meilen von der nächsten offenen Fahrrinne entfernt. Rund um die Uhr waren die Explosionen, mit denen sich die Schollen voneinander trennten, zu hören. Am 1. Mai öffnete sich das Eisfeld auf der Ostseite des Britannien-Gebirges und trieb nach Süden. Der Druck war vom Berg gewichen. Er begann, sich zu rühren, erst langsam, täglich nur wenige Meter, dann schneller, und bewegte sich entgegen dem Uhrzeigersinn. Die riesige, über das Schiff hängende Eismasse entfernte sich langsam nach Osten. Ich war jede Stunde draußen und peilte mit dem Handpeilkompaß den Berg und Gibraltar. Am 5. Mai war der Himmel über dem Schiff wieder eisfrei, und am 8. Mai feierte ich meinen 37. Geburtstag mit einer Extraration Robbenspeck.

Am 15. Mai fiel die CRESSWELL plötzlich in eine Eisspalte, die sich unter ihr öffnete. Der Aufschlag war nicht sehr stark, denn ihr Heck war seit der Zeit des großen Aufruhrs ohnehin nahe am Meeresspiegel, da ihr Bug ja in die Luft ragte. Die Spalte öffnete sich von Westen, und als sie das Heck erreichte, glitt das Schiff mit Gerumpel hinunter ins Wasser. Ich forschte ängstlich unter Deck nach Lecks, doch es schienen keine vorhanden zu sein. Der Rumpf hatte gehalten! Ich machte mich daran, Spieren und Segel zu riggen und zog die Wanten an.

Die ganze Zeit über war ich äußerst sparsam mit dem Essen gewesen, Nelson und ich hatten täglich nur eine kleine Mahlzeit gehabt. Es hatte keinen Sinn, aus dem Eis herauszukommen, nur um auf See zu verhungern. Doch nun, während das Eis mit Rissen aufbrach, die genau aus der „Bucht" in die nur zwei Meilen entfernte offene See führten, mußte ich wieder zu Kräften kommen. Ich steigerte deshalb meine Robbenspeck-Ration von 250 auf 300 Gramm täglich, den Porridge von 125 auf 180 Gramm und halbierte dafür Nelsons Porridge, um mir ein Burgoo zu kochen.

Am 3. Juni setzte ein Südoststurm das westliche Eisfeld in Bewegung, und es brach auf. Der Lärm war so groß, daß an Schlaf nicht zu denken war. Müde lauerte ich auf die kleinste Chance, aus der Todesfalle zu schlüpfen. Am 10. Juni öffneten sich die Schollen südwestlich der CRESSWELL nach einer langen Sturmperiode und trieben wie Fischerboote mit der Abendtide davon.

Am nächsten Tag gelang es mir, auf die losen Eisschollen zu springen und CRESSWELL mit einer Muringleine nach achtern zu verholen, nachdem ich die Bugleine durchgeschnitten hatte. Langsam manövrierte ich das Schiff, bis der Bug nach Südwesten zeigte. Nun schlug ich die Brechstange in eine Scholle von der Größe eines Fußballfeldes, belegte die Bugleine des Schiffs daran und wartete, daß die Scholle beim Abflauen oder Drehen des Windes hinaustrieb. Das Schiff lag jetzt viel höher aus dem Wasser, denn die Ausrüstung und der Proviant, die während des Desasters verloren gegangen waren, dazu das Essen, das wir im vergangenen Jahr konsumiert hatten, hatten uns wohl um mehr als zwei Tonnen erleichtert. Doch verringertes Gewicht bedeutete auch leichteres Treideln, so daß ich sie bald zum Aufbruch bereit hatte.

Drei Tage dauerte der Südwestwind an und drückte die losen Schollen zurück in die offenen Fahrrinnen und blockierte meinen Fluchtweg. Drei sonnige Tage hindurch wartete ich und beschwor den Wind zu drehen, während Nelson, wegen der gekürzten Rationen trübe und hungrig an Deck hockte. Ich warf zwei Angelleinen mit Speck als Köder aus.

Plötzlich starb der Wind. Wir warteten. Einen weiteren Tag, die ganze sonnige Nacht hindurch, die Hälfte des folgenden Tages. Ich schlief gerade in der jetzt viel wärmeren Kajüte, als es geschah. Ein leichter Ruck an der Bugleine. Ich war sofort wach. Ich stürzte die Leiter hoch: CRESSWELL bewegte sich, sie trieb hinaus! Die große, silbern glänzende Eisscholle blendete mich, bis ich mir die Brille aufgesetzt hatte. Sie trieb hinaus! Vor unserem „Schlepper" trieb das ganze Packeis voraus, fort vom großen Plateau des Eisfeldes. Hinter uns Hunderte kleinerer Schollen, von denen eine ständig gegen unser ruderloses Heck stieß. Es war mir gleich, Hauptsache, wir kamen vorwärts!

In demselben Augenblick, als wir das Südende des Britannien-Gebirges rundeten, ruckte eine der Angelleinen. Mit einem erstickten Schrei sprang ich hin. Es war ein netter, fetter Dorsch. Nelson tanzte vor Freude, als ich den in der Sonne glänzenden Burschen hochhielt. „Verdammt will ich sein, Kumpel, unterwegs oder nicht, der kommt in den Topf!" Ich überließ das Schiff sich selbst und heizte den Kocher an. Als der Topf fröhlich dampfte, sprintete ich an Deck und sah, daß wir uns mit überraschender Geschwindigkeit vom Eisfeld entfernten, wir machten mindestens 1,5 Knoten. Der Duft des kochenden Fischs wehte den Niedergang hoch. Bald stand der Topf oben im Cockpit, und wir beide stopften uns mit Dorschfleisch voll. Wir verdrückten alles: Fleisch, Augen, Kopf, Leber, Flossen, fünfzehn Pfund alles in allem, das beste Essen, das wir seit Monaten gehabt hatten. Wir sabberten vor Gier und rissen das Fleisch von den Gräten. Das Gebirge mit den drei Todeshügeln fiel achteraus. Wir waren immer noch auf allen Seiten von großen Eisschollen umgeben, und unsere Lage war extrem gefährlich, falls Sturm aufkam, doch ich wollte gut vom Gebirge frei sein, bevor ich nach Südosten hielt, um mich durch das riesige Puzzle der Eisschollen zu fädeln.

„Na ja, Kumpel, das war's", meinte ich zu Nelson, als wir zu dem gigantischen fürchterlichen Grabstein zurückblickten, dem wir nur so knapp entkommen waren. „Bald sind wir wieder auf See, alter Bastard!" Und deshalb montierte ich das Ruder wieder an Ort und Stelle.

22

Flucht aus dem Eis

Es war eine unvorstellbare Erleichterung, wieder unterwegs zu sein. Endlich, endlich frei zu sein nach einem Jahr und einem Tag Gefangenschaft im Eis – 366 Tage, in denen ich dem Tod ins grauenhafte Antlitz sah. Obwohl ich bei aufkommendem Sturm immer noch Gefahr lief, mit den Schollen zu kollidieren, fühlte ich mich so unbelastet, daß ich in den ersten drei oder vier Tagen Risiken einging, die ich normalerweise nicht im Traum riskiert hätte, zum Beispiel im Abstand von wenigen Zentimetern in Lee einer Scholle durchzusegeln und in Sturmböen viel zu viel Segel zu führen.

Das Schiff leckte wie ein Sieb. In ganzer Länge des Dollbords an der Verbindung von Rumpf und Kiel war die Dichtung durch die bösen Schläge während der Kenterung fast völlig herausgefallen. Ich mußte ständig lenzen, nur bei ruhigem Wasser konnte ich eine Pause einlegen und ließ einen halben Meter eisigen Wassers im Schiff schwappen. Wenn es zu hoch stand, stieg ich in die Seestiefel, die bis zu den Hüften reichten, nahm die Bodenbretter des Cockpits hoch und schöpfte mit dem Eimer. Diese Arbeit war so schwer, daß mir keine Zeit zur Verzweiflung oder Angst blieb.

Sobald der Wind wieder zulegte, pumpte ich das Gummibeiboot in der Kajüte als zusätzlichen Auftrieb auf, falls ich einschlief oder aus irgendeinem Grunde bewußtlos wurde. Leben unter Deck mit einem zwei Meter langen Boot, das den Innenraum beanspruchte, war schwierig, aber irgendwie schaffte ich es. Die Arbeit war kalt, naß und erbärmlich und zehrte die Kräfte meines mittlerweile sehr abgemagerten Körpers so ziemlich auf. Nur durch Willensstärke konnte ich mich dazu zwingen, weiter zu schöpfen.

Während ich wieder einmal beim kreuzbrechenden Lenzen mit dem Eimer war, starrte ich Nelson wütend an, der am Horizont herumschnüffelte: „Jawohl, du alter Hurenbock, wenn du noch zwei verdammte Vorderpfoten hättest, wärst du auch hier unten, das schwör' ich dir!" Nelson runzelte die Stirn, drehte die Nase wieder zum fernen Horizont und tat, als ignoriere er mich völlig.

Als ich aus dem Eis herauskam, war ich ungefähr 185 Meilen Westsüdwest von King's Bay, der Hauptsiedlung auf Spitzbergen. Da dort Menschen lebten, steuerte ich mit einem leichten bis mäßigen Südwestwind darauf zu, der die CRESSWELL über eine freundliche See vor sich herwehte. Am 13. Juni, vier Tage nach der Flucht aus der tödlichen Eisfalle, bekam ich eine genaue Position: Ich war nur noch fünfzig Meilen vom rettenden Hafen entfernt! Es war jetzt viel wärmer, für einige Stunden kletterte das Thermometer sogar über den Gefrierpunkt. Vom 13. bis 16. lag ich in einer Flaute und konnte aus den auftauenden Süßwassertanks genug Wasser zur Wäsche von drei Hemden, Unterzeug und den langen Strümpfen für die Seestiefel herausschöpfen. Ich wusch den ärgsten Schmutz mit Salzwasser heraus und spülte dann mit Süßwasser nach. Anschließend trimmte ich mir den Bart, der inzwischen einen halben Meter lang war! Er hatte mir im Winter als Brustwärmer gute Dienste geleistet. Dann kam mein Haar dran, das auf die Schultern herunterhing. Es dauerte Stunden, ehe ich es entfilzt und gewaschen hatte, damit ich es schneiden konnte, denn meine Schere war stumpf und der Schleifstein völlig abgewetzt. Der Reservestein hatte zusammen mit den übrigen Vorräten ein nasses Grab unter dem Britannien-Gebirge gefunden.

Es war das erste Mal, daß ich die Eskimokleidung seit dem Eindringen in die Polkappe auszog. Nur bei drei Gelegenheiten hatte ich es zwischendurch tun müssen, um mich aus einem schweißgetränkten und steifgefrorenen Hemd zu befreien. Die Unterwäsche aus Kalbshaut pellte sich wie meine eigene Haut vom Körper. Darunter war ich blütenweiß, doch das Gesicht war um die Augen herum fast schwarz. Nackt sah ich aus wie ein Clown von einem Nudisten-Gelände. Natürlich war ich dünner geworden, doch was ich gegessen hatte, mußte gut gewesen sein, denn ich hatte keine eingefallenen Kiefer, losen Zähne,

Haarausfall oder andere Zeichen von Skorbut. Ich schied ungefähr eine Stunde nach der Aufnahme Flüssigkeit aus, Festeres nach zwölf Stunden. Meine Muskeln waren wie straff gespannte Stahlseile. Anfangs konnte ich auf See nicht so gut wie früher sehen. Nach ein oder zwei Tagen draußen kann ich sonst in einer Entfernung von vier Meilen noch den Namen eines Schiffes erkennen. Doch ich wußte, daß dies auf die dunkle Kajüte zurückzuführen war, in der ich die Augen mit der Öllampe strapaziert hatte, und im Freien war es die Schneebrille gewesen. Doch langsam erholten sich meine Augen wieder. Mein Gehör war außerordentlich geschärft. Ich war so daran gewöhnt, auf das leiseste Schiffsgeräusch oder auf äußeren Lärm wie eventuell ein Flugzeug zu achten, daß ich jede einzelne der vielen Hunderte von Holzverbindungen im Rumpf arbeiten hörte. Mein Geruchssinn war fast so gut wie Nelsons Nase. Ich war gut ausgeruht, und das Schiff steuerte sich selbst, seit wir aus den Eisschollen heraus waren. Natürlich bestand immer noch die Gefahr einer vereinzelten, verirrten Scholle. Ich wärmte gerade Porridge für ein Erdnußburgoo auf, als ich Fisch roch. Es konnte nicht von der Küste kommen, da der Wind immer noch aus Südwesten wehte. Ich sprang aufs Deck und sah mich um. Nichts außer einer einsamen Scholle im Norden. Aber ich roch ganz deutlich Fisch! Nelson schnüffelte angestrengt in alle Himmelsrichtungen und entschied sich dann für Westsüdwest zu West zu unserer Position. Ich starrte lange hinüber, entdeckte aber nichts und stieg wieder hinunter, um unsere kärgliche Mahlzeit zuzubereiten.

Außer sechs Büchsen Corned beef und sechs Sardinendosen hatten wir alle Konserven aufgegessen. Es gab nur noch Porridge, Erdnüsse, Mehl (doch keine Hefe) und Schmalz, dazu die Reste des Robbenspecks, ungefähr zwölf Pfund, der zum Himmel stank. Seit wir aus dem Eis herauswaren, angelte ich eifrig, fing aber nur einen Dorsch, als wir gerade herauskamen, und zwei kleine, armselig aussehende Kreaturen, deren Namen ich nicht kannte. Sie waren so häßlich, daß ich ihnen nicht traute und Nelson mißtrauisch eine Kostprobe davon kochte. Er erbrach sich sofort; ich schmiß sie ins Polarmeer zurück und fütterte Nelson zum Trost mit einer Extra-Portion Erdnußburgoo.

Wir hatten beide wegen des Robbenspecks Dünnpfiff, aber die Farbe sah nicht gefährlich aus. Außerdem konnten wir jetzt in der wärmeren Witterung ohne Furcht vor Erfrierungen in Lee außenbords scheißen.

Eine gute Sache ist dabei, allein draußen in der Arktis oder irgendwo auf den Weltmeeren zu sein: es gibt keine Erkältungsviren, keine Läuse und Flöhe. Die ganze Zeit über, während ich in kalten Breitengraden lebte, hatte ich nicht ein einziges Mal Kopfschmerzen. Nur meine normalen Rheumaanfälle, wenn das Barometer fiel und Kattun im Anmarsch war. Und Fußpilz. Ich habe keinen blassen Schimmer, wie es dazu kam. Es muß ein Andenken an den vorigen Stiefelbesitzer gewesen sein, und es juckte anfangs bestialisch. Doch ich zermahlte schließlich Kalk, und damit wurde ich geheilt.

Doch seelisch-geistig hatte ich mich verändert. Der Mann, der ins Eis ging, kam nicht als derselbe heraus. Vorher hatte ich nicht geahnt, was wirkliche Furcht heißt. Soll heißen, ich hatte nichts vom animalischen Teil der menschlichen Seele gewußt, der immer auf der Lauer liegt und auf die erste Gelegenheit wartet, den Verstand zu überrumpeln; immer präsent ist und im dunklen Schatten des menschlichen Geistes im Hinterhalt liegt, um ihn anzuspringen und ihn, wenn er nicht achtgibt, nur zu leicht zurück in die schlammige dunkle Höhle zu ziehen, aus der er sich so mühevoll, so langsam, so blutig, so heroisch über die Millionen von Jahren der menschlichen Entwicklungsgeschichte herausgeschleppt hat.

Auch hatte ich, als ich ins Eis ging, nicht das wahre Wesen der Einsamkeit gekannt. Während der langen Monate, die ich auf den Tod gewartet hatte, erkannte ich, daß die Empfindung, die wir „Einsamkeit" nennen, in Wirklichkeit anerzogen ist. *Wenn es niemanden gibt, um uns zu sagen, daß wir einsam sind, wären wir es auch nicht.*

Tiere schließen sich hauptsächlich aus zwei Gründen zusammen: Zum Schutz und zur Fortpflanzung. Diesen zwei Instinkten hat der Mensch einen weiteren hinzugefügt: den Versuch, vor sich selbst die Tatsache zu verleugnen, daß jeder letztendlich allein ist. *Absolut allein.* In der ganzen Weite des Universums ist jeder Mensch auf sich selbst gestellt. Dies zu erkennen und zu akzeptieren ist der Schlüssel zur Befreiung von der sogenannten Einsamkeit. Je mehr man diese Erkenntnis billigt, um so mehr wird man die Gesellschaft anderer, ebenso „einsamer" Menschen schätzen, und um so mehr kann man sie respektieren, mögen und sogar lieben.

Der intelligente Mensch braucht niemals „einsam" zu sein. Wir können, wenn wir dazu bereit sind, die Gesellschaft Tausender intelligenter Menschen suchen, die vor uns lebten. Wir können von ihnen lernen, weinen, lachen und hoffen mit ihnen und unseren Standort in der menschlichen Entwicklungsgeschichte von der Höhlennische bis zu den entferntesten Bereichen des Universums erkennen. Dann brauchen wir auch nicht mehr zu glauben, daß jemand unter uns nutzlos ist, gering geachtet oder unerwünscht, denn solange Blut durch unsere Adern fließt oder Träume in unseren Herzen wohnen oder eine Idee in unserem Kopf, sind wir doch, jeder einzelne von uns, unentrinnbar ein Teil der menschlichen Gesellschaft, ein Teil des Ganzen. Wir alle sind Teil eines Geistes, einer Kraft, eines *Willens,* der nicht zu unterdrücken ist. Ein Geist, der selbst nach unvorstellbaren Zeitäonen, sogar wenn das gesamte Universum in sich selbst zusammenbricht, immer noch bestehen wird. Ein Geist, dessen Form uns immer noch unbekannt ist, nur in Andeutungen und Ahnungen können wir ihn vielleicht erraten.

Auf diesen Geist, auf diese Einheit streben wir alle zu. Alle Menschen, ungeachtet ihres Glaubens oder ihrer politischen Färbung, streben nach der Einheit des menschlichen Geistes mit der Unendlichkeit. Unser Leben ist darauf gerichtet, bewußt oder nicht. Einige von uns erleiden Schiffbruch, einige stützen sich auf andere. Diejenigen unter uns, die das Paradoxon der *Einsamkeit* und zur selben Zeit unsere *Einheit* mit dem Ganzen erkennen, können die Furcht besiegen. Wir können den schlimmsten Tod, den Tod des menschlichen Geistes, besiegen!

Als die CRESSWELL dem Land im dunstigen Osten näher kam, dachte ich über alles nach, was geschehen war und fragte mich, ob ich mich jemals wieder in die menschliche Gesellschaft einfügen könne.

Am 16. Juni sichtete ich Land. Magisches, herrliches, solides, treues, ewiges Land. Nun ja, genaugenommen waren es die silberweißen, schneebedeckten Gipfel von Barentsburg, doch unter dem finsteren Weiß war auch ein zitteriger Fleck Dunkelheit gerade über dem Horizont. Fels! Verfluchtes Stück Terra Firma, verdammtes, herrliches, festes Land!

Aufgeregt regulierte ich die Schoten und pusselte wie ein Wochenend-Regattensegler an ihnen herum, obwohl der Wind sehr schwach war und das Schiff kaum vorwärts kam. Ich griff Pütz und Schrubber und bearbeitete wie ein Wilder den eiszerkratzten, zerrissenen Segeltuchbezug auf Deck, wischte die Spieren ab, wusch die Oberlichter, hantierte mit den schmierigen, stinkenden Decken und versuchte, sie zu waschen, brachte die ölverschmierten Bücher im Bücherschapp auf Vordermann, nagelte die zerbrochenen Bodenbretter fest, und hißte die rote Nationale, jetzt kaum noch als solche zu erkennen in dem fahlen, rotgelben, verschlissenen Lappen. Das dreifach genähte Kreuz und die Dreiecke des Union Jack hielten immer noch bombenfest, waren aber jetzt total ausgebleicht. Es dauerte noch einmal sechsunddreißig Stunden, bis ich in Lee des Prinz-Karl-Vorlands war, obwohl der Wind sich, kaum drei Stunden nachdem ich Land gesichtet hatte, zum Sturm auswuchs. Ich wagte es nicht, das Schiff zu hart voranzuprügeln, aus Angst, der Riß am Dollbord könne sich verbreitern. Die Gefahr war recht groß, daß mehr Wasser eindrang als ich ausschöpfen konnte. Deshalb arbeitete ich mich nur unter Sturmfock in den Kanal zwischen Vorland und dem Festland von Spitzbergen vor. Natürlich bewegte dies winzige Segel uns nur sehr langsam mit 2 Knoten vorwärts, doch wenigstens krachte sie nicht von den Wellenkämmen hinunter, wie sie es unter normaler Sturmbeseglung mit Besan, Stagsegel und Sturmfock getan hätte, sondern stampfte nur in der See.

Am 18. Juni abends segelte ich im flachen Wasser des Sunds östlich vom Vorland. Ich manövrierte das Schiff durch die unsteten Winde, die um die Insel herumkamen und blickte mich staunend und voller Freude um. Ich sah Strände und Felsen, Robben und Walrosse, Vögel und im ruhigen, flachen Wasser vor der Insel sprangen Hunderte von Fischen. Die Temperatur war gerade unter dem Gefrierpunkt, Schnee und Eis erstreckten sich fast bis zum Strand. Der Himmel über uns war schwarz mit Sturmwolken, die nach Sibirien rasten. Immer wieder peitschten Regengüsse herunter, doch in den Pausen leuchteten Sonnenstrahlen schräg zwischen den Wolken herunter.

Keine exotische Insel, mit weißem, leuchtendem Sandstrand jenseits der blendenden Brandung unter der hohen Tropensonne erschien mir jemals so lieblich, so einladend, so wunderschön wie dieser gottverlassene Klumpen gefrorenen, urweltlichen Felsens, der hier im wütenden, von eisiger Gischt gepeitschten Polarmeer hockte. Das Rasseln der Ankerkette, die nach vierzehn Monaten das erste Mal wieder durch die Klüse rauschte, klang in meinen Ohren wie die Trompeten der himmlischen Heerscharen. Windzerfetzte Strähnen eisgeladener Wolken pfiffen über die hohen Klippen des Vorlandes wie die Banner bei Caesars

Triumphzug. Walrosse prusteten durch das dünne Eis am Ufer, und Vögel segelten in der Höhe wie ein vielköpfiges Empfangskomitee. Während ich im Schneeregen draußen wartete, ob der Anker auch richtig saß, sah ich mich um und fühlte die Lebenskraft in allen Dingen um mich herum. Plötzlich verschwammen meine Augen, und ich wischte mir den Schnee von den nassen Wangen – naß nicht vom Regen.

Ich stolperte unter Deck und legte mich auf das behelfsmäßige Bord, das ich zwanzig Zentimeter unter der Kajütdecke befestigt hatte, damit ich vor dem im Schiff steigenden Wasser sicher war, falls ich verschlief. Ich zog mir die von der Wäsche noch immer feuchten Decken über die Ohren und weinte mich wie ein Baby in den Schlaf. Ich war sicher vor den Krallen des Todes. Ich war wieder zurück unter den Lebenden!

Zwei Stunden später wachte ich von einem entfernten Geräusch auf: ein Motor. Ich strampelte mich aus den Decken frei und kletterte nach oben. Dort, im Süden, entdeckte ich ein Schiff, das auf mich zukam. Ich tauchte im Cockpit nach der Sirene und tutete. Doch dann merkte ich, daß es keinen Sinn hatte, weil sie mich auf diese Entfernung durch den Maschinenlärm nicht hören konnten. Nelson hüpfte auf seinem Vorderbein kläffend und jaulend herum. Traurig versank ich in der Cockpitbilge und schöpfte einen halben Meter Eiswasser aus.

Als das Boot nur noch eine Meile entfernt war und ich die Nähe von Menschen, die Gegenwart ihrer Seelen spürte, tutete ich wieder und wieder mit der Sirene. Die Antwort kam laut und deutlich durch den abflauenden Wind. Ich sah eine Figur, die mir vom kleinen Ruderhaus aus zuwinkte: ein Mensch! Das größte Wunder aller Wunder einer wunderbaren Welt: ein menschliches Wesen!

Ich konnte nicht sprechen, als sie an Bord kamen, und ich sah vor Tränen nichts. Der Skipper sagte etwas in einem Singsang, das ich nicht verstand. In diesem Augenblick und in meiner Verfassung hätte ich auch nicht das Gebet des Herrn in simplem Englisch verstanden. Einer der Mannschaft, ein Riese mit großem, rotbackigem, rasiertem Gesicht und blauen Augen, sprang mit einer Leine polternd an Deck. Er sah mich an und sagte leise: „Mein Gott!"

Er kam zum Besan, wo ich mich schluchzend und tränenüberströmt an die Wanten klammerte. Er legte mir den Arm um die Schultern und sagte etwas. Der Klang seiner Stimme, die eines einfachen Fischers von einer der einsamsten, verlorensten, kältesten Inseln der Welt, war überwältigend. Er hielt mich eine Weile, während ich darum kämpfte, einen Rundtörn mit zwei halben Schlägen in meine Gefühle zu knoten.

Man sagt, daß ein Ertrinkender sein Leben blitzartig vor sich ablaufen sieht. Als Olaf mich berührte, war mir, als zucke die ganze Menschheitsgeschichte, Vergangenheit, Gegenwart und Zukunft, wie ein elektrischer Schlag durch mein Wesen.

Da bemerkte der Skipper des Boots, als er sich aus dem Ruderhaus lehnte, meine zerfetzte Flagge. Er sprach mich auf Englisch an, die ersten englischen Laute seit Reykjavik, seit zwei Jahren. Er stellte die in der ganzen Welt seit Urzeiten bekannte Frage:

„Woher kommst du, Freund?“

„Reykjavik, via Grönland“, antwortete ich.

Der Skipper übersetzte für Olaf und die beiden anderen Mannschaftsleute auf Norwegisch. Sie starrten das Schiff ungläubig an. Es hatte fast keine Farbe mehr auf dem Rumpf, es bestand nur noch aus schmutzigem, grauem Holz, wo das Eis es zerkratzt und gebeutelt hatte. Seine Wunden und Risse schienen zu bluten.

„Wann du segeln von Reykjavik?“

„Juli 1959!“

„Goddamn!“ entfuhr es dem Skipper. Er drehte sich zu Olaf um und sprach schnell auf ihn ein. Ein zweiter Mann sprang zu mir an Bord. Ich bekam Platzangst so dicht zusammen mit zwei zusätzlichen hochkomplexen Nervensystemen, die beobachteten, registrierten und analysierten. Sie schienen mir so nahe, daß ihre Gedanken, die leise aus ihnen herausströmten, fast hörbar, greifbar und sichtbar wurden wie die Sprechblasen eines Comic-Strips. Es war, als könne ich plötzlich jedes Gefühl, das diese Männer während ihres Lebens gespürt hatten, nachvollziehen, und vor mir alle ihre lang-vergangenen Träume sehen.

Die Stimme des Skippers drang durch meine Empfindungen: „Olaf und Gudar bleiben auf deinem Schiff, und ich ziehe dich nach King's Bay. Du kommst zu mir an Bord, komm, iß und trink!“

„Nein, Käpten.“

„Ist in Ordnung. Sind gute Seeleute, kommen gut hin, komm an Bord mit Hund.“

Ich schüttelte den Kopf. Ich würde mein Schiff nicht verlassen, bevor es nicht sicher und geborgen an seinem Ziel angelangt war. Ich würde es nicht verlassen, selbst wenn es mir unter den Füßen absoff. Es war mein

Schiff, meine Verantwortung. Das ist das harte Gesetz der See, unveränderlich und fest. Ich kam wieder zu mir, straffte die dünnen Schultern und nickte Olaf zu, als er die Schleppleine um den Mastfuß belegte. Man sah sofort, als er die Leine nahm, daß er ein guter Seemann war. Sein Kumpel starrte ungläubig auf das Polarmeer, das durch das Schiff leckte. Er ging an die Bilgepumpe und fing mit dem Lenzen an. Ich hatte es seit Tagen nicht mehr geschafft, das Schiff völlig auszupumpen. Er brauchte dazu fünfzehn Minuten.

Ich steuerte die CRESSWELL, während der Fischer sehr langsam und behutsam in den tiefen Fjord von King's Bay hineinfuhr. Ich entdeckte an die zwanzig Holzgebäude! Es gab Häuser und sogar einen Kirchturm; und obwohl es leicht schneite, war mir, als kehrten wir unter der London Bridge hindurch heim, überall umgeben von der großen Stadt, oder als liefen wir den Hudson nach New York hinein.

Olaf ankerte das Schiff, während ich die Luft aus dem Beiboot ließ und es aus der Kajüte zog. Anschließend pumpte Olaf es wieder auf. Doch ich ging mit der Jolle der Fischer an Land, die sie direkt auf den Kiesstrand fuhren. Ich weinte zwar nicht vor Freude, als Nelson und ich unsere fünf Füße auf die knirschenden Kiesel setzten, aber ich war nahe daran. Statt dessen sah ich zur verwundeten CRESSWELL zurück, die unfaßlich zerschunden aussah.

Alle Bewohner des kleinen Außenpostens beobachteten unsere Landung auf dem Strand. Innerhalb einer Stunde saß ich in Olafs Haus, wo elektrisches Licht wunderbar auf Roastbeef und Kartoffelpüree, Kohl und – das eilige Geschenk einer atemlosen Frau – auf Colmans Mostrich schien! Und das Wunder eines heißen Bades mit Wasser aus kochenden Kesseln, die auf dem dickbäuchigen Ofen siedeten.

Während der drei Wochen in King's Bay versuchte ich, zu erklären, was ich erlebt hatte, doch in den ersten Tagen weigerte sich mein Gedächtnis einfach, sich zu erinnern. Ich wollte ein Datum zurückrufen oder das Wetter, aber dann fiel jedesmal ein Vorhang, und ich konnte nur an die unmittelbare Gegenwart und Zukunft denken. Im übrigen hatte ich nur einen Wunsch: so schnell und so weit wie möglich von der Arktis fortzukommen.

Die Norweger in Spitzbergen sind ruhige, handfeste, schwerfällige Leute, und sie verstanden gut, wie mich die lange, lange Einsamkeit beeinflußt hatte. In den ersten Tagen kümmerten sie sich nur um meine leiblichen Bedürfnisse: Schlief ich gut genug? (Ich hatte nur befreite, erleichterte Träume.) Hatte ich genug zu essen? (Ich aß wie ein Scheunendrescher.) War mir warm genug? (Mir war wärmer als seit vielen Monaten.)

Die übrige Zeit ließen sie mich in einer Ecke sitzen, wo ich still wie ein Verdurstender, der das kühle Wasser einer Oase schlürft, den Anblick und den Klang menschlicher Gesellschaft genoß. Langsam sprach ich mit Olaf und seinen Freunden, anfangs brabbelte ich zusammenhanglos in einfachem Englisch von den Kalatdlit und dem Eisbären, von den Sternen und dem Eis; wie ich der Arktis entkam und der immerwährenden betäubenden Kälte, fort von der immer präsenten Drohung eines seelenerstarrenden Todes in der kalten, kalten Dunkelheit des glitzernden Eises. Ich erzählte ihnen, wie ich mich nach Wärme und der Sonne, nach sanfter See und wogenden Palmen unter dem klaren, sterngeschmückten Himmel der Tropen gesehnt hatte.

Die norwegische Luftwaffe unterhält in King's Bay eine Wetterstation. Ihr Arzt war bei meiner Untersuchung erstaunt, daß mein Körper überhaupt kein Fett mehr hatte. Ich war zwar dürr, aber sehr kräftig. Er erklärte mich für gesund und gab mir eine Salbe gegen den Rheumatismus. Dann fragte er nach meinen weiteren Plänen.

„Ich laufe aus, sobald es geht, bevor das Wetter sich wieder verschlechtert, damit ich nicht den ganzen Winter hier hängenbleibe."

„Aber Sie können hier unbesorgt überwintern. Ziehen Sie das Schiff auf den Strand. Sie können im kommenden Frühsommer absegeln. Wir können hier auch Arbeit für Sie finden, falls Sie sich Gedanken ums Geld machen."

„Vielen Dank, Doktor, aber ich habe noch genug, um Proviant für fünf Wochen zu kaufen. Damit und mit meinen noch vorhandenen Vorräten kann ich bis Kanada kommen, oder schlimmstenfalls nach Island. Wenigstens bin ich dort südlich des Polarkreises. Ich kann da eine Saison arbeiten und anschließend nach Kanada weitersegeln."

„Warum gerade Kanada?"

„Na ja, denken Sie doch mal an all das verdammte, herrliche Bootsmaterial dort: Pechkiefer, Douglasfichte, . . ."

Er klopfte mir auf die Schulter: „Ich kenne Ihre Sorte. Bei uns gibt es auch solche. Ich versuche nicht, Sie aufzuhalten. Sie spüren ihre Bestimmung und müssen ihr folgen."

Ich kaufte Proviant: Kartoffeln, Trockeneimasse, Kondensmilch, Mehl in Büchsen, Zucker, Schokolade, Gemüse- und Obstkonserven. Die freundlichen Menschen von King's Bay im Verein mit den Luftwaffenleuten stifteten noch sechs Kisten Konserven, außerdem halfen mir Olaf und Gudar, das Schiff zu streichen und die Maschine zu reparieren. Am 10. Juli standen alle lieben Leute von King's Bay auf der Pier und wünschten Nelson und mir eine gute und schnelle Überfahrt nach Kanada.

„Schick mir von drüben eine Postkarte!" schrie Olaf.

„Eine Karte?" rief ich zurück, „Ich schick dir ein ganzes Buch!"

„Wann?" Er lachte, und alle übrigen auch.

„Wenn ich was Spannendes erlebt habe!"

Ich tätschelte Nelson. Der Wind frischte auf. Die CRESSWELL schlingerte in den ersten kleinen Wellen jenseits der Pier. Die neue blutrote Nationale flatterte im Wind. Wir waren wieder unterwegs auf dem ewigen Kurs über die Weltmeere!

Viele Reisen wurden schon in kleinen Booten gemacht, mit kleiner Besatzung oder allein, halb oder ganz um die Welt, rund um den Nordatlantik, nonstop oder mit vielen Aufenthalten – und so verschieden, wie die Segler sind, so unterschiedlich haben sie auch ihre Reisen erlebt und aufgezeichnet. Dieses sind solche Berichte:

Joshua Slocum
Allein um die Welt
Slocum war der erste, der allein um die Welt segelte. Sein Buch zählt zu den Klassikern dieser Art.
288 Seiten mit 14 Fotos, 7 Rissen und Plänen sowie 1 Routenkarte, Leinen DM 26,50

Ernst-Jürgen Koch
Hundeleben in Herrlichkeit
Unsere Weltumsegelung mit der „Kairos"
Ein sehr gern gelesener Bericht, der zugleich Geschichte und Entwicklung der vielen Landstationen aufzeigt.
326 Seiten mit 34 Fotos, 6 Zeichnungen und 1 Routenkarte, Leinen DM 22,–

Beate Kammler
Komm wir segeln um die Welt
Neben den äußeren Ereignissen ist es die menschliche Seite, die dieses Buch besonders lesenswert macht.
304 Seiten mit 35 Fotos, 14 Zeichnungen und 2 Routenkarten, Leinen DM 29,–

Ursel und Friedel Klee
... und immer mal wieder liegt Land im Wege
Ein gelungener Bericht über eine fast dreijährige Reise unter Segel um die Welt, die für das Ehepaar Klee die Erfüllung eines Lebenstraumes war.
256 Seiten mit 35 Farbfotos und 1 Routenkarte, gebunden DM 29,–

Gerry Spiess
... und mein Boot war so klein
Im bis dahin kleinsten Boot segelte der Autor über den Atlantik und erlebte in England einen triumphalen Empfang.
216 Seiten mit 57 Fotos und 1 Routenkarte, gebunden DM 28,–

Hugo Wehner
Tagedieb und Taugenichts
Die abenteuerliche Reise eines jungen Deutschen und seiner zahlreichen und wechselnden Mitsegler von Elsfleth nach Australien.
248 Seiten mit 32 z. T. farbigen Fotos und 1 Routenkarte, gebunden DM 29,80

Eric C. Hiscock
Willkommen an Bord
Zwei Jahre und sechs Monate dauerte die Fahrt von Neuseeland nach England und zurück, die der Altmeister des Fahrtensegelns in seiner ruhigen und freundlichen Art beschreibt.
272 Seiten mit 42 Farbfotos und 7 Karten, Leinen DM 34,–

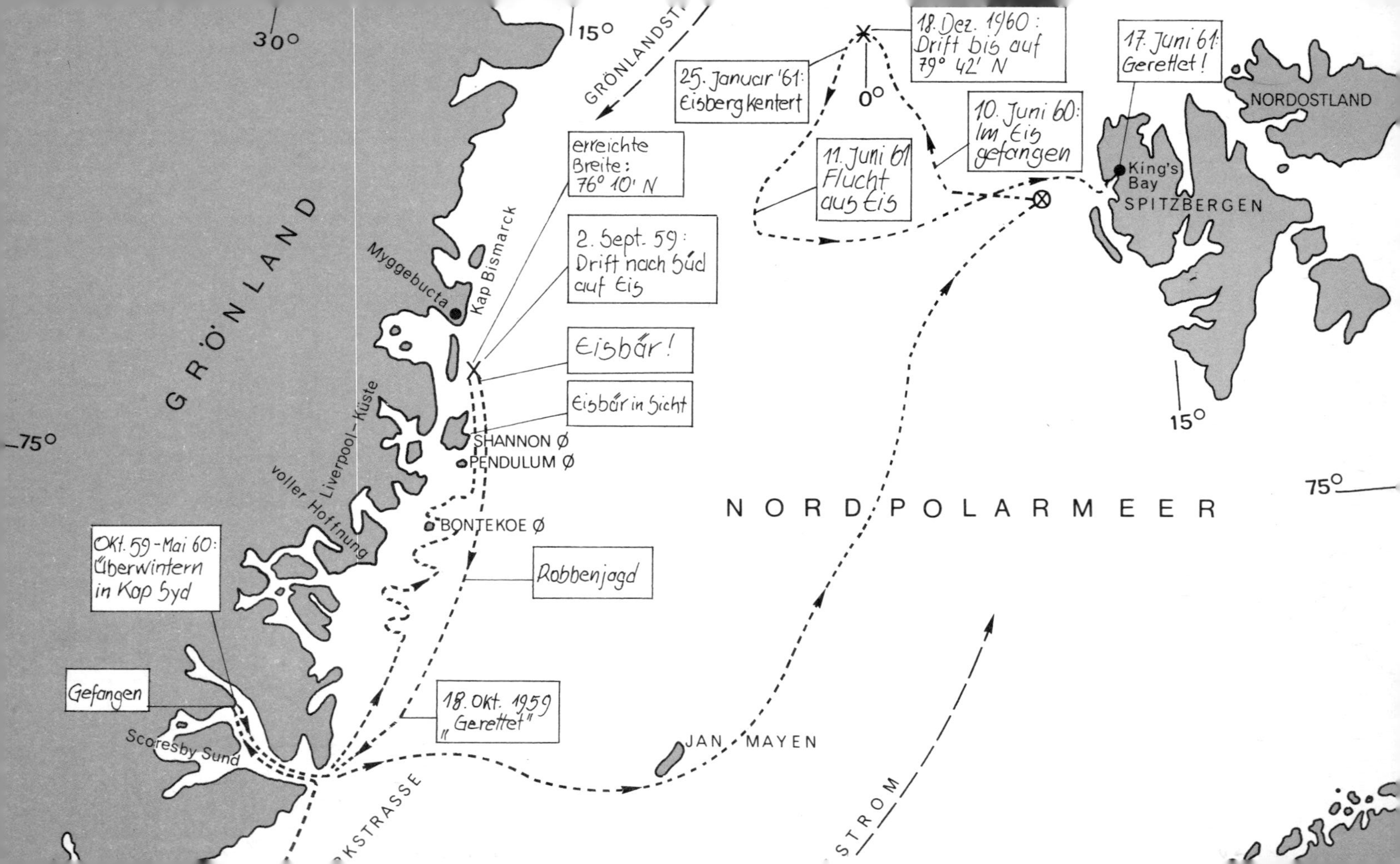

GRÖNLAND
NORDPOLARMEER
SPITZBERGEN
NORDOSTLAND
JAN MAYEN
GRÖNLANDST
STROM
KSTRASSE
30°
15°
0°
15°
75°
75°
King's Bay
Myggebucta
Kap Bismarck
SHANNON Ø
PENDULUM Ø
BONTEKOE Ø
Liverpool-Küste
voller Hoffnung
Scoresby Sund
18. Dez. 1960: Drift bis auf 79° 42' N
25. Januar '61: Eisberg kentert
17. Juni 61: Gerettet!
10. Juni 60: Im Eis gefangen
11. Juni 61 Flucht aus Eis
erreichte Breite: 76° 10' N
2. Sept. 59: Drift nach Süd auf Eis
Eisbär!
Eisbär in Sicht
Robbenjagd
Okt. 59 - Mai 60: Überwintern in Kap Syd
Gefangen
18. Okt. 1959 „Gerettet"